西安交通大学人口与发展研究所·学术文库

中国农村可持续生计和发展研究

基于微观经济学的视角

Sustainable Livelihoods and Development in Rural China: Based on Microeconomic Perspective

梁义成　李树茁　等 / 著

社会科学文献出版社
SOCIAL SCIENCES ACADEMIC PRESS (CHINA)

总　　序

西安交通大学人口与发展研究所一直致力于社会性别歧视与弱势群体问题的研究，在儿童、妇女、老年人、失地农民、城乡流动人口（农民工）和城镇企业困难职工等弱势群体的保护和发展领域进行了深入研究。研究所注重国内外的学术交流与合作，已承担并成功完成了多项国家级、省部级重大科研项目及国际合作项目，在弱势群体、人口与社会发展战略、公共政策研究等领域积累了丰富的理论与实践经验。

研究所拥有广泛的国际合作网络，与美国斯坦福大学人口与资源研究所、杜克大学、加州大学尔湾分校、南加州大学、加拿大维多利亚大学、圣塔菲研究所等国际知名大学和研究机构建立了长期的学术合作与交流关系，形成了研究人员互访和合作课题研究等机制；同时，研究所多次受联合国人口基金会、联合国儿童基金会、联合国粮农组织、世界卫生组织、国际计划、美国 NIH 基金会、美国福特基金会、麦克阿瑟基金会等国际组织的资助，合作研究了多项有关中国弱势群体问题的项目。国际合作使研究所拥有了相关学术领域的国际对话能力，扩大了国际影响力。

研究所注重与国内各级政府部门的密切合作，已形成了与国家、地方各级政府的合作研究网络，为研究的开展及研究成果的推广提供了有利条件和保障。研究所多次参与有关中国弱势群体、国家与省区人口与发展战略等重大社会问题的研究，在有关政府部门、国际机构的共同合作与支持下，在计划生育和生殖健康、女童生活环境等领域系统地开展了有关弱势群体问题的研究，并将研究结果应用于实践，进行了社区干预与传播扩散。1989 年以来，研究所建立了 6 个社会实验基地，包括“全国 39 个县建设新型婚育文化社区实验网络”（1998～2000 年，国家人口和计划生育委员会）、“巢湖改善女孩生活环境实验区”（2000～2003 年，美国福特基金会、国家人口和计划生育委员会）、“社会性别引入生殖健康的实验和推广”（2003 年至今，美国福特基金会、联合国人口基金会与国家人口与计划生育委员会）等。其中，“巢湖改善女孩生活环境实验区”在国内外产生了重要的影响，引起了国家和社会各界对男孩偏好问题的重视，直接推动了全国“关爱女孩行动”的开展。

近年来，研究所开始致力于人口与社会可持续发展的理论、方法、政策和实践的系统研究，尤其关注以社会性别和社会弱势人群的保护与发展为核心的交叉领域。作为国家“985 工程”研究基地的重要组成部分，研究所目前的主要研究领域包括：人口与社会复杂系统的一般理论、分析方法与应用研究——探索人口与社会复杂系统的理论和方法，分析人口与社会复杂系统的一般特征及结构，建立人口与社会复杂系统模型，深入分析社会发展过程中出现的重大人口与社会问题；人口与社会政策创新的一般理论、分析方法与应用研究——分析人口与社会政策创新的理论内涵与模式，人口与社会政策创新的政策环境、条件、机制、过程与应用，建立人口与社会政策创新评估体系；转型期面向弱势群体保护与发展的社会政策创新研究、评价与实践——以多学科交叉的研究方法，研究农村流动人口在城镇社会的融合过程，分析农民工观念与行为的演变及其影响机制，研究其人口与社会后果，探索促进农民工社会融合的途径，探讨适合中国国情的城镇化道路；国家人口与社会可持续发展决策支持系统的研究与应用——在人口与社会复杂系统和人口与社会政策创新研究的基础上，结合弱势群体研究所得到的结果，面向国家战略需求，从应用角度建立人口与社会可持续发展决策支持系统，形成相应的数据库、模型库、知识库和方法库，解决人口与社会可持续发展过程中的重大战略问题。

中国社会正处于人口与社会的急剧转型期，性别歧视、城乡社会发展不平衡、弱势群体等问题日益凸显，社会潜在危机不断增大，影响并制约着人口与社会的可持续发展。西安交通大学人口与发展研究所的研究成果有利于解决中国社会面临的、以社会性别和弱势群体保护与发展为核心的人口与社会问题。本学术文库将陆续推出其学术研究成果，以飨读者。

摘　要

对农村生计形成和发展的微观机制的理解是中国可持续发展研究的基础内容之一，也是农村扶贫和生态保护政策制定、实施和评估的基础。本书将微观经济学的视角引入可持续生计分析框架，重点分析了中国农户生计策略的形成机制和农村可持续发展的基础问题，并利用在陕西、河北等地区的农户调查数据做了系统的实证分析。本书改进了农村生计决策机制的可持续生计分析框架，将微观人口特征与农户生计要素相结合，弥补了国际上可持续生计分析方法缺少微观人口学视角的缺陷，为中国本地可持续生计的理论分析和实践提供了新的思路。利用农户模型等工具描述和构建了几类生计策略形成的理论机制。在实证分析中，本书对各类生计资本对生计策略的影响途径和方式做了详细分解，对传统农业微观经济学中的诸多主题进行了深入探讨。最后，为可持续生计发展的公共政策和区域合作模式提供了一个案例。本书综合利用微观经济学、人口学和公共政策的视角，旨在为中国农村可持续生计和发展的理论构建和实践提供一定借鉴。

目　录

Contents

第一章　绪论

第一节　研究背景

一　现实背景

作为中国生态系统的重要屏障地区，许多农村地区特别是山区是众多河流的发源地，同时，复杂的地理环境和落后的基础设施造成了农村地区生产和生活的不便。长期的贫困落后使人和自然的矛盾较为突出，粗放式的发展方式较为普遍。这种矛盾在偏远地区更为严重，2008 年，以农村为主的西部地区利用全国 70% 的土地和 28% 的人口只生产了全国 26.4% 的粮食。工业品则主要集中在原材料的开发和生产上，2008 年西部地区生产了 12.3 亿吨原煤，占全国总产量的 44%。近年来洪水、沙尘暴和泥石流等自然灾害频发，已经引起中央和地方政府的重视。一方面，旨在促进可持续发展的退耕还林政策、西部大开发政策等正在生态和经济等多方面发挥着积极作用；另一方面，这些主要依靠国家和地方政府推动的生态和环境保护政策也在一定程度上限制了西部农村农户的生产活动。虽然在退耕还林等政策中，国家和地方财政集中了大量资金以帮助农户提升生计水平，但这种以补贴为主的政策支持并不能从根本上解决农户的可持续生计问题。

众多问题从根本上制约着农村地区特别是山区的经济和社会发展。如农村的基础设施落后于城市、交通不便、公路里程数相对于其占地面积严重不足，固定资产投资较低，教育水平较低。从长远来看，“缺资”和“缺智”将从根本上影响到农村可持续发展状况和农户的生计选择范围。

农户传统的生计活动限于农业生产及相关活动，在中国农业劳动力过剩的大背景下，广大农村地区非农产业的发展状况将直接影响到农户新的生计选择。仍然以西部为例，2008 年西部地区的第二产业和第三产业的生产总值尚不足全国的17%；限于历史原因，西部地区的工业多集中在大型国有企业，甚至军工企业，集体和私营经济水平滞后，民间经济活动力不足，2008 年西部地区的社会销售品零售总额只有全国总量的17%左右。另外，西部地区的商品和要素市场落后，2006 年西部地区仍有 20% 以上的乡镇没有储蓄所，40% 以上的乡镇没有综合市场，50% 的乡镇在村内买不到化肥；只有 14.7% 的乡镇有农产品专业市场，22.3% 的乡镇有 50 平方米以上的综合商店或超市。

中国正经历着快速但不平衡的经济发展过程，农村经济和社会也处于转型阶段。农村经济改革以来，家庭责任制使农户成为农村生产和收入分配的基本单位，技术和制度创新为传统农业向现代农业的转变提供了重要条件（林毅夫，2008）。这个转变过程意味着生产方式由传统的自给自足向市场参与过渡，农户的经营目标、资源配置行为和其他生产行为经历着急剧变化，农村生计也展现出显著的多样性特征。在相对发达的东南沿海地区，以乡镇企业为代表的非农产业迅速崛起，大量农业劳动力被转移到非农产业，经济结构调整的特征非常明显，突出表现在劳动密集型工业对农业劳动力的吸收，以及农户在农业生产和销售过程中的市场化倾向。

在相对落后的广大农村地区，土地和其他农业制度的改革显然滞后于城市和其他相对发达的农村地区。受地理条件和投资环境等因素的制约，城市中的工业和服务部门对农村地区的辐射和带动作用不能得到充分发挥，农业结构调整和发展方式的转型并不明显。从地理上看，中国的贫困地区大多集中在西部。全国3000多万尚未解决温饱的人口，约有70%集中在西部。西部的农业基础设施落后，生态环境恶劣，农民收入水平低，生活贫困。更特殊的是，贫困人口所处的生态区位往往具有生态脆弱性（彭涌，2007）。贫困和环境破坏造成的恶性循环在农村地区普遍存在，经济发展和环境保护的矛盾尤为突出。构建农村的可持续生计方式，直接影响中国的生态安全和现代化战略的推进，进而影响整个中国未来的可持续发展。

虽然人们开始逐步重视中国广大农村地区的生态地位，但对农户生计仍然缺乏足够的关注。对于祖祖辈辈生活在贫困地区的农民而言，整体经济发展为他们带来的生活福利的增长仍然非常有限。一方面，政府的公共投资很难全面地惠及这些散居的山区居民；另一方面，农户并不具备足够的能力去获得经济增长带来的高收益的生计机会。可以说，农村的生计问题在很大程度上被淹没在高增长的宏观经济形势下。

然而，即使在这种相对落后的经济条件下，中国农村仍然呈现出生计的多样性图景。中国的农地制度也正经历着广泛而深刻的改革，与此相关，产生了苏南模式的机械化集体耕作、浙南温州模式的土地租赁和以广东南海为代表的土地股份制等农业生产运营方式（姚洋，2004）。

在二元经济结构背景下，一部分农村劳动力外出打工以获取收益并达到风险规避的目的；在不完善的信贷和保险市场条件下，一部分农户仍然通过各种途径开展本地非农活动，为本地居民提供服务，并将一部分农产品输送到外地获取相对高的利润。不管是出于对稳定收入的考虑，还是出于对保险缺失的担忧，大多数农民仍然需要依靠传统的小农生产维持生计。对于这种背景下的生计模式而言自然资源显得尤为重要，因为在贫困与环境破坏的恶性循环过程中，自然资源作为一类生计资本既是贫困的原因之一，也在环境破坏的后果中受到了减损。

旨在解决贫困和生态恶化等问题的西部大开发和退耕还林等政策，无论从规模、持久性还是投入上看，在人类历史上都是举足轻重的。在微观经济学的视角下，这类公共政策最终要作用于个体行为的改变，在西部山区则体现在农户以福利提升为目的的生计行为的改变上。从某种意义上讲，对农户生计策略形成机制的了解，是这类公共政策制定、实施和评估的基础。在某种程度上，普通民众和研究者对西部山区农户生计策略形成机制的忽视，已经远远滞后于中国相关政策的制定和实施。

二 理论背景

对中国小农经济研究有着较大影响的学者黄宗智（1986）试图从历史的视角，还原革命前中国小农的三种面貌：自给自足、以家庭消费为目的的生产者，类似资本主义生产的利润追求者以及一个阶级社会和政权体系下的成员。同时，黄宗智区分出农民学中的不同传统：西方的“形式主义经济学”是第一个传统，研究类似资本主义企业一面，代表性研究包括舒尔茨的《改造传统农业》等；第二个传统是“实体主义者”，如以查雅诺夫为代表的学者，强调对自给自足型生产的研究；第三个传统则是革命后中国的马克思主义观点。黄宗智采用了一个区别不同阶层小农的综合分析，以解释不同小农行为的“合理性”。一方面，在这种历史视角下，他提出了“内卷”（involution）或“过密化”的核心理论，认为中国农民在劳动边际报酬递减的条件下提供密集的农业劳动力，并在此逻辑下解释中国农村经济没有发展的增长、不完全的社会分化和小农经济持续的原因。

另一方面，黄宗智也意识到使用新古典经济学的范式在很大程度上可以解释其“内卷”或“过密化”过程，以及其他学者如斯科特等提出的“安全第一”等概念。比如斯科特使用了机会成本和边际效用等微观经济学的概念和观点，解释家庭农场作为生产和消费的统一体在农业“内卷”行为中的合理性，认为“内卷化的现象，实际上可以用一般微观经济学的理论来给予合理的解释，但需要同时用关于企业行为和消费者的抉择理论来分析，而不可简单地用追求最大化利润的模式来分析”（黄宗智，1986）。

黄宗智在很大程度上受到舒尔茨和查雅诺夫等学者的影响，不管这种影响体现在借鉴还是批判上，他“执着地从史实到理论而再回到史实的认识程序，避免美国社会科学为模式而模式的陋习”，“试图从最基本的史实中去寻找最重要的概念”（黄宗智，1992），他也承认使用微观经济学的理论框架可以在一定程度上解释其相关观点。然而最终这些社会学领域的思想并没有进一步与成熟的微观经济研究范式融合。其“内卷”和“过密化”分析甚至受到了学者们特别是经济学家的很大质疑（冯小红，2004；赵冈，2004、2005；陈勇勤，2006、2007）。但不管如何，黄宗智的学说客观上影响了中国学者对小农经济的讨论，鉴于这种影响，陈勇勤将中国学者对其的回应分为三类，分别是反驳派、赞同派和数字分析派（陈勇勤，2008）。

与社会学研究者对基本的概念和分析框架存在争论不同，在传统的经济学领域，随着贫困研究逐渐深入以农户为主体的微观研究，贫困农户生计策略的决策动机、决策效应及制约贫困农户生计的宏观机制日益成为贫困理论研究和实践迫切要解决的问题。贝克尔关于家庭劳动配置的文章为新家庭经济学的兴起奠定了基础，这也是新古典经济理论的重要基础之一（Becker，1965）。新家庭经济学在效用和约束条件等方面大大拓展了经济学的分析视角，使得农户作为生产和消费两个主体的融合更为自然，也有利于在农户决策中更好地引入不同效用。为了探求贫困农户在家庭内部劳动和资源分配的经济逻辑，经济学家们对农户的家庭生产行为、消费行为以及家庭劳动力的就业行为、时间分配进行了分析，同时对农户行为的研究领域进行了适当的扩展。

基于新家庭经济学的逻辑体系，Barnum 和 Squire（1979）等学者发展了一个规范的农户模型（Agricultural Household Model）用以分析农户的生产和消费行为。该模型将农户作为一个生产单位看待，在效用函数中纳入人口结构和家庭规模等，约束条件包括家庭时间等，并借鉴贝克尔的完全收入等概念。这个模型或框架因为其包容性和实用性受到了广泛的关注得到了大量的应用（Singh，Squire et al.，1986）。农户选择土地及利用劳动力来最大化利润。在某块土地上所做的生产决策只取决于该块土地的价格及其特点，而与家庭的禀赋和偏好无关（Bardhan and Udry，1999）。这种以“可分离性”为基础的分析方法和理论逐步成为农户分析的主要流派。其后的代表性文献有 Nakajima（1969）对竞争性的农产品市场和非劳动力市场的研究。这种将农户家庭看作集不同行为的多种目标取向于一身的系统结构分析框架为以后学者们分析农户决策行为奠定了基础。然而，在严重脱离现实的假设条件下所得出的结论显然不能揭示问题的本质，也理所当然地受到了来自各种学派的激烈批评，特别是基于发展中国家的大量经验研究对“可分离性”的分析方法提出了挑战（Jacoby，1993；Kevane，1996；Urdy，1996）。

三 研究意义

在激烈的批评和讨论中，学者们将研究的重点集中在农户为追求生存和福利改善而发生的多样化生计追求上（Ellis and Freeman，2004）。利用案例研究，大量学者研究了作为一种策略的生计多样化（Barrett，Reardon et al.，2001；Tschakert，Coomes et al.，2007；de Sherbinin，VanWey et al.，2008；Wouterse and Taylor，2008；Kamanga，Vedeld et al.，2009；Hilson，2010）。对生计策略多样化的理解包含了农村贫困在内的大量发展研究的政策讨论（Carter，1997；Ansoms and McKay，2010；Erenstein，Hellin et al.，2010），农户风险策略（Carter，1997），农户之间的关系（Hart，1995；Reardon，Berdegué et al.，2001；Haggblade，Hazell et al.，2010），农村增长（Reardon，Berdegué et al.，2001；Fan and Stark，2008；Haggblade，Hazell et al.，2010），农户的非农行为（Barrett，Reardon et al.，2001；Rigg and Nattapoolwat，2001），农户的乡城迁移（Stark，Micevska et al.，2009）以及农户家庭内部的关系等（Ellis，1997）。

20 世纪 90 年代，基于“可行能力理论”的生计概念深化了关于农户贫困理论的研究与实践。森（Sen）认为，自由是人们能够过自己愿意过的那种生活的“可行能力”（Capability），它具有建构性（Constructive）作用：既是价值标准和发展目标中固有的组成部分，其本身又是一种价值。“自由不仅是发展的首要目的，也是发展的主要手段”。“一个人的可行能力指的是此人有可能实现的、各种可能的功能性活动组合”，“一个人所享有的每一项功能性活动的数量或水平可以由一个实数来表示，完成了这一步骤，一个人的实际成就就可以由一个功能性活动向量来表示。一个人的可行能力集由这个人可以选择的那些可相互替代的功能性活动向量组成”（森，2002）。

这一理论使人们认识到贫困的根源在于农户资产、能力、权利的缺乏所引致的农户生计策略选择集的狭窄（姚洋，2004）。一些以“可持续生计”视角进行的研究经过学者们的系统化，形成了一种框架形式（Scoones，1998）。框架通过强调隐藏在农户生计资产背后的能力和权利，启发农户把生计资本转化为积极的生计结果。许多非政府组织及发展机构将这一“可持续生计分析框架”（SLF）应用到发展中国家的扶贫实践中，使用参与式方法启发、调动贫困农户的能力，取得了较为突出的成果（叶敬忠，2004）。

作为谋生方式，生计直接关注资产和在实践中所拥有的选择之间的联系以及在此基础上追求创造生存所需的收入水平的不同行动（Ellis，2000）。生计由许多因素组成并受众多因素影响。生计中的资产既会集聚，也会损耗，还会在短时间内被完全破坏。除了脆弱的生态环境，影响生计的制度和政策的外部环境以及社会和经济发展趋势都会对生计策略的选择和生计活动的实施产生作用。生计这一概念的提出，为研究者提供了一种观察和研究农村扶贫、环境保护等发展问题的视角（李斌、李小云等，2004）。此外，20 世纪 90 年代中期，结合生计系统的脆弱性以及资产配置和转换的有限性等典型特征，针对包括农村扶贫在内的多样性和多元性农村发展问题，国际上一些发展研究机构和非政府组织努力寻求一些解决途径（李小云、张雪梅等，2005）。以英国国际发展署（DFID）为代表的发展研究机构和非政府组织提出了包括概念、分析框架和原则的可持续生计途径，并在发展中国家进行大量可持续生计途径的实践活动。“可持续生计分析框架”主要用于洞察影响贫困的主要因素，为在实践中解决贫困问题提供了一种有效的路径。

在可持续生计分析框架得到迅速应用和推广的同时，分析框架在本土化和应用领域得到了长足发展，然而理论研究却相对滞后，特别表现在对生计资本以外的农户异质性的忽视，比如怎么在理论上识别各类生计资本差异的形成原因和机制，如何在操作上进一步简化和识别农户及政策影响等。这些研究和应用上的需求自然将研究的视角重新引入人口因素，正如查雅诺夫在最初的农民经济理论研究中强调家庭人口周期（Demographic Cycle），把农户的生产和收入差异等归结到人口结构等因素上（Ellis，1993）。从新古典经济学的视角来看，查雅诺夫的观点仍然充满了吸引力。人口因素在农村生计中扮演着重要的角色，在微观上，家庭劳动力是农户生产活动的主要力量，家庭成员构成直接影响着家庭对整体效用的追求和生计策略的形成。在宏观上，农民大规模地向城市进行季节性迁移，不仅使中国农村家庭的人口发生变动，改变了农户所在社区的社会结构、农户的家庭结构、生计资本构成，也改变了农户家庭的抗风险能力，进而影响农户的生计模式的选择和结果。从人口结构的视角分析将有助于理解中国农户生计策略的多样性。查雅诺夫和新古典经济学长期关注的正是家庭结构等人口学视角。

农业家庭理论融合了查雅诺夫的劳动消费均衡以及舒尔茨的“企业家才能”概念，近年来发展起来的农户模型则强化了舒尔茨对农户决策的理性假设（方松海，2009）。对企业家才能的重视固然重要，对家庭消费相关因素的忽视却可能造成理论和时间上的重大缺陷。查雅诺夫的经济理论在很大程度上是人口理论，虽然包括土地的无限供给在内的许多基本假定与中国的情况存在较大差距，但其对家庭动态及对经济决策和后果的重视，正是研究中国农户决策的重要借鉴源泉。查雅诺夫理论在西方和中国的经济学、社会学甚至政治学领域产生了重大影响，而在现代经济学的视角下，对于如何在中国农户生计研究的背景下重新审视家庭人口因素，也将具有重要的理论和实践意义。

总之，吸收先进的生计理论和方法，并用以分析中国农村的生计策略形成机制，既有可行性，又有必要性。在可持续生计方法中引入家庭结构视角，并基于新的分析框架改进和构建农户模型，在对农户生计策略形成机制的理论研究中具有重要的创新意义。基于这些理论而进行的实证研究，将有助于理解中国农村生计模式的形成，有助于相关环境和扶贫政策的制定、实施和评估，并最终在实践上帮助构建中国农村的可持续生计和发展模式。

第二节 概念界定

一 家庭、户和农户

家庭（Family）是“由婚姻、血缘或收养关系而产生的亲属间的共同生活组织”（辞海，1989），但因为亲缘关系等在不同地区的复杂性，很难划分家庭的界限，故而在经济分析中很难使用（Ellis，1993）。户（Household）则是指成员生活和居住在一起的社会单位，户成员常常共同使用户收入，联合做出决策。户可以作为家庭的子类存在，因为一个家庭可以划分为若干户（Ellis，1993）。户在经济分析中被广泛使用，有研究认为农户即农民家庭，是“由血缘关系组合而成的一种社会组织形式”（胡豹和黄莉莉，2005）。

本研究中的农户（Agricultural Household）与 Ellis（1993）定义的农民（Peasant）相若，是指“主要依靠农业维持生计，依靠家庭劳动力从事农业生产的户，他们常常部分地参与到不完全或不完美的投入和产出市场”（Ellis，1993）。农户与家庭农场（Farm Household）

有着明显区别，后者往往是在完全市场中运作的农业组织形式，其生产和销售规模都超过普通意义上的农户（韩喜平，2004）。

本研究对农户调查的实际操作则借鉴中国第二次农村普查的指标和方法，认为“住户是指有固定住所、由经济和生活联为一体的人员组成的单位。户籍上为一户，但实际上分户生活的，分户填报。户籍上为两户，实际上在一起生活的，按一户填报”。农户类似“农业生产经营户”，是指在农业用地和单独的设施中从事农作物种植业、林业、畜牧业、渔业，以及为本户之外提供农林牧渔服务的户。具体是指符合下列标准之一的户：年末经营耕地、园地、养殖面积在0.1亩及以上；年末经营林地、牧草地面积在1亩以上；全年出售和自产自用的农产品收入在500元及以上。

在本书中，农业活动主要包括农作物种植业和林业两大类。调查和定义也参照中国第二次农村普查：农作物种植业包括粮食、棉花、油料、麻类、粮料、烟草、蔬菜、花卉、园艺作物、水果（包括瓜果）、坚果、香料作物、中药材和其他农作物的种植，以及饲料作物种植业，茶、桑、果树的种植及野生植物的采集等。

林业包括林木的培育和种植、木材和竹材的采运、林产品的采集。包括村及村以下的林木采伐，但不包括国家自然保护区的保护和管理以及城市树木、草坪的种植与管理。

二 生计和生计策略

根据 Chambers 和 Conway 的经典定义，生计是“建立在能力（Capabilities）、资产（Assets）（包括储备物、资源、要求权和享有权）和活动（Activities）基础之上的谋生方式”。生计策略这个术语则描述了人们为达到生计目标而进行的活动和做出选择的范围及其组合，在本书中主要包括农户在生产中的活动和选择。一些学者将这类生产活动与生计策略等同起来，具体研究区域内的农户行为（Babulo，Muys et al.，2008）。

也有学者将农户活动进行归类，识别出具有一定特征的活动集合，并以此形成生计策略的研究内容，尤其关注以下发展中国家农户的生计策略：根据生产要素的分配领域和收入来源，研究多样化生计策略，包括农业多样化和非农多样化生计策略（Ellis，1998；Barrett，Reardon et al.，2001；Perz，2005）；研究农户生产要素的具体使用，特别是劳动力的分配和使用决策（Sadoulet，De Janvry et al.，1998；Janvry and Sadoulet，2006）；研究农业生产领域中的相关决策，包括要素的投入和产出决策，包括特定的土地和投资组合，以及与市场相关的行为等（Carter and Yao，2002；Dutilly-Diane，Sadoulet et al.，2003）。还可以按照研究和实践领域将生计策略划分为生产策略、投资策略等（DFID，1999）。

由此可见，生计策略的划分与研究目标和研究背景相关，但核心是农户的生产决策行为。如有研究者将牧民的生计策略归纳为资源导向策略、资本导向策略、劳动导向策略、多样化策略和迁移策略等，并以此为基础分析牧民生计资本和生计策略之间的关系。也有研究将生计策略简单划分为农业（非农）为主的策略、多样化（专业化）为主的生计策略等。与此类似，中国的相关研究中，生计策略多以当地的生计活动类型为基础，或者直接等同于行为类型（徐鹏、傅民等，2008；苏芳、蒲欣冬等，2009；杨培涛，2009；熊吉峰和丁士军，2010）。这类划分方法具有简单明了、易于操作的优点，但很难对生计策略的相关要素进行深入的计量分析。

结合这些研究，根据中国农村的实际背景和本书的研究目标，农户的生计决策内容主要集中在生产和收入领域的选择，家庭劳动时间和其他生产要素的投入，以及农户普遍从事的农业生产活动。

这些活动互有交叉，但在相关研究中都有一定的体系，形成了相对独立的研究理论和研究方法。但是，在中国农村，由于产品市场发展的滞后和多重要素市场的缺失，因此农户与农产品市场价格相关的一些实践行为较为少见。如发达地区农户的规模化生产方式，以及根据市场价格变化及时做出的投入和产出方面的调整等，在许多农村地区就几乎不存在，山区农户的粮食作物生产基本处于自给自足的状态。同时，许多农户期望参与外地工资性劳动市场以获取农业外的收入，非农多样化行为较为普遍。而在土地均分的制度背景以及土地流转市场缺失或不完善的经济条件下，关于农业生产的行为决策，仍然主要集中在劳动力和物质资本要素的投入以及与此相关联的生产效率的决定机制上，而这两者正是 Scoones（1998）等学者关注的农业集约化生产策略（Intensification）和粗放化生产策略（Extensification）。

本书在了解中国农村生计活动的基础上，结合 Ellis（1998）、Scoones（1998）、DFID（1999）和 Orr（2001）等对生计策略的相关研究结论，将生计策略总结为三类：非农和农业多样化生计策略、家庭劳动时间供给策略和集约化农业生产策略（Ellis，1998；Orr and Mwale，2001）。

三　家庭结构

查雅诺夫最早提出的关于农户决策的模型更接近于人口模型，模型中的家庭结构可概括为劳动人口和消费人口相关的变量，如家庭抚养比等。在本书的框架中，一般家庭结构指农户的成员组成状况。在理论和实证中，一般通过直接和间接两种方式引入家庭结构视角。一是直接通过成员组成方式区分不同家庭结构类型的农户，如由老人、成年劳动力和孩子三类成员组成的农户，由老人和成年劳动力组成的农户等，并基于此比较这些农户在生计资本、决策和生计活动等方面的差异。二是在实证中通过引入家庭结构的代理变量，如家庭中男孩比例、女孩比例和老人比例，以考察家庭结构对农户生计策略的决定作用。

第三节 研究目标和框架

一 研究目标

本书的研究目标是基于家庭结构的视角，改进可持续生计分析框架，并基于此对中国农村的生计策略的形成机制进行系统研究。具体的目标包括：

第一，在家庭结构视角下，结合中国农村地区特别是广大落后的农村地区的实际情况改进可持续生计分析框架，用以分析生计策略形成机制；

第二，基于改进后的可持续生计分析框架，改进和利用农户模型进行理论分析，具体探讨生计策略的形成机制，明晰各生计要素的相互关系，并提出一些可供检验的理论假设；

第三，利用统计和计量手段，使用农户调查数据，实证检验生计策略的形成机制，主要包括农户非农和农业多样化生计策略、家庭劳动时间供给策略和集约化农业生产策略的形成机制等内容。

二 研究框架

根据研究目标和已有的研究基础，本书提出以下研究框架（见图1-1）。

首先，从现实和理论背景中提出本书的研究问题，围绕生计策

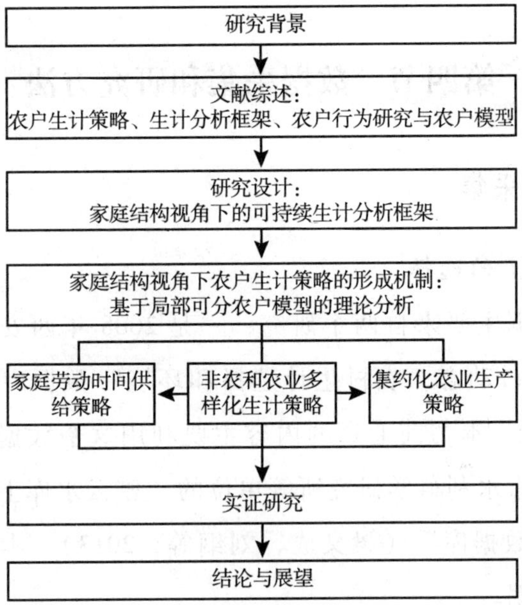

图 1－1　研究框架

略、可持续生计分析框架和农户模型等主题对国内外研究进行综述，为问题的解决提供理论支持，并指出本书进一步研究的空间。其次，在已有的可持续生计分析框架中融入家庭结构视角，依据改进后的分析框架进行理论和实证研究。本书的理论研究主要基于局部可分的农户模型进行，将改进传统的总体可分农户模型，引入家庭结构的视角以解释农户生计决策的异质性。利用微观调查数据，本书的实证研究将采用统计和计量模型验证理论研究的主要结论，包括非农和农业多样化，家庭劳动时间供给和集约化农业生产等生计策略的内容。最后，对理论和实证研究进行总结，阐述本书的主要结论和创新点，为中国农村可持续生计提出政策建议，并讨论本书的局限性和下一步的研究空间。

第四节 数据采集和研究方法

一 数据采集

1. 调查地点的选择

本书的数据主要来自两个研究，一是2008年西安交通大学等单位的调查“人口动态，农村生计选择和环境”数据库（梁义成，李树苗等，2010）。本书前七章的内容主要利用这个数据库。二是中国科学院和北京市水利科学研究所等单位的“密云水库上游流域区域生态合作评价“数据库”（梁义成，刘纲等，2013）。本书第八章主要利用密云的数据。

（1）陕西秦岭地区。周至县位于秦岭中部，是森林生态系统和天然植被保存较为完好的地区之一，野生动植物资源丰富，县内有多个国家级自然保护区和省级自然保护区，同时该地区又是周边城市用水的重要水源地，该地区人与环境矛盾、冲突的特征明显。调查地点为周至南部秦岭山脉之中的四个乡镇，该地区也为世界自然基金会（WWF）“秦岭保护与发展共进”项目区。周至县是西安最贫穷的县，而其山区中的各乡镇尤为贫穷。因为退耕还林等政策的实施和自然保护区的建立等，周至县的可耕种土地相对减少，人均耕地已从2002年的0.80亩降到2005年的0.61亩。

调查所在地处于秦岭山区，经济水平相对平原地区较低，但相对整个西部农村而言处于中游水平。农户的经济来源从有限的耕地转移到林业生产中，并受到自然环境的较大约束，外出打工是其重要的生活来源。在市场经济深化的过程中，一部分农户的收入水平有了较大的提高，但大多数农户仍然缺乏很好的收入来源。农户在经济水平上体现出较大的差异。周至调查地的农户生计概况，在农村地区具有一定的代表性。

出于建立自然保护区等原因，工业生产在当地受到限制。土地流转在当地较为鲜见，而劳动力迁移是当地农户收入的重要来源。许多农民迁移到外地特别是城市中以获取工资性收入，其行业集中在建筑业、服务业和采掘业等。这类工作在经济平稳时期是农户重要的收入来源，但农民经常面临失业、工资拖欠甚至人身安全等方面的风险。另外，由于当地特殊的生态环境，政府引导农户从事农家乐等第三产业，WWF也通过无息或低息贷款资助部分农户从事生态旅游产业。这些非农经营在大多数被调查的村普遍存在，但是数量较少，在调查地区，只有少数农户能够得到银行贷款或者WWF的金融资助。

当地的农业生产主要包括农、林两类。农业作物主要是小麦、玉米、土豆等粮食作物，产量低，多用于自给自足，很多农户仍然需要在市场上购买粮食。林地作物主要是山茱萸、核桃、板栗、花椒等经济作物，主要用于出售，这也是其最重要的农业收入来源。绝大多数农户的林产品都是在本村出售给商贩，虽然在形式上参与了市场，但作为价格接受者，其市场行为非常简单。

（2）密云水库上游。另外的调查区域包括密云水库上游的滦平、丰宁、赤城、密云四县。密云水库上游流域跨越北京市和河北省，其中北京市境内的面积约为3476.7km^2，分布在密云、怀柔和延庆3个区县，占水库流域面积的23.3%，占北京市山区面积的33.3%。河北省境内的面积约为11892km^2，分布在6个县：赤城县、丰宁满族自治县、滦平县、兴隆县、沽源县和崇礼县。密云水库上游“稻改旱”区域主要位于张家口市赤城县的白河河谷、黑河河谷以及承德市丰宁县和滦平县境内的潮河河谷地区。

白河发源于河北省沽源县大马群山东南，流经赤城，在青罗口村与发源于雕鹗镇的红河汇合，向东折去，在延庆县白河堡附近流入北京市。白河于延庆千家店镇附近纳入黑河，在宝山镇附近纳入汤河，于张家坟以东流入密云水库。该流域的“稻改旱”工程主要分布在沿河的样田乡、后城镇和雕鹗镇。

黑河发源于河北省沽源县境内的老掌沟，主要流经赤城县东南部，在三道营附近流入北京境内，于延庆县千家店镇附近汇入白河。该流域的“稻改旱”工程主要分布在东万口乡、茨营子乡和东卯镇。

潮河发源于河北省丰宁县上黄旗镇北，流经承德市丰宁县、滦平县，在密云县古北口镇流入北京境内，于高岭乡槽城子附近注入密云水库东北端。该流域的“稻改旱”工程主要分布在丰宁县的黑山嘴镇、大阁镇、南关乡、胡麻营乡、石人沟乡、天桥镇，滦平县的虎什哈镇、马营子乡、付家店乡、巴克什营镇。

2. 调查目标、问卷设计和内容

调查的目标是了解农村的生计概况，探索农户生计策略的形成机制。调查问卷的设计过程如下：首先，在理论研究的基础上通过预试调查和小规模试调查的检验，课题组开发农户调查问卷。其次，课题组成员进行试调查，进一步了解当地情况和验证研究工具。最后，课题组利用成熟的问卷进行抽样调查。

调查问卷包括农户的基本情况、生计资本情况、生计活动情况、自然生态政策和生态补偿情况等内容。

3. 抽样

在秦岭地区，调查采用分层多级抽样方法，按照乡、村、户三级进行抽样。首先，根据调查所需要的特定的自然生态条件，确定了处于周至南部山区的4个乡镇，即厚畛子乡、板房子乡、陈河乡和王家河乡。其次，通过咨询乡镇、村干部及周至县环保局的相关人员，主要按照经济发展水平、地理条件两个标准，并考虑该村生计类型与人口数量等因素的差异性，将每个乡的行政村划分为高、低两个层次，每个层次包含数量基本相同的村，组成两个样本框（经济发展水平主要依据村民的人均收入，地理条件是否为自然保护区及行政村的交通便捷状况等，生计类型包括农业生产、迁移打工和农家乐等非农经营）。再次，使用随机抽样的方法在每层中抽取村 2 ~ 3 个，每乡镇共 4 ~ 6 个村。最后，对抽取到的村采用整群抽样方法，即调查该村所有的常住农户并保证每个乡镇中一般有 280 个样本（由于王家河乡人口较少，计划样本量为 210 个）。预计调查四个乡镇 16 ~ 24 个行政村，总样本量 1100 个左右。

调查之前，课题组与一些被调查的村及乡镇干部做了沟通，了解了当地村庄的基本情况，并按照抽样原则，初步确定了样本框。由于山区经济条件落后、居住分散、信息不畅，存在较多的不确定性，课题组设计了详细的准备方案，并做到各个调查点的互相协调。在实际调查过程中，个别特别贫困的行政村由于人口较少且居住更为分散，课题组也适当增加了贫困村庄的样本数量。

在密云水库上游地区采用的也是分层多级抽样方法，按照乡、村、户三级进行抽样。首先，考虑到社会经济、交通等客观因素，我们从调查区域中选取了 16 个乡镇。其次，对于乡镇中的村通过咨询县、乡镇、村干部及相关人员，主要按照经济发展水平、地理条件两个标准，并考虑生计类型等因素的差异性（生计类型包括农业生产，打工和非农经营等），在每个乡镇中选取1 ~ 4 个村。最后，对选取到的村使用随机抽样方法，抽取村中的常住农户（有家庭成员常住本村）。调查组实际于 2011 年 5 月到 6 月对 4 个县 17 个乡镇 41 个村庄的农户进行了调查。

4. 问卷调查的质量控制

为了保证调查数据的质量，课题组实施了全过程的质量控制。

（1）培训的质量控制

第一，为了保证问卷调查的质量，课题组事先对参加调查的调查指导员进行了多次培训。培训达到了以下目标：

①调查指导员和调查员在调查过程中能够向被调查者正确提问；

②调查指导员和调查员能够就问卷中的某些问题（尤其是主观问题）进行适当的讲解；

③调查指导员和调查员能够正确判断被调查者提供的回答；

④调查指导员和调查员能够根据被调查者的回答正确地填写问卷。

第二，进行现场模拟访问。为了加深调查员对问题的理解，增加对实际调查过程的了解，无论是对调查指导员的培训还是对调查员的培训，在讲解问卷的全部内容后均当场进行了现场模拟访问。

（2）数据采集的质量控制措施

第一，跟访。跟访是此次数据采集过程中最重要的质量控制措施。由于山区环境的限制，复访变得相对困难，调查指导员很难单独找到复访对象，所以指导员加大了跟访力度。每个指导员负责两名调查员，根据对各位调查员工作能力的观察确定是否需要跟访以及需要跟访的调查员，以便在跟访过程中进一步纠正他们在访问过程中存在的问题。在这次调查中，为弥补复访困难带来的质量问题，即使调查员能够单独完成调查，许多指导员仍然每天进行一定数量的跟访，以保证数据的质量。

第二，问卷复核。调查员所完成的每一份问卷都要经过指导员的认真审核，通过审核以后才能判别为有效问卷。审核的内容包括问卷的填写方式是否准确、问卷的编码是否有误、问卷中包含的逻辑关系是否合理、该跳问的问题是否跳问、问题回答是否矛盾等。如果发现回收的问卷有错误，指导员必须在第二天碰头时及时将不合格问卷中存在的问题向各个调查员说明，要求其进行修改，对于答案不准确或遗漏的问题要进行第二次入户访问。大部分问题在问卷复核中都被发现，并且调查员根据情况进行了确认与更改，这样保证了数据在录入后，没有出现完全无效的问卷。

第三，复访。调查的质量控制以跟访为主，但仍根据情况从每位调查员上交的问卷中抽取了5%的问卷（共约46份）进行复访。重点了解调查员在访问时是否按照要求向被访者说明来意，对问题是否进行了适当的解释。如果发现问题要及时与调查员进行沟通，访问完成以后要对照两次访问的问卷，分析两份问卷不一致的地方。如果是因调查员技术而导致的错误，要求及时向该调查员进行反馈，以防止类似错误再次发生；如果是调查员人为的原因，则可以采取行政手段进行干预。复访结果显示，此次调查的复访一致率均在80%以上，符合质量要求。

（3）数据录入的质量控制

针对秦岭地区数据库内容较为庞杂的现实，课题组有针对性地编写了一组逻辑检测程序，在数据录入和自检工作完成以后，统一用这组程序进行检查，发现错误再进行修改，如此不断循环，直至所有可以更正的错误都消失为止，将最后无法更正错误的问卷判为不合格问卷。数据清洗完成后，对所有分类变量做了频次分析并对重要的连续变量做了异常值分析。实地调查完成之后把问卷数据录入Foxpro数据库中，按照随机原则抽取10%的问卷与数据库文件进行核对，检验数据录入的准确性。户问卷的计算机录入错误比率皆低于1%。总之，调查过程和数据录入过程都采取了相应的数据质量保证措施。从调查的过程控制、数据评估结果来看，数据质量基本得到保证。

二 研究方法

本书主要采取以下研究方法：

第一，利用文献研究寻找理论和实证依据，把握研究前沿；第二，基于文献考察的结论和系统工程的思想，在新古典经济学的范式中借鉴人口学视角，主要利用经济学的理论逻辑分析，改进可持续生计分析框架，以体现中国农户的生计特征；第三，在理论分析中，主要利用新家庭经济学和农民经济学中的农户模型，研究农户生计策略的形成机制，发现生计资本等要素对农户非农多样化行为、家庭劳动时间供给行为和农业生产行为的作用途径和方式；第四，在实证研究中主要采用统计和经济计量方法，包括常规的描述性统计分析、多元线性回归、Tobit 回归以及一些较为复杂的计量模型，如内生选择的切换模型、多元 Probit 回归和联立方程组中的似不相关估计等。同时，也使用了技术经济学的相关方法，如利用前沿生产函数估算农业技术效率。

第五节 章节安排

本书共分为九章，具体安排如下。

第一章为绪论，介绍文章的研究背景、研究目标、研究框架、数据来源等内容。第二章为文献综述，主要包括生计策略、可持续生计分析框架、农户行为研究和农户模型等研究内容的评述。第三章是本书的研究设计，其中改进了可持续生计分析框架作为本书的分析框架。第四章主要利用农户模型对农户生计策略形成机制进行理论考察。改进了传统的可分农户模型，解释了决策的局部可分性质，并在其中融入了家庭结构的视角，以更好地解释农户生计策略形成机制的异质性。基于第三章的分析框架和第四章的理论研究，第五章到第七章为实证研究，分别考察了农户生计策略的三大重要内容：非农和农业多样化生计策略、家庭劳动时间供给策略和集约化农业生产策略的决定。第八章为政策分析。第九章为本书的结论。

第二章　文献综述

首先，对农户生计策略的相关研究内容进行回顾和评述，指出本书的研究空间；其次，对可持续生计分析框架的相关内容进行系统评述，指出此框架的改进空间以及在中国农村生计研究中的作用，为构建本书研究框架奠定基础；最后，对农户模型的理论研究进展进行评述，指出其在中国农村的农户决策研究中以及家庭结构视角下的发展空间，为本书的理论研究提供基础。

第一节　农户的生计策略

生计策略常常指人们为达到生计目标而进行的活动和做出的选择范围以及结合，包括生产活动、投资策略、再生产选择等（DFID，1999）。在许多研究中，策略和活动两个概念可以互换（Babulo，Muys et al.，2008）。生计策略是"人们对资本利用的配置和经营活动的选择，以便实现他们的生计目标。其中包括了生产活动、投资策略、生育安排等。在考虑制定农户生计时，人们考虑了脆弱性环境/

背景的影响，以及从制度和组织的外部环境可能得到的支持或遇到的阻碍。农户生计策略是动态的，随着外部环境条件的变化而调整、改变着对资本利用的配置和经营活动种类、比例的构成”（李琳一，2004）。

大多数的研究和实践仍然将生计活动和生计策略的内容局限在农户的生产活动上，有代表性的如Scoones（1998）和Orr（2001）等把生计策略大体分为三大内容，包括农业的扩展和集约化、多样化和迁移等（Scoones，1998；Orr and Mwale，2001）；Ellis（2000）等也用类似的分类方法对不同的生计策略进行了详尽的论述（Ellis，2000）。这些生计策略之间存在一定交叉，根据研究目的和研究地区的实际生计状况，本节关于生计策略的文献综述主要围绕三个方面展开：农户的多样化生计、农业要素投入行为和农业技术效率。其中，多样化生计主要讨论非农多样化生计，与之相关的重要理论问题为农户的非农决策行为；农业要素投入行为也涉及农户的家庭劳动时间配给，以及其他农业生产要素的投入决策，这类决策与农业技术效率都是集约化农业生产策略的重要组成部分。这三部分的农户决策内容在以往的研究中属于不同且相对独立的研究领域，但基本涵盖了本书的三大生计策略形成机制的研究。

一 多样化生计

1. 多样化生计与农村可持续发展

多样化生计对于农民特别是发展中国家的农民具有重要的意义，虽然研究中对这种意义的具体形式仍然存在争论。多样化生计策略既可能是农户基于一定经济条件的主动选择，也可能是对于脆弱性环境的被动适应。关于多样化生计的作用仍然存在争论，比如它是否有利于提高农户收入的稳定性（Stark，1991；Adams，1994；Davies，

1996），是否扩大了农村的贫富差距或降低了农户的风险（Evans and Ngau，1991；Adams，1994），以及是否加强了或分流了农业生产资源等（Low，1986；Carter，1997）。但作为一种能力，农户从事多样化活动本身也是可持续生计的重要元素之一。构建农户的生计多样化能力，对于提升生计安全，增加农户收入等有着积极作用（Ellis，1998）。

农户的收入来源主要包括农业和非农生产两大类。一方面，农业多样化生计策略能够使农户在新的机会中，特别是在市场经济中获益。研究表明，多样化的农业行为在消除贫困的同时，也有利于生态环境的保护和可持续生计的构建，相关政策应当为这类多样化行为提供帮助（Ellis，1998；Perz，2005）。另一方面，许多贫困农民很难从现代经济发展过程中受益，其重要原因在于他们往往被市场所排斥，生产方式仍然为自给自足，生产种类仍然以传统的粮食作物为主。市场的扩张既体现在生存农业向商业农业的过渡上，也体现在农户资本与收入来源的多样性上。非农活动是多样化的重要组成部分，相对于农业多样化和结构多样化，收入多样化意味着非专业农户资本被用到与农业无关的非农生产活动中，这也代表着农户较高层次的生计形式（Meert，Van Huylenbroeck et al.，2005）。在经济转型地区特别是中国的农村地区，土地相对不足，劳动力过剩，非农活动既是农户的重要收入来源，也是其规避风险的一个重要手段（Giles，2006）。可以说，非农多样化生计方式代表着农村经济发展的一种新前景（Xia and Simmons，2004）。

2. 资本禀赋和多样化生计

大量的实证研究关注着资本对农户多样性行为的作用，如资本匮乏对农户的农业多样性能力的限制（Perz，2005）。对贫穷农户的资本拥有状况的关注正体现了资本匮乏对农户参与高增长、高回报的非农活动的门槛作用。缺乏教育常常限制了农户的高获利的非农就业，而金融资本缺乏限制了农户对高回报商业机会的把握。这些农户能够从事非农活动的“能力变量”就包含了各种资本。技术和金融门槛并不能阻止那些较为“富裕”的农户从非农活动中获取较好的回报（Haggblade, Hazell et al., 2007）。个体或者农户的储蓄、信用可及性及其他资本状况也显著影响生计活动的选择（Ellis, 2000）。

总体而言，资本禀赋对生计多样性的重要性包括在微观层面显示了农户的不平等性；基于资本禀赋的生计策略反映了农户与其环境之间的结合；资本禀赋本身反映了农户的生计策略，包括对信用市场和劳动力市场的利用等；因为资本禀赋在农户层面的差异，直接导致了农业多样化的差异（Ellis, 2000; Perz, 2005）。

在中国，农村剩余劳动力有两条主要出路，外出打工（迁移性质的劳动供给活动）和开展本地非农活动，它们都为农村经济的繁荣做出了重要贡献（朱农，2004）。一方面，随着市场经济的深化，在人口集中的发达城市，劳动方面的政策法规对于某些劳动者如国企员工和高学历者的保障日渐完善；另一方面，一些外地就业者仍然面临着较高的人身安全威胁及频繁失业、工资拖欠等风险。在这种不平衡的市场约束下，人力资本、家庭结构等方面的差异对迁移劳动者收入的决定作用已得到广泛重视（Bontemps, Robin et al., 1999；何国俊、徐冲等，2008），这些差异也构成了其迁移决定的重要因素（de Brauw, Huang et al., 2002; Shi, Heerink et al., 2007）。而在农村当地，受限于金融市场的不完善与自有资金的贫乏，只有少部分农户从事本地非农经营活动。一方面，非农活动的参与既是农户生产领域的选择，也是其迁移决策的后果，非农生计类型的权衡在理论研究上仍然留有很大的空间。特别在经济衰退期的现实背景下，城市失业者面临着择业和返乡的新选择，对这种机制的解析就显得更加迫切。另一方面，在偏远的农村，传统的农业劳动供给仍然是农户在生产领域中的主要决策行为。这两类决策行为并不是孤立的存在。

在经济落后地区，许多贫困农户不能参与高增长、高回报的非农活动，其生产多样性行为受到资本匮乏的限制，这也意味着他们被排除在市场之外，不能获得其他经济主体拥有的发展机会（Ellis，2000；Perz，2005），如教育和培训要求限制了人力资本较低的农户成员在城市的就业机会，资金和信用门槛将农户排除在高回报的商业之外，技术门槛使规避风险的农户不敢尝试新兴的非农活动，相反，这些门槛并不能阻止那些较为“富裕”的农户从非农活动中获取较好的回报（Barrett，Carter et al.，2006；Haggblade，Hazell et al.，2007）。

3. 非农选择的理论研究

关于多样化生计的研究涵盖了许多自成体系的领域，如风险应对、家庭内部关系等（Ellis，1998）。其中，理论研究关注最多的是农户生产领域的选择，在本书中主要是非农活动的选择。关于农户选择的理论研究一般基于农户模型（Agricultural Household Model）展开。

最初的研究主要关注宏观的市场失灵对农户最优化决策的影响（Singh，Squire et al.，1986；Bardhan and Udry，1999）。在多重市场失灵条件下，家庭结构和资本禀赋等会影响农户的农业产出和劳动力供给等生产决策（Benjamin，1992；Kevane，1996）。之后关于生产行为的研究开始重视市场约束的异质性，认为农户对非农市场的参与体现了其基于市场价格追求利润最大化的决策特征（Sadoulet，de Janvry et al.，1998；Carter and Yao，2002；Carter and Olinto，2003；Dutilly-Diane，Sadoulet et al.，2003），然而，这些研究并没有在农户模型中内生这种决策特征。简言之，他们并没有模型化解释哪些农户突破了市场约束，参与到非农市场并在生产中实现决策的利润最大化。虽然农户的非农兼业行为受到了不完全市场的约束，但在相同的市场条件下，农户仍然会表现出不同的决策特征。

近年来，关于农户非农参与和劳动供给的研究开始重视农户的异质性（Janvry and Sadoulet，2006）。这种异质性可能与交易成本等因素相关（Key，Sadoulet et al.，2000；Henning and Henningsen，2007）。但更直观和普遍的则是在模型中引入农户的资本禀赋，以解释异质性对农户市场参与和从事非农活动的决定作用。如 Saldoulet（1998）利用农户模型解释了农户成员在不同劳动供给领域的选择，认为高技能的劳动者会选择出售非农劳动，而家庭的土地状况和低技能劳动力的影子价格同时决定了农户是否从事自给自足的农业生产，或参与劳动力市场，并利用墨西哥的调查数据证实了这一结论。Wang 等（2007）利用农户模型和浙江省的数据，解释了农户资本对农户行为的作用，认为高人力资本水平促进了农户的非农参与，而农业生产性资本的积累减少了非农劳动的供给（Wang，Herzfeld et al.，2007）。

除了基于农户模型的理论研究之外，学者和实践家们越来越关注在外界冲击下各类资本禀赋对农户福利和生计后果的影响，他们认为资本的动态性是理解持久贫困和长期社会经济动态的基础。可持续生计分析框架（SLF）正是这类思想和实践的代表。分析框架把农户的生计资本细分为人力资本、社会资本、金融资本等五类，认为这些资本构成了脆弱性环境下农户生计活动的基础。框架为农村扶贫发展项目的设计、实施以及检测评估提供了指导，已在世界范围内得到了推广和应用（李树茁、梁义成等，2010；李树茁等，2010）。可持续生计分析框架为研究农户非农兼业行为提供了较好的理论基础和研究方向，为我们的研究强化了这样的思想：在脱贫的过程中，农户的非农兼业往往意味着市场参与并伴随着市场风险，而在不完全市场条件下，只有那些拥有较高资本禀赋的农户才能更好地应付风险，并从新出现和高回报的生计活动中获利（Barrett，Carter et al.，2006）。

就国内的研究而言，赵耀辉较早从流动成本和收益的角度探讨教育对劳动力非农就业的影响（赵耀辉，1997）。之后的实证研究普遍表明农户的劳动力和土地禀赋等对农户兼业行为有着显著影响，而这种影响正是农户基于其资本禀赋做出的理性选择（曹阳和李庆华，2005；句芳、高明华等，2008；赵海和彭代彦，2009）。继张林秀（1996）等较为全面地引入西方的农户经济理论之后，一些学者也利用农户模型探讨了农户的生产决策及其相关后果（张林秀，1996）。如刘建进利用农户劳动力模型解释了中国农业剩余劳动力的产生，强调了农业与非农收入的差异性（刘建进，1997）。黄祖辉等构建了一个包含土地、劳动和资金配置的农户生产行为模型，在模型中假设劳动力的利用限于家庭劳动力总和，并且劳动力在不同成员之间是同质的，模型的均衡点取决于资金成本和劳动力的边际收益等（黄祖辉、胡豹等，2005）。这些研究为理解中国农户的非农选择行为提供了较好的理论基础和实证证据。

在中国落后的农村地区，农户面临着资本信用市场、劳动力市场和产品市场等多重约束（朱喜和李子奈，2006）。这些约束不仅体现在非农就业时产生的交易成本方面，也表现在高失业风险和高资金成本等方面。在劳动力过剩的经济条件下，市场约束关键且直接地体现在对劳动力非农就业机会的限制上。在城市中，大多数的农民工仍然面临着频繁失业、工资拖欠甚至人身安全方面的风险；在农村当地，受限于金融市场的不完善与自有资金的贫乏，非农经营往往得不偿失。农户在做非农兼业的决策时，必须全面考虑这些市场约束并对不同活动的成本收益进行比较。在这类不完全市场条件下的农户行为研究中，人力资本、社会资本和家庭结构等因素对劳动者收入的决定作用已得到广泛重视（Shi，Heerink et al.，2007；何国俊、徐冲等，2008），但除了朱农（2004）等少数学者的研究外，农户异质性对非农活动选择及其关系的决定仍没有得到足够的关注。

总体而言，国外关于农户非农参与等决策行为的理论研究主要基于农户模型展开，如何在模型中考虑农户的异质性是其热点之一。虽然大量实证研究已经表明农户的禀赋异质会对非农选择产生显著影响，然而，这种影响并没有在农户模型的理论分析中充分体现。另外，作为多样性生产行为的两项重要内容，外地打工与本地非农经营在农户层面的关系研究中仍很欠缺。一方面，国内的相关研究多限于实证，利用农户模型对农户非农决策的研究较为少见。对不同非农活动的综合考察局限在个体层面，不能完整反映作为农村微观经济组织主体的农户在非农兼业活动上的决策机制。另一方面，关于农业多样化活动对农村发展的意义仍然存在争议，但学者普遍认为与市场机会相关的多样化活动能够促进可持续生计的构建。很少有文献将这两类多样化活动的研究统一到整体的分析框架中以考虑多样化生计之间的联系。

二 农业要素投入

1. 基于农业生产函数的要素投入

传统的农业生产函数把农业的投入和产出限定在一定的生产技术条件下，农户或农民在一定的目标下——常常基于利润最大化目标，决定农业要素的投入组合和投入水平。如果存在这样一个稳定的生产函数，使投入决策可以在此框架内进行分析，便可以得到要素的产出弹性、替代关系等经济指标，这些指标是进行农业生产分析的重要参数。早期关于化肥等农业要素的需求研究便以生产函数为基础展开。

具体的函数形式大致可以分为单一方程和联立方程组两类，前者通过隐含的理论推导得到（Griliches，1964；Hayami and Ruttan，1970；Heady and Dillon，1991），后者从收入函数或成本函数导出要素需求方程组。彭代彦认为使用联立方程组估算要素需求时存在理论上的缺陷，因为在化肥使用的过程中并不知道实际产出，而在函数估算时利用了实际产出数据，故而容易产生偏差。当然，使用联立方程组的好处也较为明显，可以方便地比较估算参数。基于超回归分析，彭代彦综述了关于中国农业生产的 17 个生产函数的估计（彭代彦，2003）。早期围绕生产函数展开的要素投入研究常常涉及函数的设定问题，单一方程和联立方程组的估算问题等，大量的实证研究已经使这种方法较为完善（Heady and Dillon，1991）。如果农业投入决策发生在完全市场中，那么这种以经验估计为主的研究范式便会使投入研究变得非常便利。

中国国内的研究多就生产函数中的基本要素进行讨论。早期关于要素投入的重要争论围绕着种植业要素投入较少的事实展开（胡继连，1992；梁世夫，1998；陈娆和江占民，2001）。一方面，一些学者基于资源优化的理论基础，认为农业要素投入趋势与非农活动增加的趋势相吻合（陆一香，1988），另一方面，黄明东等认为农业投入的制度安排造成了农户投入的不足（黄明东，2000）。另外，基于农户心理动机、行为目标（孔祥智，1998）、投资和消费结构变化（顾焕章和周曙东，2000；黄明东，2000；刘惠英和顾焕章，2000）等方面的内容，学者们进行了相关研究。与要素投入相关的结论根据地区类型的差异有所不同（孔祥智，1998；史清华、万广华等，2004）。之后，农户模型方法等逐渐被介绍到中国的农户投入和资源配置研究之中并得到了学界的重视。然而，基于农户模型的实证研究依然非常少见（杨云，2005）。

2. 基于农户模型的生产和投入研究

Albert Park 和任常青建立了一个农户生产决策模型并且利用陕西省县级数据（1984～1991 年），运用多重不相关回归法估计了风险条件下的玉米和小麦的生产决策模型，认为消费因素在风险条件下影响着生产决策（任常青，1995），在农户经济理论的应用上，第一次把消费引入农户的生产决策中。张林秀运用农户经济学理论分析了中国张家港和兴化两地农民在不同政策环境下的生产行为以及农户行为对国家政策执行效果的影响（张林秀和徐晓明，1996）。都阳从家庭时间配置模型入手，利用 1997 年对中西部六省的农户抽样调查资料，对贫困地区农户的劳动供给模式进行了实证研究。探讨了家庭时间配置原则及其与农户劳动供给的关系等（都阳，1999、2001）。曹轶英（2001）利用农户模型对农户的微观经济行为进行分析，并通过对农户粮食净销售的测定，确定影响农户行为的主要因素；同时通过农户微观行为方程，推断了贸易自由化对粮食安全产生影响的作用机制（陈和午，2004）。黄祖辉等从农业结构调整的农户角度出发，研究了农户的生产行为（黄祖辉、胡豹等，2005）。

农户生产决策的模型主要涉及农户的生产函数、劳动供给模型等。黄祖辉（2005）在查雅诺夫的基础上构建了一个包含土地、劳动和资金配置的农户生产行为模型。都阳则通过推断影子工资率，使用 C－D 生产函数对贫困地区农户的劳动供给函数进行估计，并在此基础上分析农户（家庭成员）的劳动供给特征（都阳，2001）。在理论应用和实证上，张林秀（1996b）区分了计量模型和规划模型，并使用了规划模型对农户农业生产供给进行了研究；都阳用计量经济的 Probit 和 Tobit 模型对非农劳动供给的决定以及劳动力流动等问题进行了实证研究，论述了劳动力市场的发育和人力资本积累对贫困地区农户劳动配置模式的影响（都阳，2001）。王德文采用价格预期模型研究农户粮食生产的反应效应（王德文和黄季焜，2001）。黄祖辉在陆文聪（2004）的研究基础上构建了动态的预期模型来实证农户对不同农作物（水稻和白菇）生产的决策（黄祖辉、胡豹等，2005）。

3. 不完全市场与要素投入决策的不可分性质

因为涉及多个市场中的行为决策，关于农业劳动投入的理论和实证研究变得复杂。作为农业生产决策的一个环节，要素投入的影响因素可能不仅仅局限在农业生产函数中的各要素。因为农业决策往往是在多重不完全市场条件下完成的，基于完全市场条件下的农业生产函数估计显然简化了许多现实条件，从而忽略了投入决策的真实影响因素。这一思想的提出可以追溯到查雅诺夫，并通过Singh等（1986）整理的农户模型充分体现出来。

要解决不完全市场条件下的要素投入问题，首先要解决农户决策的不可分性问题，即生产是否受到消费相关因素的影响。一个思路是结构估计方法，它是由Jacoby（1993）等提出和发展的，Skoufias（1994）、Sonoda和Maruyama（1999）以及都阳等使用了这一方法，以生产函数的估计参数为基础，通过农户劳动的影子价格估算农业要素的投入水平等（Jacoby，1993；都阳，1999）。这种方法有效避免了将农户同质化的缺陷，并且考虑了不完全市场条件下的不可分的决策特征。

以影子价格为基础的计量方法仍然以严格的生产函数为基础，更多地体现了一种估计思路，并不能从根本上解决和解释农户决策受限制和农户投入决策的异质性问题。应用更广泛的思路和方法仍然基于农户模型展开，而针对中国的多样性经济背景，局部可分性的假设受到了重视，这种考虑农户受市场约束异质性的实证思路更符合中国的多样性生计特征（Carter and Yao，2002）。

三 农业技术效率和农业集约化生产

1. 农业技术效率

关于非农对农业技术效率的影响存在两种理论观点和证据。一种观点认为非农可能妨碍了农业技术效率的提升，因为非农分流了农业劳动力。尤其在交易成本较高，雇佣劳动效率较低的时候，非农参与对农业技术效率的负面影响会更显著（Abdulai and Eberlin，2001；Bozoglu and Ceyhan，2007；马草原，2009）。另外，劳动力的非农就业可能造成土地流转到低人力资本水平的农户手中，从而造成农业生产效率的损失（贺振华，2006）。同时，农户的各类资本变量如房屋数量和价值，以及农业多样化变量也显著影响着农业技术效率（Liu and Zhuang，2000；Binam，Tony et al.，2004；Haji and Andersson，2006；张宁和陆文聪，2006）。

另一种观点则认为非农活动可以放松信贷约束，使农户能够购买生产资料，并且可以减少风险，在平滑消费的同时，提高农业产量和农业生产效率（Huffman，1980；Chen and Song，2008）。如果非农就业的资金收入等因素对农业生产的投入及管理产生的正向作用能够超过劳动力外流产生的负向影响，则会提高农业生产的技术效率（Mochebelele and Winter-Nelson，2000）。与此同时，宏观方面的证据也表明，太多劳动力投入农业生产，可能导致农业的非效率（C. Monchuk，2009）。

前期的这种争论往往集中在农地层面（Farm Level），其研究较少考虑包括非农参与在内的农户决策，以及经济系统中决策相关要素对农业效率的影响，如劳动力市场中的交易成本和非农机会配额等。Chavas（2005）等利用农户模型明确指出，如果农地层面的农业生产效率研究要与农户层面（Household Level）的理论推导一致，必须满足两个条件：一是农业和非农技术的非关联性

(Nonjointness)，即农户模型中的技术可以分解成农业和非农两个函数形式；二是家庭劳动力的影子价格和市场价格保持一致。以Chavas（2005）为代表的效率研究将重点转移到农户层面，这有助于在效率的影响机制中考虑农户决策行为。在农户决策的基础上，可以把非农对农业技术效率的影响机制划分为两种途径（Chavas，Petrie et al.，2005）。

一是直接的影响途径：非农放松了农业生产的现金约束，可以资助农业技术改进，并提供必要的物质投入，如农户可以使用适量的化肥和引进优良品种等；农户进行非农兼业时，一些生产工具如运输车等可以在农业生产中得到共享，在非农生产中积累的管理经验和技术等也可以在农业生产中得到应用。在这个层面上，非农对农业技术效率的促进作用相对直接，也已被众多研究所认可。

二是间接的影响途径：非农参与可能间接影响农业决策的性质，特别是农业生产的投入决策行为，进而影响农业技术效率。如劳动力分流产生的间接影响（Feng，2008；Huang，Wu et al.，2009；Oni，Akinseinde et al.，2009）。关于非农的作用方向，两种观点的争论主要集中在这种影响途径上。不可否认，在一些土地相对较多的国家和地区，劳动力的非农就业往往意味着农业生产投入不足，会导致农业技术效率低下。而在中国的广大农村地区，农户更多面临的是农业劳动力剩余和非农就业机会匮乏的问题。能够从事非农兼业，包括到外地打工，开展本地非农经营活动等，农户可以在农业和非农之间合理配置时间和其他资源，优化农业决策，提高技术效率。

在贫困的农村地区，缺乏非农就业机会的纯农户，农业生产是其唯一的收入来源。他们很可能在农业上过度投入资源，特别是农业劳动时间，以弥补物质投入和技术改进上的不足，并获得微薄的农业边际收入。其农业决策不是按照边际收益与市场工资相等的原则进行，而是按照边际收益与家庭劳动力的影子工资相等的原则进行。这种决策方式往往使农业生产偏离最优化，并进一步妨碍农业技术效率的提升。而家庭影子工资和家庭结构等许多因素相关，这也造成了农业技术效率的不稳定性。所以，除了通过资金资助与技术扩散直接作用于农业技术效率外，非农参与也通过分流剩余劳动力等间接途径，使农业投入决策更趋合理，间接地提升农业技术效率的水平和稳定性。

2. 农业集约化

农业集约化（Intensive Agriculture）是指在现代经济条件下，在给定土地中投入相对密集的资本和技术（包括物质资本和雇工），以获取更高的单位土地产出的农业经营方式。农业集约化是相对于农业粗放化（Extensive Agriculture）提出的，后者相对投入大量的土地资源，而较少使用现代生产要素和资本投入，从而产出主要依靠土地、天气、天然灌溉等自然因素，效率相对较为低下（Alauddin and Quiggin，2008；Online，2010）。

一方面，虽然农业集约化可能会带来诸如减少生物多样性等生态环境问题，影响可持续发展，但近几十年来，现代农业集约化已经成为粮食生产的主要推动因素，为解决农民的生计和世界粮食危机做出了重要贡献（Maron and Fitzsimons，2007；Omer，Pascual et al.，2010）。另一方面，如果农户没有能力从事集约化生产，粗放式的农业扩展很可能变成掠夺式的生产方式，如一些农户可能会将坡地转换为耕地，或者增加在森林中的经济活动等（Tachibana，Nguyen et al.，2001）。在一定条件下，集约化的农业生产符合利润最大化的生产原则，能够实现农户增收和生态保护的双重目标，从而有利于可持续发展（Wardle，Nicholson et al.，1999；Omer，

Pascual et al.，2010)。在一定条件下，集约化农业是现代农业的重要特征，促进中国农村集约化农业生产的构建有利于农户更好地参与市场，并按照有效的生产原则进行农业生产，是农村可持续生计的重要因素。

关于集约化农业生产的研究，除了少数学者之外（Tachibana，Nguyen et al.，2001；Omer，Pascual et al.，2010)，一般集中在中观和宏观层面，并且多基于地区视角展开，而较少基于微观的农户决策进行实证分析。少量的微观研究表明，信用和对金融市场的可及性以及非农收入的增加都可能促进农业集约化的发展（Reardon，Kelly et al.，1997；Savadogo，Reardon et al.，1998；Aune and Bationo，2008)。农业生产策略的划分与研究目标和研究背景相关。在广大的农村落后地区，由于产品市场发展的滞后和多重要素市场的缺失，农户与农产品市场价格相关的一些实践行为较为少见。而在土地均分的制度背景以及土地流转市场缺失或不完善的经济条件下，关于农业生产的行为决策，仍然主要集中在劳动力和物质资本要素的投入以及与此相关联的生产效率的决定机制上。从这个意义上讲，集约化农业生产构成了农户生计策略的重要组成部分（Scoones，1998；Orr and Mwale，2001)。

第二节　可持续生计分析框架

一　可持续生计的理论、分析框架及其发展

1. Chambers 和 Conway 对可持续生计的界定

被广泛采用的生计定义是 Chambers 和 Conway（1991）提出的。“生计是谋生的方式，该谋生方式建立在能力（Capabilities)、资本

(Assets)(包括储备物、资源、要求权和享有权)和活动(Activities)基础之上”。基于 Sen(1984，1987)，Dresze 和 Sen(1989)等，“能力”被看作人能够生存和做事的功能，除了自然属性的营养和健康等方面的含义外，还应包括选择和从事某些活动的权利等(Sen，1987；J.，1991)。Chambers 和 Conway 概括了生计中能力的几种表现形式：在一定生存环境中，个人处理胁迫和冲击的能力，发现和利用机会的能力(Chambers and Conway，1992)。

可持续生计被区分为环境可持续(Environmentally Sustainable)和社会可持续(Socially Sustainable)两方面，环境可持续是指能够维持和提升赖以生存的本地和全球资本，并产生生计的净收益；社会可持续是指可以对付压力和冲击，从中恢复，并为后代提供支持。基于这些基本概念的界定，Chambers 和 Conway 进一步解析了家庭生计的组成：人、活动、资本和产出(见图 2－1)。

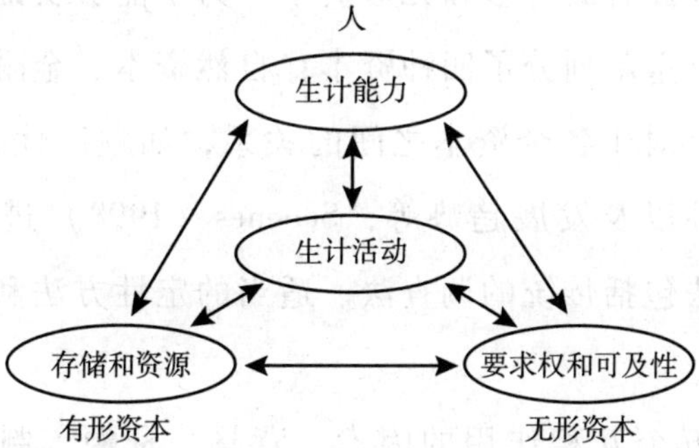

图 2－1 生计的组成要素及其转换

在有形的资本中，存储(Stores)包括食物和其他有价值的东西如珠宝、现金储蓄等，资源(Resources)包括土地、水、树和牲畜等。无形的资本包括要求权(Claims)，包括对物质、精神和实际支持及可得性的需求和诉求等，要求权常常发生在压力和冲击背景下；可及性（Access）为使用资源、储存、服务或获取信息、物品、科技、就业、食物或收入等的实际机会。人们基于这些有形和无形的资本构建和设计出一种生计手段。当资本的积累超出即时消费时，投资便会产生（Swift，1989）。生计能力可以在投资中得到提升。

2. Scoones 的可持续农村生计分析框架

Scoones（1998）的可持续农村生计分析框架显示，在不同的背景下，农户和其他决策主体通过获得生计资源与不同的生计策略相结合来实现可持续生计（见图 2-2）。框架的中心是分析那些影响生计结果的正式和非正式的组织和制度因素。框架认为农户是在一定的背景下如政策、政治、历史、农业生态和社会经济状况，结合生计资源（不同形式的资本）实现不同生计策略（农业集约化/扩大化、生计多样性和迁移），从而获得不同的生计结果。农户实现不同生计活动的能力依赖个人拥有的有形和无形资本。为了能够实证调查，他借用了经济学术语，重新划分了四种资本：自然资本、金融资本、人力资本和社会资本。对于各个资本之间的关系，如顺序性、转化、替代、结合、可获得性以及发展趋势等，Scoones（1998）进行了简要的解释。其研究方法包括传统的调查法、适当的定性方法和参与式方法等多种方法。

框架强调五个互相作用的因素：背景、资源、制度、策略和结果。认为可持续生计指农户“能够应付压力和冲击且能从中恢复，并在不过度消耗自然资源的同时，维持并改善能力和资本”（Scoones，1998）。

3. DFID 可持续生计分析框架

在 Scoones（1998）的可持续农村生计分析框架的基础上，结合 Sen、Chambers 和 Conway（1992）等对贫困性质的理解，DFID

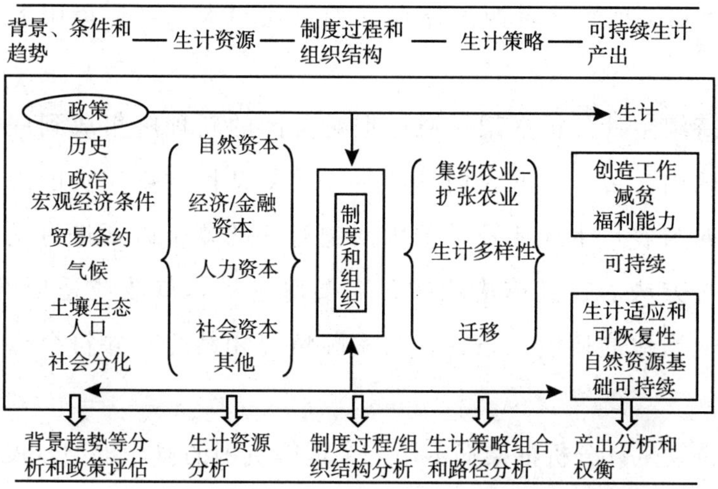

图 2－2　Scoones（1998）的可持续农村生计分析框架

进一步发展了可持续生计分析框架，使之成为许多国际组织和非政府机构对发展中国家进行经济资助和干预的指导性的发展规划工具（见图 2－3）。

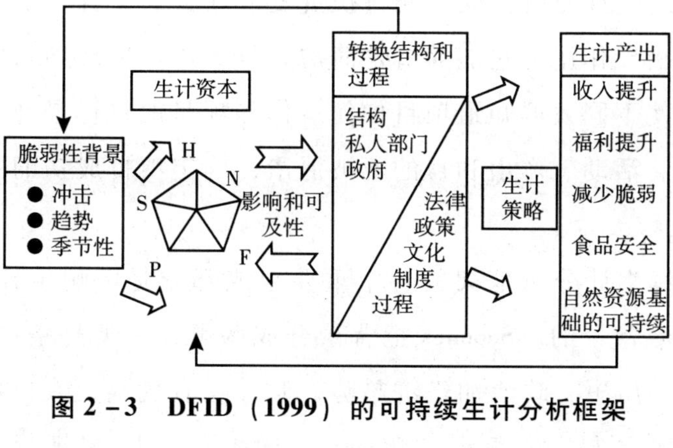

图 2－3　DFID（1999）的可持续生计分析框架

DFID 生计分析框架中的资本把 Scoones 的金融资本再次细分为金融资本和物质资本，即总共包括 5 个部分：自然资本、金融资本、物资资本、人力资本和社会资本。自然资本指能从中导出有利于生计的资源流和服务的自然资源的储存（如土地和水）和环境服务（如水循环）。

可持续生计分析框架，通过把对贫困的新理解集成到一个分析性工具之内，可以帮助人们理解生计的复杂性和影响贫困的主要因素，是对与农户生计特别是贫困问题有关的复杂因素进行整理、分析的一种方法。在具体应用中，需要对它进行修改或适应性调整，使之适应当地的环境、条件，与实际情况相结合，并符合当地的优先需求。

可持续生计分析框架揭示了一个理解贫困的概念模型，展示了生计构成的核心要素及要素之间的关系。从框架图中可以看出，在制度和政策等因素造就的风险性环境中，在资本与政策和制度的相互影响下，作为生计核心的资本的性质和状况，决定了采用生计策略的类型，从而导致某种生计结果，生计结果又反作用于资本，影响资本的性质和状况。

可持续生计分析框架对农村扶贫发展项目的设计、实施以及检测评估有指导作用：它能够清楚简洁并且具体地展现项目的核心成分；能够使不同人群知道项目如何运作和项目的目标是什么，帮助确保投入、活动、产出和目的不被混淆；确定项目成功的主要相关因素。

可持续生计分析框架的各个重要组成部分是影响生计的社会、经济和政治背景的。Scoones 把背景分成两类，一类是条件和趋势，主要包括：历史、政治和经济趋势，此外还有气候、人口和社会差别；另一类是制度和组织（Scoones，1998）。Ellis 也把背景分成两类：社会关系、制度和组织；趋势和冲击因素（Ellis，2000）。此外还有 Carney（1998）的脆弱性背景和转化过程的分类。可以看出，背景组成部分非常复杂，涉及诸多社会科学的研究领域，因此，无论在研究过程中，还是在实践过程中都会面临许多困难；与此同时，这种复杂性也为不同学科带来了新的研究问题。在这些复杂的背景条件下，个人和农户的资本状况将会决定农户和个人的生计策略的选择和调整。

4. Bebbington 框架

Bebbington 强调了资本和能力在生计分析中的作用。Bebbington 认为资本为农户有成果、有意义地参与和改变世界提供了能力，提出了以资本和能力为核心的用于分析农民脆弱性、农村生计和贫困的框架（Bebbington，1999）（见图 2－4 和图 2－5）。在框架中，资本是工具性活动、诠释性活动和解放性活动的载体。这三类活动分别对应谋生、使生活有意义以及挑战现有生计结构。

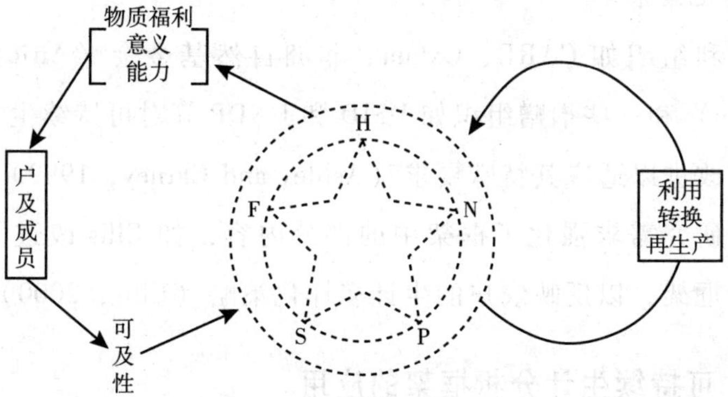

图 2－4 资本、生计和贫困

针对拉丁美洲的农村发展，此框架认为分析农户生计需要根据：（1）人们对于五种资本的可获得性。（2）农户结合和资本转化的方式。（3）农户扩展资本的方式，既是为了改善生活，也是为了改变主要的规则与关系，这些规则和关系掌管着农户资源被控制、分配和转化的方式。此框架特别强调社会资本对于农户获得其他资源的作用。生计分析强调，要认识到是政策、制度运作过程决定了人们

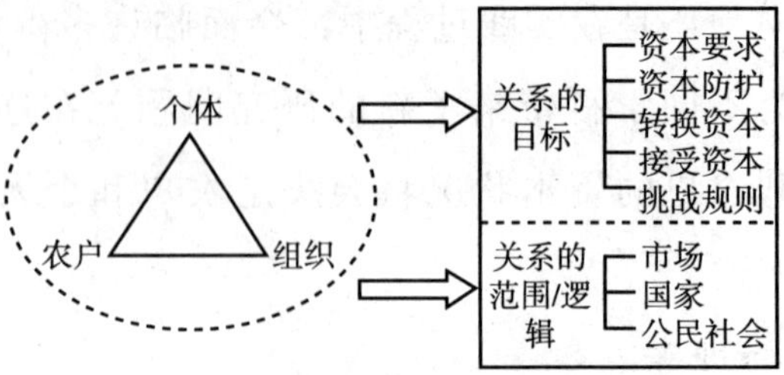

图 2-5 资源可及、使用和转换

对于资本的拥有与使用状况以及他们对生计策略的选择。可持续生计途径力求理解影响人们对生计策略选择的背后因素，以便强调积极的方面，减轻制约和消极因素，而不是因为存在某种“原料”如林地、耕地或就业机会，就简单地推荐某种生计策略。

5. 其他发展

非营利组织如 CARE、Oxfam、非洲自然基金会（Africa Wildlife Foundation）和一些捐赠组织如 DFID 和 UNDP 等对可持续生计分析框架进行了改进以适应其特殊要求（Ashley and Carney，1999）。一些学者也根据研究需求强化了框架中的部分内容，如 Ellis 改进了可持续生计分析框架，以反映农户的生计多样化策略（Ellis，2000）。

二 可持续生计分析框架的应用

1. 国际

可持续生计分析框架提出后，在国际上得到了广泛应用。仅在 1999 年的自然资源指导者会议上（Natural Resources Advisers' Conference，NRAC）便汇报了印度、巴基斯坦、尼泊尔、俄罗斯、墨西哥等 11 个国家的可持续生计项目进展情况。这次会议，总结了框架应用之外的实践和理论困难，并取得了很多共识（Ashley and Carney，1999）。之后，可持续生计分析框架在各国得到了进一步推广和深化。

关于生计策略的具有代表性的研究如下。

（1）Coomes 等结合以资本为基础的农户生计的概念模型，在南美洲秘鲁的热带雨林地区进行了农户的资源获取和经济依赖之间关系的实证研究。样本选取八个村庄的 263 户农民，经济活动主要包括渔业、狩猎和资源获取，尤其是生物资源。结果表明，资源获取主要集中在所选村子的小部分农户中，经济的依赖性与资源获取之间的关系并不明确，对资源贫乏的农户是主要的资源获取者的假设提出了异议（Coomes，Barham et al.，2004）。

根据此概念框架，农户的资源利用决策由农户拥有的资本和农户的人口特征所决定。农户的资本包括物质性的（土地、装备、工具）和非物质性的（人力、金融和社会资本），这些资本为农户对当地自然资源的利用活动提供了基础。人口变量主要指年龄、规模、家庭构成等。通过农户的劳动力供给、消费需求和风险厌恶等影响资源利用。

（2）Pender（2004）结合农户的五种生计资本在乌干达综合研究了农户的生计选择与生产提高、土地退化减少之间的均衡关系。通过农户是否参与组织机构、农作物选择、土地管理和劳动力的运用，研究农户的生计资本组成对于农业生产和土壤侵蚀的作用。结果表明，人口的压力促使农户更多地选择农业集约化的策略，也增大了土壤受侵蚀的可能性。人力资本对于农户生计的作用在于促进农户更多地选择非农活动以改善家庭的收入，从而减少了农业生产。而物质资本对于生产和土壤侵蚀的作用影响很微小。实现农户生产和减少土壤退化双赢的目标难以达到。但此研究没有考虑到外部的政策、制度对于农户生计选择的影响。研究选取了 107 个社区的 450 户作为样本，平均每个社区选取 4 个，包括社区问卷和农户问卷。方法主要是构建农户收入以及土壤侵蚀的计量经济模型。采用的变量涉及农户的五种资本以及社区的基础设施建设等（Pender，Jagger et al.，2004）。

（3）Orr利用可持续生计分析框架，研究了1990～2000年非洲马拉维南部地区一些农户的生计策略变迁。研究表明大部分的农户都受益于市场自由化带来的高收入，同时，也有部分农户经济条件有所恶化，这种恶化一方面是市场自由化带来的，另一方面也与其家庭因素相关，如离婚和丧偶等造成了女性户主家庭生计困难（Orr and Mwale，2001）。

（4）Badru等利用可持续生计分析框架考察了埃塞俄比亚农户的生计策略，特别是与林产品相关的生计活动，通过基于360个样本的实证研究，认为资本贫乏阻碍了农户从事高收益的生计活动，使贫穷农户过多依赖自然资源（Badru，Muys et al.，2008）。

（5）Knutsson和Ostwald利用可持续生计分析框架量化生计资本并考察资本间的转换以及与气候和土地政策有关的变化，以陕西省两个村的数据为基础，证实在此框架下对脆弱性的测量是有效的（Knutsson and Ostwald，2006）。

（6）Cherni等基于可持续生计方法展示了科技与政策的协同发展可以提升边缘地区农户的生计水平。研究的结论主要根据古巴可再生能源技术的应用实例分析得出，认为当地居民和社区可以从复杂的科技和社会环境中获益，并有利于生态环境的提升（Cherni and Hill，2009）。Cherni等也将可持续生计方法中的许多重要思想反映在一些决策支持系统中（Cherni，Dyner et al.，2007）。

（7）Masanjala利用可持续生计分析框架，分析了贫困和艾滋病之间的关系。虽然艾滋病对贫困的作用已经广受关注，但社会关系和生计策略对艾滋病的作用却有待进一步的研究（Masanjala，2007）。

（8）Kelman等将可持续生计分析框架用于火山相关的生活场景，

认为框架对于理解、沟通、管理脆弱性和风险有帮助，有利于社区更好地管理火山环境，并控制脆弱性环境，有利于管理风险和进行灾后恢复和重建（Kelman and Mather，2008）。

（9）Allison 等介绍了西非 25 个国家将可持续生计分析框架用于渔业管理的经验。认为框架可以帮助形成统一的渔业政策，有利于识别致贫因素，并且维持渔业资源的可持续发展（Allison and Ellis，2001；Allison and Horemans，2006）。

（10）Babulo 在埃塞俄比亚的研究表明，生计资本是农户生计策略的决定因素，应当鼓励贫困的农户从事高回报的经济活动（Babulo，Muys et al.，2008）。

2. 中国的研究与探索性实践成果

李斌等就生计的概念、生计分析框架、生计途径的研究和实践进行了简要评述。对 Scoones、Carney、Ellis 等人的生计概念及生计分析框架进行了阐述，并对国际发展研究机构和非政府组织针对解决农村扶贫等问题提出的可持续生计分析框架和生计途径等做了介绍。主要介绍了 DFID、CARE、Oxfam、UNDP 这四个组织机构在发展中国家解决农村贫困以及生态环境问题中的可持续生计途径（李斌、李小云等，2004）。

杨培涛（2009）把可持续生计分析框架在中国的研究和实践归纳为四方面的内容：第一，在分析贫困和扶贫中的应用，如李小云（2005，2007）对贫困和脆弱性的研究等（李小云、张雪梅等，2005；李小云、董强等，2007），杨国安（2003）对脆弱性生计方法与可持续生计方法进行了比较，认为在围绕可持续发展所提出的各种各样的研究工具中，这两种方法是众多方法中运用比较普遍的两种。可持续生计方法强调贫困的消除，脆弱性生计方法强调脆弱的缓解。第二，对失地农民生计的研究。第三，对退耕还林农户生计的分析（黎洁、李亚莉等，2009；黎洁、李树茁等，2010）。第四，对农牧民生计的研究（杨培涛，2009）。这几年，可持续生计分析扩展到对乡村旅游业的研究（孔祥智、钟真等，2008；孔祥智和钟真，2009），少数民族的生计转型研究（张丙乾、汪力斌等，2007；张丙乾、靳乐山等，2008）等。

另外，可持续生计分析方法也在中国一些特定区域得到了广泛应用，一些主要的具体研究有以下几方面。

（1）生态家园富民工程“三位一体”项目（李斌，2005）。利用可持续生计途径研究生态富民工程“三位一体”（将沼气生产、种植和养殖三种生产过程结合在一个系统之内）对宁夏盐池县农户的生计影响的研究。应用可持续生计途径和参与式途径开发一套农户生计影响研究方法。原始资料采用参与式农村评价和传统的调查方式，利用小组访谈、关键知情人访谈、实地观察和抽样调查的方法获得。对4个自然村100户参与“三位一体”项目的农户进行问卷调查，获得96份有效问卷。研究表明，“三位一体”项目没有对农户农业生产集约化和多样化造成影响。对造成这种状况的因素所做的研究分析表明，农户的金融资本和人力资本的缺少是造成这种状况的内在因素；市场、制度和政策外部因素可直接或间接改变农户生计资本的配置状况，导致农户采取不同的生计策略。

（2）滇西北农牧区生计改良方式项目中的相关研究。此项目是2003～2005年由云南省生物多样性和传统知识研究会和云南畜牧局合作实施的项目，受加拿大国际发展中心资助。可持续生计分析框架为项目提供了一个指导性提纲，可以了解在农户的复杂生活中不同资源所起到的作用，可用于鉴别生计中的主要限制因素以及不同因素之间的关系，并在此基础上设计有针对性的干预措施。项目目的是在云南省滇西北三个地区提高相关利益群体发展技术和机制干预的能力，以提高和促进农牧生计的可持续发展。初步研究结果包括二十多篇项目研究报告。运用的主要研究方法是案例研究。

安迪分析了不同资本在构成生计时所起到的作用。运用了 Dorward 等（2001）提出的资本功能框架，与注重资本类型和社会组织在资本利用过程中的支配性作用的可持续生计不同，这个框架的焦点在于资本利用的动态过程。有些资本可能有一种或多种功能。不同资本所具有的特征将决定其在不同生计过程（如生产、交换、消费和投资）中的作用。调查方法以访谈为主，调查地来源于迪麻洛三个自然村的 91 户村民。认为人们所处的社会、政治、生态环境，资本的存在及其可获得性，以及组织机构在决定资本可获得性中的作用等，都是决定农户生计策略的重要因素（安迪，2003）。

郑丽霞分析了农户生计水平以及不同资本在生计中的作用。调查发现可以将农户分成农业为主、畜牧业为主和开货车为主的生计策略。通过分析农户拥有不同资本以及不同资本之间的相关性解释了为什么农户会选择不同的生计策略。主要方法是入户访谈式调查，但只利用了一些描述性的统计方法（郑丽霞，2004）。

对云南云龙县金多村苗寨的研究揭示了森林资源对于当地村民生计活动的价值。当地村民的收入主要来自牲畜、农业和收集森林的非木材产品。森林的非木材产品占当地村民收入的 16% ~66%。一些家庭的劳动力主要集中在农业和家畜的养殖上，而另一些家庭的劳动力用在收集森林的非木材产品方面。外部的社会制度因素如 1998 年禁止伐木的规定和建立云龙自然保护区等对当地农户的生计产生了极大的影响。其中，对 8 户农户的生计活动的调查分为两阶段，第一阶段了解农户的生计活动构成，第二阶段了解当地的林木和自然资源保护政策实施后对农户生计的影响。采用了半结构式的问卷和访谈方法。

Sheng Ke-rong 等运用可持续生计分析框架，在长江上游云南省就退耕还林政策对农户的生计影响进行了研究。研究基于 946 户的问卷调查，分析了农户的基本特征，包括农户的生计资本、收入活动、能源消费模式以及生育行为。微观分析表明，农业发展的扩张严重依赖于生物燃料，农村能源消费以及环境之间存在冲突关系。退耕还林政策在当地农户的生计中发挥着重要的作用，但是政策没有考虑到农户长期的生计来源，在一定程度上影响了它的可持续性。从可持续生计分析框架的角度来看，首先，应该使农户更容易获得资金、技术和公共服务。其次，鼓励农户采用环境友好型的技术和加强环境保护投资。最后，应注意农户的能源问题以及退耕还林地区农户长期的生计来源问题（Ke-rong，2006）。

（3）戴广翠等对陕西省彬县、安塞县，青海省共和县、民和县等黄河流域的退耕还林地区参与退耕还林工程的成本效益进行分析。认为在退耕权益得到保护的前提下，农户将从参与退耕还林工程中受益，并且不会出现复耕反弹现象（戴广翠等，2009）。

（4）张丙乾等对黑龙江赫哲族的农户生计进行了研究，探索在社会现代化发展过程中，少数民族农户面临的生计变迁和危机，并建议农户采用多元化生计发展途径，以促使其适应转型，实现可持续发展（张丙乾、汪力斌等，2007；张丙乾、靳乐山等，2008）。

总体而言，可持续生计分析框架中的生计资本、生计策略和生计后果等多个环节都涉及农户的家庭结构因素，但是，其分析框架并没有把家庭结构因素作为单独的生计相关内容进行研究。分析框架在宏观上强调了人口因素作为生计背景可能对农户生计产生的影响，并关注组织结构等“硬件”对农户可持续生计的影响，然而，分析框架也忽视了微观行为主体的“硬件”特征：家庭结构对生计策略的影响。

第三节 农户行为研究与农户模型

一 农户行为研究的流派及农民经济学的引入

农户行为研究的主要流派有三个：以俄国的查雅诺夫（1996）为代表的组织生产流派，认为农户产品生产是以自给自足而不是以追求利润最大化为目标；以舒尔茨为代表的理性行为流派，把理性特质推广到农户身上；以黄宗智为代表的历史流派（黄宗智，1986），该流派在综合分析了上述两个流派的研究结果后，认为农户在边际报酬十分低下的情况下仍会继续投入劳动，因为劳动的机会成本几乎为零。从一般意义上看，任何农户都在追求依据自身价值观而产生的“效用最大化”，而这里农户的价值观又与特定的因素有关。这里的因素包括自然、经济、社会、文化等方面的综合（宋圭武，2002）。

对农民行为的研究，在 20 世纪 80 年代后逐渐成为热点，Ellis 的《农民经济学》是农民经济学问世的标志，也提供了农户行为研究较为成熟的理论体系。农户模型是农民经济学中的主要经济模型，是用来描述农户内部各种关系的一种与一般均衡经济理论原理相一致的经济模型。从传统意义上说，农户模型是用来分析农户的生产、消费和劳动力供给行为（农户生产函数、消费函数和劳动力供给函数等）的模型，它将农户行为的相关变量数量化（陈和午，2004）。同时，农户模型也能够用来描述和分析三大方面的政策问题（张林秀和徐晓明，1996）。

随着经济理论的发展，人们把更多的目光投向农户的家庭内部。沿着“新家庭经济学”的传统，运用现代经济学的分析工具，将女性劳动参与率、人力资本投资、婚姻和生育率等变量纳入家庭内部决策的分析框架。已婚夫妇的劳动供给、生育决策和消费投资决策等都是其研究内容。第一阶段是假定农户家庭成员具有共同效用函数的单一模型（Unitary Model）阶段；第二阶段，则是假定农户家庭成员各自具有不同的效用函数的集体模型（Collective Model）的发展阶段（都阳，2001）。

中国国内最早系统研究中国农户经济行为的学者可能是卢迈和戴小京（宋洪远，1994）。张林秀较全面地引入西方的农户经济理论并进行应用（张林秀，1996）。彭文平从农民的有条件利润最大化、农民的避险行为、农民的消费生产决策行为等方面介绍了相关的理论，其中各种农户模型如 Chayanov 模型、Barnun 和 Squire 模型等得到了较为详细的介绍（彭文平，2002）。吴桂英对家庭内部决策三个主要类别的正式模型：共同偏好模型、合作博弈模型和非合作博弈模型做了介绍，并且将它们应用于对女性劳动供给行为、人力资本投资、离婚率和出生率的变化及其内在联系提供一些经济学角度的解释方面（吴桂英，2002）。陈和午在单一模型和集体模型分类的基础上，对理论和实证做了详细的介绍（陈和午，2004）。

二 农户模型及其可分性质

农户模型对解释欠发达国家的农户行为有很大作用，主要是因为其能够充分考虑市场失灵的情况。多重不完全市场、风险及其他形式的市场失灵都有可能造成农户模型的“不可分性”（Nonseperability）（Bardhan and Udry，1999），即农户的生产与消费决策不可分离。而在完全市场的假定下，农户模型是可分的（Seperability），农户的生产决策可以独立于消费，即影响消费的因素并不能影响生产决策（见图 2－6）。

一般化的实证研究忽略了农户受约束的差异性，没有在研究中专门探讨特定的市场约束问题，而市场失灵是有其特殊性的，对异质性的市场约束的忽略削弱了模型的解释力。农户是否受到市场约束与市场参与行为相关，一些研究者将这种可观察的信息引入农户模型的实证研究中（Sadoulet，De Janvry et al.，1998；Carter and Yao，2002；Carter and Olinto，2003；Dutilly-Diane，Sadoulet et al.，2003），这种局部可分农户模型在一定程度上提升了模型及其实证的解释能力，但是仍然不能解释农户受市场约束的差异性，市场参与不能构成可分决策的充分条件（见图 2-6）。

De Janvry 和 Sadoulet（2006）明确指出，这些理论最基本的缺陷是没有考虑农户的异质性。主要围绕市场参与、供给与需求等方面的内容，学者们对农户模型中不完全市场的约束，特别是交易成本对农户行为的影响进行了卓有成效的研究（De Janvry and Sadoulet，2006）。而最近的研究开始重视与农户异质相关的交易成本，认为这能更好地解释农户模型的不可分性。Henning 等（2007）重点关注交易成本及异质性对农户的劳动雇佣和供给行为的影响。

这种影响建立在不可分模型的基础上——以往很少有人关注这种既雇佣又被雇佣的行为，而只是认为：有市场参与行为，其决策就应当是可分的。他们认为市场交易成本的存在导致农户决策都是不可分的，即使参与了劳动力买卖市场也可能如此，只不过其程度介于缺失市场的不可分及完全市场的可分之间（Key，Sadoulet et al.，2000；Henning and Henningsen，2007）。

除交易成本之外，Kevane 研究了缺失的信贷和保险市场与土地和劳动力市场失灵相互作用情况下，农民禀赋包括劳动、土地、财富与农户的产出策略（总结为劳动-土地比）之间的正向关系（Kevane，1996）。Sadoulet（1998）研究了不完全市场中的劳动力禀赋差异对劳动供给和可分决策的影响，Assuncao 和 Ghatak 认为即使不考虑报酬递

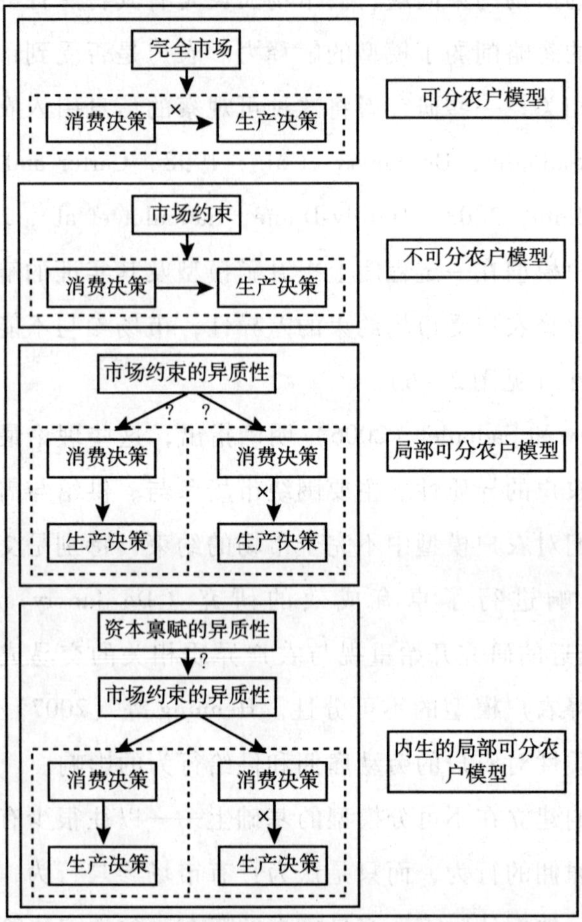

图2-6 农户模型的发展及对决策性质的讨论

减，信用市场的约束与劳动技能的异质性也能解释农地规模和生产率的反向关系，高技能者因为较高的机会成本，会选择进行小规模的农业生产，即不可观察的异质性产生了自我选择（Assuncao and Ghatak, 2003）。

事实上，在农户模型的理论研究之外，学界越来越关注在外界冲击下各类资本对农户福利的提升，认为资本的动态性是理解持久贫困和长期社会经济动态的基础。非农活动的参与意味着市场参与，市场参与在带来高收入的同时也带给农户较多的风险。在一些发展中国家，只有那些拥有较高禀赋如土地、劳动力和资本可及性的农户才能从新出现的机会及高回报的生计活动中获利（Barrett，Carter et al.，2006）。

从另一个角度看，发展中国家的市场约束对农户并不具备普遍性，所以通过禀赋差异来区分特定的农户，以及其获取的机会和生计行为是很有意义的。这种意义在农户模型中体现为局部可分性质的内生性。即如何解释不同农户受市场约束的异质性（见图 2-6）。这种异质性最初局限在市场不完全性的讨论中，如与交易成本相关的市场失灵等，之后，理论逐渐发展到与市场参与等相关的农户行为上，如非农参与、劳动供给和产品供给的关系研究等。虽然市场不完善性也具有异质性，但这种异质性显然不能解释同一市场条件下农户决策行为的差异；而对农户生计资本及其作用的重视有助于进一步理解直接与农户相关的异质性，从而有助于从根本上了解局部可分性质形成的原因。

国内继张林秀（1996）较全面地引入西方的农户经济理论之后，一些学者如彭文平（2002）、吴桂英（2002）和陈和午（2004）等对其进行了进一步的介绍及应用（陈和午，2004）。刘建进利用农户劳动力模型探讨了中国农业剩余劳动力的产生，强调了农业与非农收入的差异性（刘建进，1997）。黄祖辉等在查雅诺夫的研究基础上，构建了一个包含土地、劳动和资金配置的农户生产行为模型（黄祖辉、胡豹等，2005）。

关于农户劳动力供给的研究，Park 和任常青（1995）利用农户生产决策模型估计了风险条件下的生产决策行为，把消费引入农户的生产决策中。这种影响机制其实是建立在农户模型决策不可分的假设之上的（任常青，1995）。都阳在可分性质的农户模型基础上利用影子价格对贫困地区农户的劳动供给模式进行了实证性研究（都阳，2001）。蔡基宏基于农户模型的可分性质，在理论上讨论了农地的产出率问题（蔡基宏，2005）。相对少见的关于中国农户决策可分性的讨论，主要集中在利润或劳动需求方程的估算方面，可分性假设一般都被拒绝。在局部可分性的假定下，Carter 和 Yao 认为土地市场的参与对农户劳动力投入强度有着决定作用；同样，劳动力市场特别是村庄外劳动力市场的可及性，对决策的可分性也有着决定作用（Carter and Yao，2002；Bowlus and Sicular，2003）。

我们应该注意到，农户生计策略的形成是多重市场下多种资本组合的结果。在中国农村，农户面临着资本信用市场、劳动力市场和产品市场等多重约束（朱喜和李子奈，2006），这种约束不仅体现在劳动力市场上的交易成本，也表现在失业风险、较高的资金成本等多方面。无论是农户生计参与决策还是可分性的讨论都必须强调多重市场的约束。

第四节　小结

国内外关于农户生计策略的研究简要评述如下：

（1）在分析框架方面，国外关于农户生计策略的相关研究相对丰富，许多研究遵循较为成熟的生计分析框架。国内关于农户生计策略的相关内容较为零散，正在探索和引进国际上较为成熟的生计分析框架。在国内外研究中，关于农户生计的分析框架以及对农户异质性的分析仍只关注农户在资本禀赋上的原因，如何进一步与不完全市场的决策背景进行结合，尚缺乏统一的研究思路和研究框架。

（2）在理论研究方面，国外围绕生计策略相关的农户行为研究，农户模型是主要的分析工具。农户模型关注不完全市场条件下农户的市场参与及其他决策相关主题，最新的研究开始关注与农户异质性相关的交易成本等因素。这些因素在可持续生计分析框架的实际应用中已经得到了广泛重视，但在基于农户模型的决策理论研究中仍有很大的发展空间；关于过渡时期农户决策行为的农户模型较为缺乏。中国国内的学者正积极引进和使用农户模型，以形式化地解释农户行为，并为相关的实证研究提供理论基础。

（3）在实证研究方面，国际上关于生计策略形成机制的研究，一是基于农户模型进行计量设定，侧重于对农户生计策略中具体活动的实证分析；二是基于可持续生计分析框架等概念模型，利用农户调查数据直接进行验证。中国学者则多使用文献考察等手段提出假设，以定性研究或简单的实证研究为主，在计量设定上缺乏统一的理论基础。特别是在关于农户行为异质性的研究上，缺乏有针对性的计量方法设定和系统的实证检验思路。

根据文献综述的结论，本书的研究空间包括：

（1）通过改进可持续生计分析框架，为研究中国农村生计决策机制提供更好的研究基础。需要在改进后的分析框架中引入微观的人口结构视角，并与传统的生计各要素相结合，以考察农户生计策略的形成机制。

（2）根据改进后的分析框架，需要利用新古典经济学的农户模型，形成更好的研究路径和理论方法，用以解释经济不平衡和多重不完全市场条件下农户的决策过程，并为农户生计决策的实证研究提供理论依据。需要利用模型在整体上解释农户生计策略的形成机制，特别关注不同要素对各类生计策略的作用途径和方式，以及各生计策略之间的关系。

（3）根据农户模型的理论分析，需要在数据收集和计量设定上反映中国农户的生计差异性，系统分析农户的生计策略组成内容及其影响因素。需要利用合适的统计和计量方法，反映生计资本、家庭结构对生计策略的影响途径和影响方式，反映主要生计策略之间的关系。

第三章　家庭结构视角下的可持续生计分析框架的改进

第一节　家庭结构的引进思路和理论基础

以 DFID 为代表的可持续生计分析框架旨在为计划和管理提供一个适用的工具，特别强调对实践的导向作用以及对穷人生计的了解和帮助。除借鉴了五种资本的分类外，框架还细化了政策、法律及组织等对农户生计的影响途径。在可持续生计分析框架中，农户处于脆弱性背景下（Vulnerability Context），大的社会经济趋势、突然的冲击以及周期性的变化等都能对农户的生计产生影响。这些脆弱性背景有些是容易进行预料和分析的，如整个国家的人口结构变化和技术变迁，有些则是不可预测的且具有特殊性，如价格和就业机会的变化等。公共政策与这些背景相互作用，可能使部分农户面临新的冲击并陷入恶性循环（DFID，1999）。

可持续生计分析框架虽然主张在政策实施过程中，组织结构作为框架的“硬件”应使贫穷农户受益，然而，并没有关注与农户决策相关的微观人口特征，如家庭结构。农户的微观人口特征直接决定了农户的一些生计资本存量，如劳动力数量、与家庭规模相关的土地数量、房屋数量等；也决定一些社区资本的可及性，如义务教育、投票权等。家庭结构与家庭的效用函数相关，不同的家庭成员具有不同的效用偏好，即使是在单一效用函数的假设下，农户的决策也要考虑这种不同成员效用的合成。比如拥有孩子的家庭可能更重视教育投资和未来的消费，而没有孩子的家庭可能会更重视当前的消费。不同的效用函数会导致资源配置有差异。同时，农户的生产活动和家庭活动也是由不同家庭成员分工合作进行的，家庭结构特别是代际结构，可能造成不同的生计策略，如老年人与子女或孙子女的代际支持可能有利于农户采用多样化生计策略。

在农户生计研究及政策分析的过程中，如果不考虑这些人口特征，可能存在两个层面的缺陷：一是忽略家庭成员在效用函数和分工合作上的差异，不能预测外部冲击下农户做出的生计选择，使研究和政策分析偏离预定的目标；二是在政策分析时，即使通过农户的生计资本特征、生计活动等能够识别不同的政策后果，也很难有针对性地提出政策。其原因在于不同生计资本之间可能具有因果转换关系，并且具有一定的动态性，政策制定者很难以此作为决策依据。比如退耕政策是否有益于贫穷农户的研究就存在争论，而在较长一段时期内，贫困本身就很难界定，因为资本的动态性往往是理解贫困的基础（Barrett，Carter et al.，2006）。要使政策能够有针对性地为最脆弱的农户提供安全保障，往往需要大量的信息，当然也包括人口因素（Ellis，1998）。如果能够通过家庭结构区分出农户在生计资本、生计活动等方面的特征，并区分政策对不同农户的影响作用，将有益于政策的制定和实践。

可持续生计分析方法已经在全世界范围内得到应用和发展，其基本思想可以追溯到诺贝尔经济学奖获得者森的可行能力理论。森把能力概念看作一种人能够生存和发展的功能，认为其不仅包括营养和健康等方面的内容，也应包括选择和从事某些活动的权利。以此为基础，森主张从多个方面提升贫困者的可行能力，拓展其可选择的活动空间；认为自由或可行能力具有构建性的作用，既是发展的目标，也是发展的手段。这些理论见解在客观上推动了基于生计资本和生计活动为基础的可持续生计分析方法的发展和实践，因为从根本上而言，生计活动本身便具备很多可行能力的特质。而不同的可持续生计分析方法从不同的侧面强化了政策和组织等因素对农户生计活动范围和选择的作用。众多的分析方法虽然多是基于当地的生产实践和政策干预目标的，但仍然贯穿着这样的理论思路：生计资本以及由此决定的生计活动，是理解农户生计和农村发展的关键，对生计活动的研究不应仅仅限于手段层面，生计活动的组合或生计策略的形成，本身也具有构建性的作用，应当作为发展的目标之一进行研究。家庭结构对农户可行能力的构成和构建具有目标和手段的双重意义，它既是农户生计目标合成的关键因素，也是农户达成生计目标进行生计活动选择和实践的基础。

以往的研究多强调生计活动的选择和时间，而在可行能力的理论体系中，要理解生计行为和活动的多维意义，基于家庭结构的生计决策目标可以为理解这些多样化内容提供很好的借鉴。从动态的角度看，如果缺乏外部力量，由于路径依赖和贫困陷阱，边远地区的农户往往被排除在现代市场经济之外，他们很难通过自身的力量摆脱持久性的贫困；一代甚至几代农民往往寄希望于下一代家庭成员的成长，来帮助家庭跳出贫困陷阱。除了这种经济原因，家族传承等传统观念也使发展中国家地区的许多农户，特别是像中国这样的东亚国家的农户重视下一代的发展，并将整个家庭的利益与每个家庭成员紧密地联结在一起。这种意义下的可行能力往往也与长期的家庭投资，特别是对后代教育的投资以及上一辈在消费和生产中的“牺牲”联系在一起。要获取家庭的长远利益，农户必须更加紧缩当代消费开支，与之相适应地减少生产行为，而更重视当代经济利益外的家庭效用的追求。这种来自历史和社会学中关于家庭行为和代际支持的研究为本书的框架设计提供了重要的思路和支持。

在新古典经济学中，农户同时兼有生产者与消费者两种角色，家庭结构常常作为消费相关因素引入农户的生计决策中。在劳动力等多重市场缺失的条件下，特别是在自给自足的极端情况下，农户的消费因素常常决定了农业生产决策，如查雅诺夫（1926）提出的在苏联自耕农农业生产条件下，家庭规模和结构决定了农业劳动力的投入等。在此后大量关于农户消费与生产决策的可分性的实证研究中，这些家庭人口因素都是重要的研究内容。在生产行为的研究中，家庭成员之间的替代关系等也影响着农户的劳动供给决策等。现代经济学中广泛使用的数学和计量手段为我们的研究框架提供了丰富的实证和应用实践的基础。本书的框架正是基于这些基础发展而来的（Liang et al.，2012）。

第二节　改进后分析框架中的家庭结构与可持续生计

一　家庭结构的引入

结合 Reardon 和 Vosti、Ellis、De Sherbinin 等学者的研究，将以家庭结构为代表的人口因素引入可持续分析框架中（Reardon and Vosti，1995；Ellis，2000；De Sherbinin，VanWey et al.，2008）。

农户的生计资本包括人力资本、社会资本、金融资本、自然资本和物质资本，不同农户的五类资本在数量和结构上都可能存在差异。资本的水平和结构状况也是动态的，随着时间的变化而发生改变。农户在既定的制度和经济环境下，基于其资本状况将资源分配在不同的生产生活领域，其中与生产相关的决策活动主要包括生产领域的选择、家庭劳动时间的分配以及传统的农业生产投入与产出行为。农户的各类活动组合是生计策略形成的基础，包括多样化生计策略、利润最大化的时间供给策略和集约化生产策略都是依赖于现代生产要素，与市场相关的生计策略，较少依赖自然资源。不同的生计策略将形成不同的生计后果，如收入水平和与子女教育相关的孩子质量等。

在改进后的可持续框架中，我们将农户按照家庭结构区分为主要的四类：有老人（大于或等于65岁）和成年劳动力（大于15岁小于65岁）的农户；只有成年劳动力的农户；有成年劳动力和孩子（小于或等于15岁）的但没有老人农户；由成年劳动力、孩子和老人三类人组成的农户。基于不同的家庭结构，农户成员间形成代际支持活动，共同实现家庭的生计目标（见图3-1）。

改进后的框架强调老年人作为劳动供给者的角色而不是家庭的负担，这在中国具有普遍意义，特别是在缺乏正式社会支持的贫困农村地区。老年人在农业活动和家庭活动中都承担着重要的责任。许多理论可以解释老年人参与的代际支持行为，如交换理论、利他或者群体合作理论等，特别是在具有强烈儒家传统的亚洲国家。张文娟详细分析了代际支持网络的性别差异、居住距离、规模和密度对老年人生活满意度的影响，认为子女在中国农村老年人社会支持网络中占据核心地位，其提供的代际支持通过满足父母经济、生理状况恶化等产生的需求而提高老年人的生活满意度（Zhang and Li，2004）。与之相对应，许多老年人为子女照顾小孩，并接受一定的经济支持（Li，Feldman et al.，2004；Agree，Biddlecom et al.，2005；张文娟和李树茁，2009）。在一项研究

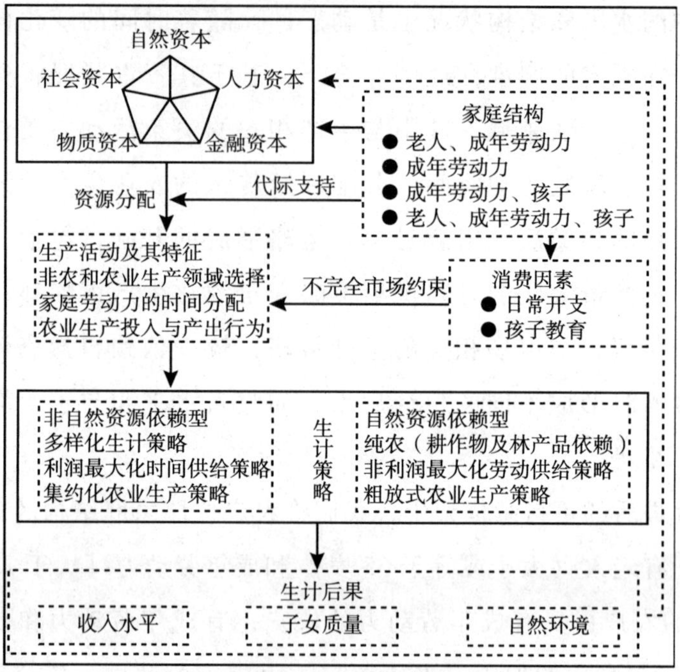

图 3－1　含家庭结构的可持续生计分析框架

注：本框架根据 Scoones（1998），Ellis（2000），Reardon（1995），DFID（1999）等的框架改进。虚线框中的内容本书暂不涉及，但是作为分析框架中重要的逻辑环节在图中列出。

调查中，几乎所有的健康老年人（95.6%）都从事一定的劳动，农村老年人是农业生产的重要力量。如果子女外出打工，老年人在家从事农业劳动的几率会更高（Pang，De Brauw et al.，2004）。

在改进后的分析框架中，不同家庭成员在生产和生活中的作用和在家庭效用函数中的地位都得到了细化。通过代际的经济关系，农户的生产资源分配活动不仅仅是家庭成员活动的加总。但在一定的假定条件下，农户仍然可作为最重要的决策单位存在，这可以为理论和计量研究提供很好的基础。借助近年来发展的农户模型等新古典经济学的理论和工具，家庭结构因素与市场约束紧密联系起来。非完全市场对农户行为的影响，通过消费和生产的关系得到体现和验证，家庭结构因素往往是最重要的消费因素，它们对生产决策的作用应当得到更多的重视。

可持续生计分析方法的重要目标即是理解和促进农户可持续生计的构建。作为一种生计形式或者生计后果，可持续生计被区分为环境可持续和社会可持续。从图 3－1 中可以看出，家庭结构对可持续生计的作用是相对间接的，正是这种间接作用使基于生计资本的生计策略决策机制变得更加复杂，同时，不同家庭结构的农户在生计后果中表现出更多的异质性。在分析框架中引入家庭结构视角，将有利于通过农户的效用函数、生计资本和生计活动等环节更好地理解和促进可持续生计。

二　家庭结构与效用函数

任何生计选择都基于一定的生计目标，这种目标在新古典经济学中集中体现在效用函数的设定中。传统的单一家庭效用函数并没有区分不同家庭成员的构成，接下来发展的联合效用函数则多用于性别视角的经济学分析。引入家庭结构后，家庭效用函数不仅可以包含社会性别视角，也可以整合代际关系。比如对子女数量和子女价值的讨论将有益于家庭教育投资研究，对老年人生产劳动的讨论将有益于代际分工和代际支持研究等。这些都体现了社会可持续中的“为后代提供支持”，这种可持续性在农户模型中往往包含在家庭的跨期效用函数中。

传统儒家文化中的宗族和家庭观念深入人心，这种“家本位”的观念与西方“个人本位”的观念根本不同，它强调的是宗族的延续和扩大，而不仅是个人的利益和幸福（吕红平，1996）。孩子是家族传承和兴衰的关键，孩子对于家庭的意义不仅局限在代际物质、情感等的交换上，也体现为一种生活使命感和成就感，甚至是一种“终极价值的需求”（穆光宗和陈俊杰，1996）。

孩子质量与孩子数量是家庭经济学中的重要概念，用来解释家庭对孩子的需求。孩子质量是指孩子的身体健康状况和智力水平等，或是指成本较高和“资源密集（Resource Intensity）的家庭品”。高质量的孩子能获得较大成就，为父母带来较多的效用和收益，这些效用主要包括消费效用、劳动-经济效用、保险效用、经济风险效用、长期维持家庭地位的效用和对扩展型家庭做贡献等（彭松建，1987）。更细化的是，孩子对父母的社会经济价值主要有三种重要的观点：老年时的经济保障、帮助家庭脱离贫困和“财富流动”观（Clay and Haar，1993）。在对第三世界国家如印度等国家的研究中，孩子对家庭的社会经济价值主要通过以下的视角进行考察：家庭中的劳动贡献、经济支持和保障以及孩子对父母摆脱贫穷状况的拉动等（Espenshade，1972；Vlassoff，1979；Vlassoff and Vlassoff，1980；Vlassoff，1982；Datta and Nugent，1984；Vlassoff，1990；Cain，1991；Stecklov，1999）。另外，孩子的积极价值还包括使父母自我充实和发展，产生同化效应（即发现孩子中的自我反映）和加强家庭的内聚力和连续性等（彭松建，1987）。

贝克尔等认为家庭中存在广泛的利他主义，这种利他性在看重家庭和宗族的东方国家更加普遍。对于老年父母来说，孩子质量往往能够反映其早年对孩子利他性行为（如节衣缩食供子女上学等）的成果，能够为其带来较大的满足感（贝克尔，1998）。从效用等角度出发，早期涉及孩子质量和孩子数量对父母作用的研究侧重探讨家庭微观决策行为和需求等。在中国，孩子的效用更可能和家庭宗族等联系在一起，子孙后代的质量不但是自身努力的一种见证，也是家族延续和发扬光大的保证。孩子质量和数量对于传统的中国农村家庭具有“传宗接代”和“光宗耀祖”等特殊含义，孩子在很大程度上代表着老年人的精神寄托和生命意义。在中国，孩子的非经济效用尤其是宗族延续和扩大效用比较突出（吕红平，1996）。较多的实证研究也表明，孩子对于家庭的效用不仅局限在简单的养老支持上，往往更多地体现在心理满足和实现，体现在继嗣和家庭完整等的需求满足上（叶文振，1998；徐安琪和张亮，2005）。所以，即使不考虑作为消费因素的家庭结构，孩子的存在对农户效用及生产决策的影响也应当在生计分析框架中得到合适的体现。

三 家庭结构与生计资本

根据森的可行能力思想，生计本身包含了资本这个关键要素，家庭结构与生计资本存在相互关系，从家庭结构视角分析农户的生计资本是进一步理解农户生计的必要条件。在一些地区，家庭结构可能是农户生计资本水平和结构存在差异的重要原因，因而，针对不同家庭结构的农户改变组织结构和政策，将直接促进可持续生计的构建。

在各类生计资本中，农户的人力资本与家庭结构关系最为直接。可持续生计分析框架在各地的应用中，一般将人力资本区分为数量和质量两个方面指标。其中劳动力的数量与成年人、孩子和老年人的分类有关，比如在具体的实证研究中可以给不同的家庭成员赋值，一个能够从事全部劳动的成年人可以赋值为1，能从事部分劳动的老年人赋值为0.5等，这样家庭结构将影响整个家庭的劳动能力。同样，家庭结构不同的农户可能在受教育状况上存在差异。在一定条件下，老年人比重较大的家庭受教育水平也偏低，而孩子较多的家庭虽然可能存在较高的受教育年限，但并不能充分转换为生产力，需要结合人力资本的数量指标一起使用（李小云、董强等，2007）。另外，健康状况与家庭结构也存在联系，年龄较大的家庭成员往往也面临更多的健康问题。故而，不同的基础设施和制度条件，对于不同家庭结构的农户的影响具有很大的差异性。对于孩子比重较高的家庭，当地的教育机构和教育设施决定了其未来高水平的人力资本以及目前较低的人力资本投资水平，而完善的医疗保健条件则对老年人比重较高的家庭意义重大。技能和培训机构的存在和生产等方面知识的传授，有利于更好地提升年轻人的人力资本水平，从而有利于可持续生计的建立。

社会资本和家庭结构的关系也主要集中在不同的家庭成员组成上，类似于人力资本，成年劳动力的社会交往网络可能较大，特别是在劳动力外流的背景下，年轻人可能拥有在不同地区生活的经历。孩子较多的家庭则因为教育和日常照料，父母较少参与社会活动。同样，在关于信任和认同的社会元素中，家庭结构也可能对农户产生一些影响。在农村地区家庭结构与居住安排等关系密切，家庭成员在当地的社会关系状况也是农户社会资本的重要组成部分。提升社会资本水平的相关实践行动应当考虑家庭结构特征。年轻人较多的家庭可能会从当地生产性组织中获取更多的社会资本，而老年人较多的家庭则更多依赖亲属关系形成自己的社会网络。

农户的自然资本也可能与家庭结构存在密切关系。中国的均分土地制度与家庭规模相关，但各地的土地制度调整周期存在较大差异，如果土地制度不能充分反映人口动态性，那么家庭结构将在很大程度上决定土地数量。老年人较多的家庭将拥有更多的土地，而孩子较多的家庭则相对面临土地紧缺（龚为纲，2009）。与之相对应，土地的距离和土地质量等也可能因为土地制度调整与家庭结构发生关系。同时，与家庭结构相关的要素，如人口数量和性别因素将影响土地制度的变化，进而改变农户自然资本的状态（韩冰华，2005；张林秀和刘承芳，2005）。当然，自然资本包括作为生产资料的土地，及其他自然环境和多样化生态对农户的生计也非常重要。以迁移为生计目标的年轻家庭可能不在乎当地的生态环境，而更愿意充分利用耕地或林地进行农业生产，而以老年人和孩子为主的家庭则可能希望在本地从事生态旅游业从而形成新的生计方式。所以，同样的自然资源对于不同结构的家庭具有不同的意义，单纯从自然资本的数量和可及性上理解农户的生计资本可能会忽略可持续生计的许多方面。

同样，物质资本特别是社区层面的物质资本的可及性与家庭结构的关系较为密切。交通是否便利，生活用水是否方便，使用什么样的能源，信息的可及性如何等，对于不同家庭结构的农户具有不同的意义。另外，不同的家庭成员偏好不同的居住条件和生活设施，家庭结构的变化往往会影响家庭消费结构的变化。金融资本在一些地区主要表现为可以转换为货币的牲畜，以及现金收入和贷款等。一方面，在城乡二元经济背景下，年轻人比重较高的家庭相对能够更好地迁移，从而获取更多的现金收入。另一方面，不同家庭结构的农户对金融资本的需求存在差异，比如有孩子上学的家庭可能需要大量的教育投资，但如果没有足够的支持，孩子的父母常常不能兼顾生产和孩子照料。

总之，生计资本既是农户生计活动的基础，同时也直接体现了农户的可行能力及生计的可持续性，而家庭结构对各类生计资本的影响是非常直观的。相同水平和结构的生计资本对不同家庭结构的农户具有不同的意义，这种意义既体现在生计资本对不同家庭成员效用的满足上，也体现在使用相同生计资本形成不同的生计活动中。

四　家庭结构与生计活动

生计活动是生计策略的基础，在一些研究中，也可以将一些特殊的生计活动理解为生计策略。可以简单地将生计活动区分为生产、再生产和消费等内容。为实现一定的生计目标，在一定的资源约束条件下，农户使用和配置生计资产，这些行为都是生计活动的一部分。家庭结构因素在这个过程中起到了重要的作用。在生产活动中，家庭成员的构成、分工和协调能够影响农户的生产领域选择、劳动力的时间分配及其他具体的生产行为。这种影响主要通过资源配置来实现。

在生产领域的选择中，家庭成员的年龄构成非常重要，在城乡二元背景下，年轻家庭倾向于迁移，并通过工资收入实现家庭目标，而老年人较多的家庭则一般以农业生产为主。在有多元化收入的农户中，家庭成员常常在不同领域的生产活动中进行分工合作，合理配置有限的劳动力。同样，在最普遍的农业生产中，年轻劳动力可以采用劳动和资本密集型的生产方式，而老年人的农业生产方式则面临劳动力和资金的双重限制。

较高的老年人和孩子比例往往意味着较高的消费水平，也可能造成消费结构的变化，如较高的医疗和教育支出等。经由消费对生产的作用，在农业自给自足的大背景下，拥有较多的老年人和孩子的家庭可能倾向于粮食作物生产，而减少高风险和高回报的经济作物生产及非农活动。

家庭结构对生计活动的重要性也突出表现在代际支持上。拥有同样生计资本的成员，在不同的家庭中可能会承担不同的生计活动，从而实现不同的生计后果。单独由老年人组成的家庭大多只能从事农业生产活动以满足自己的日常食物需求；单纯由年轻人家庭组成的家庭可能会选择迁移，而放弃或者减少当地的农业生产活动；有孩子的家庭则面临孩子照料、教育和生产活动的权衡；而由不同年龄和世代的成员组成的农户，则可以充分利用代际合作及其他形式的资源配置，实现整体利益的最优化。

总之，作为一种生计后果，家庭结构对可持续生计的作用是通过家庭生计资本、生计活动而实现的。农户能否实现包括经济收入等在内的跨期效用，并保持生态环境的可持续性，取决于与家庭结构密切相关的效用和资源约束，以及家庭成员的分工合作状况等。

第三节　利用改进后的框架分析生计策略

一　改进后框架的适用性分析

苏联的查雅诺夫等很早就提出，在农户的农业生产中家庭人口因素占有非常重要的地位，这种地位是与经济制度背景紧密相连的。之后，新古典经济学建立的农户模型也逐渐将这些因素纳入统一的研究分析框架中。在多重市场特别是劳动力等要素市场缺失的条件下，在土地相对富余的苏联，农户的主要决策变量是土地和家庭劳动力的投入，家庭人口数量显然是重要的影响因素。

与苏联和其他一些发展中国家不同的是，中国拥有众多的人口和相对稀缺的土地，而且均分的土地制度也限制了土地的集中。更为重要的是，几十年的人口控制政策使农村夫妇的子女数量趋同。这样，在农户决策的人口学影响因素中，家庭结构成为更为重要的变量，其影响既体现在与居住安排等相关的代际结构和代际支持，也体现在与消费和生产相关的抚养比例与劳动力比例等方面。

中国几十年的改革开放过程也是市场深化和扩展的阶段。这种制度条件与自给自足的农业生产条件有着本质的区别。但是，中国农村的要素和产品市场并没有得到足够的发展。这种市场的缺失与20世纪的苏联类似，造成了以自给自足式的农户生产为主的农业格局。除了要素和产品市场的非完善性外，中国农村在社会经济条件上仍然面临着相对更多的限制和困境。特殊的地理条件既限制了农户的许多生产活动，不利于农户的迁移，也成为许多生态政策实施的重要前提。这些大的背景也强化了家庭结构在农户决策和可持续生计中的影响。

随着经济和社会的发展，家庭的生产功能会逐渐减弱，但在传统落后的小农经济中，生产功能依然是农村家庭的核心功能（杨善华，1991）。比如在市场经济深化的过程中，家庭的教育功能也发生了提升和形式转换（袁辕，1996）；在社会养老不足的条件下，家庭结构的影响也举足轻重（朱静辉，2010）。随着家庭规模和家庭结构的变迁，家庭的生育功能逐渐减弱，而消费功能正在加强（孙丽燕，2004）。另外，在社会保障条件欠缺时，家庭仍然是最重要的风险规避和风险应对的社会细胞。

总体而言，在可持续生计分析框架中引入家庭结构因素，在中国农村地区是必要的，也具有一定的适用性。适用性主要体现在两个方面：一是家庭结构相对于家庭规模等指标，更能反映农户在生计资本、生计活动上的异质性；二是在相对落后的经济制度条件下，家庭仍然承担着许多社会功能。家庭结构与这些家庭功能关系密切。从家庭结构视角理解这些功能是非常合适的。

二　改进后的框架中的生计活动和生计策略

DFID 经典地阐释了生计活动和生计策略的关系，指出生计策略常常指人们为达到生计目标而进行的活动和做出的选择范围以及结合（DFID，1999）。同时，在 DFID 的分析框架中，Scoones 和 Orr 等学者大致将生计策略分为三个内容，包括农业的扩展和集约化、生计的多样化和迁移等（Scoones，1998；Orr and Mwale，2001）。Ellis 等也用类似的分类方法对不同的生计策略进行了详尽的论述（Ellis，2000）。

生计策略是建立在生计活动的基础上的，文献考察显示，根据不同的研究目的，世界各地的学者把本地的生计活动归类成不同类型的生计策略，以研究生计策略的形成，与生态环境的关系及其他相关内容（Pender，Jagger et al.，2004）。在许多情况下，特别是生计活动类型较为单一和具有代表性的条件下，生计策略常常和生计活动交互使用。当然，由于生计策略涵盖内容广泛，关于生计策略形成机制的研究一般是基于生计活动的具体形式的，如生计多样化的形成和决定(Ellis，1998)，劳动力配置和供给行为和其他农业投入行为等(Carter and Yao，2002；Dutilly-Diane，Sadoulet et al.，2003)。无论如何，生计策略这个概念是与本地行为主体的生计活动联系在一起的，同时，生计策略往往是生计行为的归纳和总结，体现了当地具有共性的生计活动方式。

生计包含资产、可及性和活动等要素，不同地区的生计活动由农户的生计资产和当地的自然、经济社会环境所决定，展示出生计活动的多样化。特别在幅员辽阔的中国土地上，农户生计随着地区、民族和政策的不同有着显著的差异，以往也有学者针对特殊的对象进行了可持续生计研究，如草原居民的生计活动包括放牧，少数民族地区的居民生计活动中常常含有更多的传统生产方式，而生态脆弱区的农户生计受政策影响较大（徐鹏、傅民等，2008；苏芳、蒲欣冬等，2009；杨培涛，2009；熊吉峰和丁士军，2010）。

现阶段，中国人口规模大、人均自然资源少，农民仍以传统的农业生产为主，农业劳动力过剩仍是普遍问题。以西部地区为例，根据第二次农业普查资料，2006年末，西部地区的农业从业人员中，文化程度为初中及以上的人员只占总数的40%，大部分从业人员为小学文化程度或文盲。农业从业人员的数量为1.24亿人，远高于东部的0.95亿人和中部的1亿人。西部地区的机耕面积占40%不到，远低于全国60%的水平，机电灌溉面积也只有13.1%，远低于全国的26.6%①。

① 宏观经济数据来自各年度国家统计局《中国统计年鉴》和《第二次全国农业普查主要数据公报》。

一方面，受第二、第三产业相对落后及山区自然条件的限制，农业活动仍然是农户的主要生计活动内容，特别是传统的种植业（农）、林业（林）生产和放牧（牧）。但出于生态保护的目的，许多生态脆弱地区已经被国家和地方生态保护政策所覆盖，如在退耕还林和生态林保护地区常常限制放养牲畜，所以，传统的种植业和林业生产在广大农村地区更具有普遍性。另一方面，由于城乡二元经济的普遍存在，寻找有利可图的非农生计机会，获取高于农业生产的边际利润，既是一些农户的现实选择，也代表了当地经济和社会发展的新方向。更好地参与市场，有能力按照有效的生产原则进行生产，是农户可持续生计构建的重要方式。

生计策略研究既要恰当地整合农户在当地的生计活动，以体现生计活动的多样化，又要有利于对生计策略的归纳和总结，从而提升普适性。首先，即使在相对落后的西部山区，农户生计仍然呈现出多样化特征，这种多样化特征一方面与市场经济紧密联系，代表着农村新的发展前景；另一方面则与农户的农业生产特征紧密联系，体现了农户的多样化生产能力。其次，农户的家庭劳动力既是各类生产活动的主要要素，是农户权衡不同类型活动参与和其他决策的关键，又是其他家庭功能如教育和社会保障功能的主要承担者，所以，家庭劳动力的时间配置构成了生计策略形成机制的基础。最后，农业生产（包括种植业和林业等）仍然是山区农户最普遍的生产活动，尽管农业生产函数中的重要微观要素如土地、物质资本、劳动力的投入和农业技术的使用等已经得到了大量的研究，然而，如何将这些农业决策与整体的农户生计的大图景联系在一起，相关研究仍然较为薄弱。在可持续生计分析框架中，农业生产直接与农户的福利和生态环境后果相关。农业生产成果既是农户收入的重要来源，也直接影响自然资本服务，提升农户的生计资本、使其获得稳定的农业收入是避免生态环境恶化的前提。

综上所述，农户的生计策略大致可以分为两大类：自然资源依赖型和非自然资源依赖型。根据农户的生产领域选择、家庭劳动力供给和农业生产方式等关键决策，非自然资源依赖性的生计策略可以包括：多样化生计策略，特别是非农多样化生计策略，这类生计策略体现了农户收入多样化能力和对非农市场的参与；利润最大化劳动供给策略，体现了农户自由配置劳动力、充分实现劳动力价值的能力；集约化农业生产策略，体现了农户较高的农业生产效率和对农业物质投入要素的恰当使用能力等。自然资源依赖性的生计策略则大体包括与以上三种类型相对应的生计策略，使用这些生计策略的农户的生产行为较为传统和单一，倾向于自给自足式的农业生产方式，对资源的利用不是基于最优原则。

三　生计策略形成机制间的关系

根据改进后的可持续生计分析框架，结合农户的实际情况，本书把农户的生计策略分为三大类，并使用农户模型对它们的形成机制进行分析，以展示生计资本、家庭结构等关键变量对农户决策行为的影响。

虽然这类分解方法有利于行为决策的研究，也有利于有针对性地进行政策干预。然而，从农户实际决策的角度看，这些生计策略不可分割。在生产前，农户往往在不同的生产领域做出参与决策；在生产过程中，农户同时决定不同要素的投入。农户的家庭劳动时间配置决策也是权衡不同领域的经济参数后得到的。尽管如此，在不同的生计策略范畴中，农户的决策内容和关注重点有所不同。这使三类生计策略的形成机制既相互关联，又有所区别，这些也将表现在农户的效用函数、约束条件和均衡条件中。

在关于生计策略形成机制的理论研究中，约束条件基本保持一致，反映了农户普遍面临的资源和时间稀缺性。追求最大利润的农户，主要权衡比较不同生产领域的边际生产率，以及不同市场的约束条件以做出生产领域的决策。如果将关注点放在农业生产中，农户则主要面临着与农业要素相关的约束条件，比较不同要素的边际生产率，以及不同要素配置的市场约束条件，从而做出农业生产的投入产出决定，形成不同的农业生产策略。如果在效用函数中包含利润以外的变量，则农户的生产决策行为可能受家庭消费因素的影响，特别是与孩子照料、教育等因素相关。

三类生计策略形成机制间的关系有几个显著特点。

（1）非农兼业选择决策在所有生计策略形成机制中具有优先性

在时间顺序上，农户首先决定生产领域的选择决策。其次决定要素的投入水平和其他生产行为。在因果关系上，非农兼业影响着农业生产行为。在生产领域的选择中，非农市场有着相对高的边际收益，非农活动代表着较为高级的生计方式。

（2）家庭劳动时间配置决策在所有生计策略中广泛存在

在不同生产领域中均存在农户的家庭劳动时间配置决策行为。但在生产领域的选择决策中，家庭时间配置决策可能只存在角点解，即农户决定是否提供劳动力投入。而在农业和非农生产过程中，家庭劳动时间配置的决策存在内点解，即农户决定提供一定水平的劳动力投入。

（3）农业的集约化生产策略部分由其他农户决策结果所决定

在本研究中，农户的集约化生产策略主要由两部分组成，分别是农业生产效率和物质资本的投入密度，前者基于投入产出的角度，后者则是纯粹的投入角度。它们都部分地受农户的时间配置决策和非农参与决策的影响。由于非农市场对农户的约束，农业技术效率水平和稳定性都可能受农户的非农参与状况影响，另外，非农收入也可能影响农户的现金约束状况等。同时，劳动力作为农业生产的基本投入要素，显然受到时间配置和生产领域决策的影响。

除此之外，三类生产策略的形成机制都以不完全市场中农户的生计资本状况为基础，但本书并没有强调生计资本与生计策略的循环因果关系。同时，农户的家庭结构都通过农户的效用函数和资源约束等影响农户的决策结果，从而影响农户不同的生计策略。基于以上特点，在理论和实证研究中，需要特别注意生计资本、家庭结构和不同生计策略的关系。在分别研究不同生计策略的过程中，其他生计策略可能作为外生条件存在，而在另外的研究中，则要强调考虑其他生计策略的内生性，特别是具有优先决策特点的非农兼业选择的内生性。

第四章 农户生计策略的形成：基于农户模型的理论分析

本章利用农户模型说明农户生计策略的形成机制，主要包括三部分内容：农户的非农兼业选择、农户的家庭劳动时间供给以及农业集约化生产策略的决定。农业的非农兼业选择在生计策略中具有核心地位，其原因主要有：第一，兼业选择是农户非农多样化生计策略的基础，农户是否选择兼业，选择什么类型的兼业，直接决定了农户的非农多样化生计策略；第二，从农户生产类型选择的角度看，非农兼业具有优先性（Priority），这是由非农机会的稀缺和农业部门边际收益偏低决定的；第三，非农参与以及非农劳动供给水平对农户的农业生产有较大影响，这种影响不仅反映在家庭劳动力的有效配置上，也反映在非农技术对农业技术的扩散，对流动性约束的放松等方面。当然，作为农户决策的三个有机组成部分，它们之间仍然可能存在其他复杂的因果关系，本章将在农户模型中有所涉及，但这不是本书关注的理论重点。

第一节 非农兼业选择

一 农业、本地非农经营与迁移的工资性劳动供给

在中国不平衡的发展背景下，农村经济和社会发展相对滞后，

但生计活动仍然展现出多样性的特征。农业专业化生产的不普遍，以及自然条件造成的城乡隔离等使农业生产往往体现出更多的自给自足色彩。这种相对封闭落后的经济条件使广大农村地区的生计多样性仍处于初级的和单一的发展阶段。城市和农村二元经济的劳动报酬率相差较大，农村剩余劳动力迁移至城市，从事第二产业和第三产业以获取高于本地的工资；同时，在以自给自足为主的农村当地，少数农户为本地提供农业服务、从事商业活动、开展生态旅游等，也能获取较高的报酬。一方面，就农业生产本身而言，新品种、新技术和新管理方式的采用固然也是多样化生产中的重要组成内容，然而，在广大农村地区，至少在我们的调研地区，这类活动并不普遍，不适合进行统计上的实证研究。另一方面，农业多样化需要的技术和资金在很大程度上仍然依赖于非农活动带来的人力资本的积累和收入来源的多样性。

农户最大化消费以获取其效用，问题为：

$$\mathrm{Max}U(c,h) \tag{4-1}$$

受约束于：

$$c \leqslant f_o(L_o,E) + f_s(L_s) + f_n(L_n,K) \tag{4-2}$$

$$L = L_o + L_s + L_n \tag{4-3}$$

$$L_o,L_s,L_n,E,K \geqslant 0 \tag{4-4}$$

U（c）为代表性农户的效用函数，c 为消费品数量。不等式为传统的预算约束，f_o、f_s 和 f_n 分别为农业生产、工资性劳动收入和非农经营收入。f（·）为二阶连续可导的凹函数。在约束方程中，L 为家庭劳动力数量，L_o，L_s，L_n 分别表示农业劳动供给、迁移的工资性劳动供给与本地非农经营的劳动供给。E 为土地等自然资本，K 为物质资本，h 为家庭特征。

1. 农业

国际上一些文献关注土地的异质性，包括以土地抵押为基础的资本市场的可及性等（Eswaran and Kotwal，1986）。在均分土地制的中国农村，土地制度改革和土地流转的实践在大部分地区仍然处于初级阶段。特别在边远山区，较低的农业生产率、分散的土地和较弱的土地保险功能等，可能阻止土地市场的发育，并使大多数农户依然进行自给自足式的农业生产。此处，我们假定土地市场缺失，并与Assuncao 等相区别，进一步假定在农业生产中的生产技能或人力资本具有同质性（Assuncao and Ghatak，2003）。

令 P_L^o 表示农业劳动力的边际产品价值，满足：

$$P_L^o \leqslant \bar{w}_1 \tag{4-5}$$

当存在农业劳动力市场时，农业劳动工资水平为 $\bar{w}_1$，由技术条件 $\bar{A}$ 和社区资源等决定，设社区土地总量为 $\bar{E}$。在效率条件下，影子收入等于劳动工资，农户的最优农业劳动力供给水平为 $L_o^* = L\ (E, \bar{w}_1)$。

2. 迁移的工资性劳动供给

企业根据雇工的边际产出设定工资水平，则工资性劳动供给的有效边际收入为：

$$P_L^s = a\bar{w}_2 \tag{4-6}$$

此处，$\bar{w}_2$ 为工资性劳动供给市场的平均工资水平，$\bar{w}_2 \geqslant \bar{w}_1$。$\alpha \in [a_L, a_H]$ 表示该劳动力供给的技能或人力资本禀赋。

令 $\bar{a}$ 表示平均人力资本，$a_L \leqslant \bar{a} \leqslant a_H$；$a^*$ 为人力资本的分界点（Threshold），由外部条件，如非农的技术要求等决定。在分界点以下，农户面临失业、人身伤害等风险的冲击，并将付出额外代价。设劳动力按照人力资本递减次序供给，随着家庭劳动力供给的增加，除了工资水平的降低外，低人力资本的劳动力要面临风险带来的损失，如换工作和工资拖欠等引起的后果。特别在失业保险等就业保护政策不完善的劳动力市场中，迁移劳动者的失业退出率或者危险率可能更高；这些迁移的农村劳动力往往处于二元结构中的“第二劳动力市场”（王文举，2006）。为简单起见，设市场对人力资本水平的要求是确定性的，农户能够判断最后供给的人力资本水平在市场中的相对位置①，假定在 a^* 水平下，打工者要失去一部分收入，比例为 $\delta \geqslant 0$。我们沿着 Grepperud 和 Henning（Henning and Henningsen，2007）的思路，把打工者面临的风险损失作为成本放入收入函数。则边际收入的期望值为：

$$\partial f_s/\partial L_s = (1-\delta)\cdot P_L^s \cdot I_{a^*} + P_L^s \cdot (1-I_{a^*}) = \begin{cases}\alpha\bar{w}_2, \alpha > a^* \\ \alpha\bar{w}_2(1-\delta), \alpha \leqslant a^*\end{cases} \tag{4-7}$$

当 $\alpha > a^*$ 时，$I_a^* = 0$；否则 $I_a^* = 1$。

3. 本地非农经营

与农业和迁移活动相比，非农经营活动作为另一种主要的非农生计，其收益率相对较高，这种高收益可能来自风险溢价，资本运作和企业家能力的回报（Zhang，Zhang et al.，2006）。虽然非农经营活动的风险也普遍存在，但是自主经营能规避工资性劳动供给的风险，特别是与迁移相关的外地劳动力市场中的相关风险。

非农经营需要具备一定的初始资本或者固定交易成本（Eswaran

① 如果最后供给的人力资本水平存在不确定性，其结果类似，但具有风险规避性质的农户会减少劳动力供给。

and Kotwal, 1986; Hernandez-Trillo, Pagan et al. , 2005)。区别于极端的要素市场缺失，发展中国家的要素市场往往存在但受限制。在农村地区，各级金融部门供给一定数量的金融，私人金融部门普遍存在，这也是金融压抑的结果和表现之一。

遵循一般的假定，无波动的非农生产服从规模报酬不变的柯布-道格拉斯生产函数。令生产函数服从希克斯中性技术进步，非农经营中劳动力和资本的边际价值产品分别为：

$$P_K^n = \beta B k^{\beta-1} \tag{4-8}$$

$$P_L^n = (1-\beta) B k^{\beta} \tag{4-9}$$

其中，$k = K/L_n$，β 为弹性系数，B 为非农经营部门的技术进步参数。因为非农经营面临更多的交易成本，需要更多的专业技能等，我们假定进行非农生产的人力资本投入的只能是高技能者。

结合式（4-8）和（4-9）得到：

$$k = [\beta/(1-\beta)] \cdot P_L^n / P_K^n \tag{4-10}$$

令 TC_K（·）为资本的成本函数，它是社会资本参数 $z>0$ 和借贷资金总额的函数。

$$TC_K = \bar{\gamma} K + \bar{\gamma} \cdot (\bar{z}/z) \cdot (K - \overline{K}) \tag{4-11}$$

$\bar{\gamma}$ 为平均利率，$\bar{z}$ 为社会资本的临界值，拥有相对多社会资本的农户能够减少融资成本。$\overline{K}$表示通过正常途径能够获得的金融资本，$\Delta K = K - \overline{K}$表示需要通过社会关系获得的金融资本。当$\overline{K} = K$ 或者 $z \to \infty$ 时，$TC_K = \bar{\gamma} K$；当 $z \to 0$ 时 $TC_K \to \infty$。为简单起见，设$\overline{K} < K$，并且 $\bar{z} = 1$，则资本的边际成本函数为：

$$MC_K = \partial TC_K / \partial K = (1 + 1/z) \bar{\gamma} \tag{4-12}$$

在均衡条件下，有：

$$P_K^n = MC_K = (1 + 1/z)\bar{\gamma} \tag{4-13}$$

二　本地非农经营与迁移的工资性劳动供给间的权衡

令人力资本的分界点 $a^* = 1$。

（1）$a_H > 1$ 时，因为已经给定 $\bar{w}_2 > \bar{w}_1$，故而 $a_H\bar{w}_2 > P_L^o$，农户可能面临本地非农经营与迁移的工资性劳动供给之间的权衡。

根据以往的研究，在偏远的农村地区，非农经营的规模往往较小，并且很少涉及家庭外部成员，如 Zhang 的调查中，90% 以上的非农经营者均为本家庭的直系亲属（Zhang，Zhang et al.，2006）。

假定高水平人力资本劳动力数量为 q，考虑所有 q 都投入非农经营的情况：$k = K/q$。此时，家庭劳动在非农经营中的边际收入应当大于其在劳动力供给市场的有效边际工资，即 $P_L^n \geqslant P_L^s$；为简单起见，令 $P_L^n = P_L^s$，于是：

$$P_L^n = (1 - \beta)B \cdot k^{\beta} = a_H\bar{w}_2 \tag{4-14}$$

将式（4－13）和（4－14）代入式（4－10）可以得到：

$$k = [\beta/(1 - \beta)] \cdot a_H\bar{w}_2/(\bar{\gamma} + \bar{\gamma}/z) \tag{4-15}$$

将式（4－15）代入式（4－14）的均衡解为：

$$(Da_H^{1-1/\beta} - 1)z = 1 \tag{4-16}$$

其中，$D = B^{1/\beta}\ [\bar{w}_2/(1 - \beta)]^{1-1/\beta} \cdot \beta/\bar{\gamma}$，$D > 1/a_H^{1-1/\beta}$。

若 $z > 1/(Da_H^{1-1/\beta} - 1)$，农户拥有足够的资本可及性，高人力资本的劳动力都能在非农经营中实现就业，农户可以进行非农和农业经营两项生产。

值得注意的是，非农经营的前提是存在高人力资本的劳动者及金融资本的可及性。如果排除后者，高人力资本的存在会促使农户只提供工资性劳动，即选择迁移。

（2）$a_H \leqslant 1$ 时，$a \leqslant a^* = 1$

根据假设，农户不进行非农经营。此时，农户必须比较农业的影子收入与市场工资性劳动供给收入。其中，农业的影子收入等于或少于市场工资 $\bar{w}_1$，此处假设$\partial f_s / \partial L_s = P_L^o$，得到：

$$\bar{w}_1 = (1 - \delta) a_H \bar{w}_2 \tag{4-17}$$

给定 δ，当右项大于左项时，农户会参与到工资性劳动供给市场；否则，农户会进行纯农生产。

我们尚未探讨平均人力资本参数 $\bar{a}$，而人力资本的分布特征显然会影响农户的参与决策。为简单起见，假定$\partial a_H / \partial \bar{a} > 0$，因为较高的最高人力资本值往往意味着较高的平均人力资本水平。这样，我们仍然可以用以上考察 a_H 的方法来考察 $\bar{a}$ 对农户决策的影响。当 $\bar{a} > 1$ 时农户面临与 $a_H > 1$ 相同的决策条件。

图 4－1（a）中纵坐标为农户劳动力的最高人力资本值 a_H，横坐标 z 为农户的社会资本。$OA_1 = 1$。A_1BC 中的区域 I 表示拥有相对高的社会资本，农户可以参与本地非农经营活动，而不进行迁移。区域 II 包括曲线 A_1B，描述了在均衡条件下，农户同时进行本地非农经营和迁移的情形。图 4－1（b）展示了农户基于人力资本水平并考虑市场风险条件下的迁移决策。横坐标为工资性收入损失系数 δ，纵坐标为农户劳动力的最高人力资本值 a_H。

在图 4－1（b）中，$z = 0$，$\delta^* = 1 - \bar{w}_1 / \bar{w}_2$，$O'D = \bar{w}_1 / \bar{w}_2$。$DEF_1$ 中的区域 III 显示，拥有相对高的 a_H，农户会参与迁移。特别的，曲线 ED 反映了农户随着市场风险的变化，配置不同人力资本

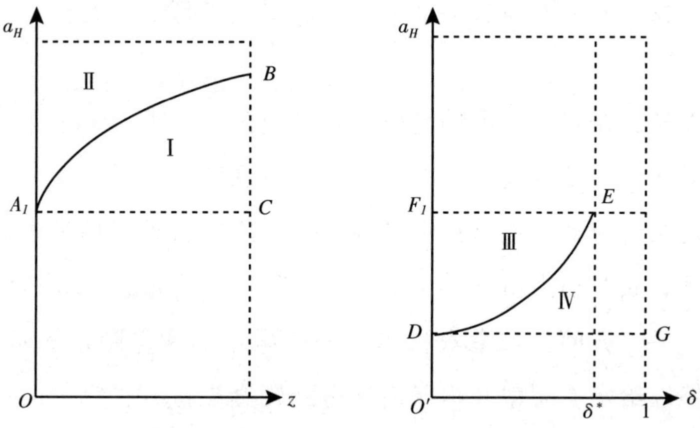

（a）非农参与和资本禀赋　　（b）迁移、人力资本和风险

图 4-1　农户的非农参与行为

的家庭劳动力，进行迁移活动。DE 以下的区域 Ⅳ，a_H 相对较低，工资性劳动市场的收入不足以弥补风险损失，农户将进行纯农生产。在极端的情况下，即使不存在市场风险，直线 DG 以下的农户由于有更低的人力资本水平，不会参与工资性劳动市场。另一种极端情况是，当 $\delta > \delta^*$ 时，高风险阻止了更多的低 a_H 水平的农户参与工资性劳动市场。

根据以上的理论分析，可以得到以下可供检验的假设：在中国广大农村地区，农户的生计资本是农户能否从事非农多样化活动的决定因素。

假设 H1-1：生计资本越低，农户越可能从事纯农生产。

假设 H1-2：生计资本越高，农户越可能从事非农多样化活动。

基于可行能力理论的可持续生计分析框架将农户的生计资本组合作为微观行为分析的基础，本章发展的农户模型进一步细化了基于生计资本的决策行为过程。如果农户决策在完全市场条件下进行，不存在农业和非农劳动报酬率的差异，那么在很大程度上，农户的非农参与决策与农户的资本禀赋关系不大，而可能只是与非农劳动供给水平相关。

一方面，在劳动力市场发达的农村地区，如果不考虑信息不对称造成的监督等问题，农户可以自由地出售和雇用农业劳动力。这种情况往往表明，劳动力能够自由参与市场，不管这种市场是农业劳动力市场还是非农劳动力市场，关键是农户的参与决策往往和市场工资关系较大。另一方面，如果农村当地的金融市场和保险市场较为完善，农户能够以给定的利率和担保措施得到资金支持，在完善的保险制度的保障下，农户可以从事本地非农经营活动，在长期均衡条件下，农户得到与资金成本及劳动力成本相匹配的经营利润。

理想状态下的非农决策条件与中国广大农村地区的实际相差较远。西部农村的农户决策往往在多重不完善市场条件下进行。首先是当地劳动力市场与外地劳动力市场的分割，以及外地劳动力市场的不完善。市场分割意味着较高的交易成本，非市场分配的劳动力配额及其他现象的存在；而外地劳动力市场的不完善突出表现在市场风险的存在，以及外地劳动力市场本身的分割，即所谓的“第二劳动力市场”的存在。在这种现实背景下，农户受市场的约束存在并具有差异性。关于农户模型的理论推导表明，在不完善的劳动力市场、信贷市场等多个约束条件下，那些只有较低资本禀赋的农户既不能迁移也不能开展本地非农经营活动，更容易面临剩余劳动力问题。而对于那些拥有较高资本禀赋的农户，只要能够突破某一种市场限制，便可能参与到市场从事非农多样化活动。由于不同非农活动对投入要素水平及其组合的要求不同，可以得到：在既定的市场条件下，人力资本、社会资本或金融可及性等禀赋异质性对于农户选择非农类型具有决定意义。更具体的可供检验的假设包括以下方面。

假设 H2 - 1：劳动力数量越多，受教育水平越高，农户越可能从事外地非农多样化活动。

假设 H2－2：人力资本的分布状况影响农户的非农多样化活动。家庭成员的受教育水平越高，农户越可能从事外地非农多样化生计。

假设 H2－3：家庭成员的受教育水平越高，农户越不可能从事本地非农多样化生计。

假设 H2－4：人力资本的平均水平越高，农户越可能从事本地非农多样化活动。

假设 H2－5：社会资本水平与金融可及性水平越高，农户越可能从事本地非农多样化活动。

假设 H2－6：金融可及性水平越高，农户越可能从事本地非农多样化活动。

三　非农活动中的家庭结构因素

根据第三章改进的可持续生计分析框架，家庭结构相关因素中的孩子质量是农户的重要生计目标之一，家庭结构也可以通过生计资本等直接引入农户的生产函数中。农户的效用是其收入和孩子的函数：

$$U = U(y, q, n)$$

y 是农户的所有收入，q 和 n 分别是孩子的数量和质量。假定家庭孩子的质量是分配给每个孩子的家庭时间（L_h）和家庭收入的函数，即：y，$q = y \cdot n \cdot L_h$。那么，效用函数可以写为：

$$U = y + y \cdot n \cdot L_h = y(1 + nL_h)$$

收入方程为：

$$y = f_o(L_o, E) + f_s(L_s) + f_n(L_n, K) \tag{4-18}$$

时间约束条件为下列各式：

$$L_o + L_s + L_n + L_h \cdot n = T(L_a, L_e) \qquad (4-19)$$

$$T = L_a + L_e \qquad (4-20)$$

$$L_h \geqslant \bar{L}_h \qquad (4-21)$$

$$L_s \leqslant \bar{L}_s = \beta \cdot (T - \bar{L}_h \cdot n) \qquad (4-22)$$

$$0 \leqslant \beta \leqslant 1, 0 \leqslant r \leqslant 1 \qquad (4-23)$$

$$L_o, L_s, L_h, \bar{L}_h, n \geqslant 0 \qquad (4-24)$$

农户的收入仍然由农业收入 f_o，工资性劳动供给或外地打工收入 f_s 和本地非农经营收入 f_n 组成。L_h 为家庭时间，$\bar{L}_h$ 为每个孩子要求的最少家庭时间。$\bar{L}_s$ 为最多能够为非农活动提供的时间，等于 $\beta \cdot (T - \bar{L}_h \cdot n)$，其中 β 为劳动力分配到非农活动的时间比例，与劳动者的受教育水平、技能及其他农户特征相关。T 为农户的时间禀赋总量，L_a 和 L_e 分别为农户成年劳动力和老年人的时间禀赋。根据中国农村的实际情况，设老年人的时间禀赋仅局限于农业劳动供给 L_o 和家庭时间 L_h 中，并不能从事非农活动，特别是迁移性质的劳动供给。

（1）当 $n = 0$，即农户没有孩子时

我们为此问题设置拉格朗日函数：

$$\Lambda = U(L_o, L_s, L_h) + \lambda(T - L_o - L_s)$$

其中，根据式（4－20），$T = L_a + L_e$，此处为外生变量。λ 为拉格朗日乘子。当农户没有孩子时，效用最大化可以转化为收入最大化问题，即：

$$U = [f_o(L_o, E) + f_s(L_s) + f_n(L_n, K)]$$

最大化的必要条件为：

$$\partial U/\partial L_o = \partial U/\partial L_s = \partial U/\partial L_n = \lambda \tag{4-25}$$

设劳动力市场工资为 w，暂时不考虑本地非农经营中劳动力的家庭配置和市场雇用之间的差异性。则均衡条件为：

$$\frac{\partial f_0[L_o,E\mid T(L_a,L_e)]}{\partial L_o} = w \tag{4-26}$$

当 $L_e=0$ 时，如果暂时不考虑人力资本、社会资本等因素的限制，由于成年劳动力可以在各项活动中自由配置时间，故而求得农户决策的均衡解只需比较农业劳动的影子价格 w_0 和市场工资的差异 w。

按照一般的假定，设农业劳动的影子价格为时间的减函数，$w'_0(T)<0$,即农业劳动的影子价格是家庭总劳动时间约束的减函数。则当 $L_e>0$ 时，家庭的老年劳动力会首先承担农业劳动，相对于没有老年人的家庭，农户可以从事更多的非农兼业活动。

（2）当 $n>0$，即农户有孩子时，效用最大化不仅仅是收入最大化问题：

$$U = [f_o(L_o,E) + f_s(L_s) + f_n(L_n,K)](1 + nL_h)$$

于是有：

$$\partial U/\partial L_h = n\lambda \tag{4-27}$$

结合式（4－25），可得到均衡条件：

$$(1/n)\cdot(\partial U/\partial L_h) = \partial U/\partial L_o = \partial U/\partial L_s = \partial U/\partial L_n = \lambda \tag{4-28}$$

即：

$$y = (1 + nL_h)\cdot w = (1 + nL_h)\cdot w_0 \tag{4-29}$$

然而，以上理论分析并没有考虑劳动力的可分性，即忽略了家庭成员同时从事几类家庭活动和生产活动的情况，特别是在权衡本地非农活动和迁移性质的非农活动时，决策条件不仅仅局限于两类影子价格的比较。农户面对的决策常常只存在角点解，比如要么在外地全职打工，要么就只能在本地进行农业活动。即有孩子的家庭如果迁移，就要面临 $L_h=0$ 的情况。

可以得到以下假设：家庭结构等人口因素是农户从事非农多样化活动的重要影响因素。

假设 H3－1：家庭劳动力数量越多，农户越可能从事非农多样化活动。

家庭成员在供给劳动时并不具备完全的可分性，在大多数情况下一个劳动者在给定的时间内只能从事一项活动。虽然在理论上，一个劳动者在不同市场和活动中面临不同的边际报酬，使其存在兼业的可能性，然而在实际中，这种兼业行为通常只在一个农户拥有多个劳动力的条件下成立。如果进一步考虑农业或非农活动在劳动投入和经营管理上的最低门槛要求，以及由于交易成本和信息不对称等原因造成的监督问题等，使雇用非农劳动力不可能或成本过高，那么农户的劳动力数量对于其参与非农活动就有更重要的意义。

如果农户拥有孩子，则 $n>0$，按照一般的规则，设式（4－29）存在内点解，即 $L_h>0$。因为农业劳动的影子价格是时间投入的减函数，则：

$$w_0 \mid T < w_0 \mid (T - L_h)$$
$$w_0 \mid L_a + L_e < w_0 \mid L_a$$

则在市场工资一定的条件下，有孩子的农户可能更倾向于减少非农劳动供给；有老年人的农户农业劳动的影子价格相对偏低，他们更倾向于增加非农劳动供给。

假设 H3 – 2：孩子比重越高，农户越可能从事非农多样化活动。

本研究假设孩子作为纯粹的消费者存在，而忽略其在生产中的辅助作用。较小的孩子仅仅是消费者，需要消耗家庭生产的产品，也需要成年人付出家庭时间进行日常照料。较大的孩子虽然可以在生产上给予帮助，但在义务教育的约束下，以及出于家庭对子女教育重视的传统，不能指望孩子在所有需要的时候能够参与生产活动，特别是非农经营活动。至少在调查研究的区域，孩子的教育需要花费家庭大量的时间和收入。山区的教育常常面临投入较少，师资力量偏弱，课程设置不完整等困难，农户经常需要将孩子送到外地上学，并派人进行日常照料。这种情况显然会妨碍农户从事非农生产活动。可以得到如下假设：在中国广大的农村地区，农户的家庭结构是农户从事不同类型非农多样化活动的重要影响因素。

假设 H4 – 1：男孩比重越高，农户越不可能从事外地非农多样化活动。

假设 H4 – 2：女孩比重越高，农户越不可能从事外地非农多样化活动。

假设 H4 – 3：男孩比重越高，农户越可能从事本地非农多样化活动。

假设 H4 – 4：女孩比重越高，农户越可能从事本地非农多样化活动。

到外地打工意味着迁移，在户籍制度等条件的束缚下，农民工的子女在就业地的就学和照料问题往往面临着很多的困难，这些加重了农户的就业难问题。孩子比重显然会妨碍农户从事外地打工活动。

男孩偏好至少在中国农村地区仍然普遍存在。家庭对男孩的投入和照料可能多于女孩。这种偏好和家庭照料上的差异可能会体现在非农参与行为上。有男孩的家庭相对于只有女孩的家庭会更倾向于在本地就业，以兼顾对孩子的照料。

假设 H4 – 5：老年人比重越高，有孩子的农户越可能从事外地非农活动。

老年人对外地非农活动的影响主要通过两种途径实现，一是在其他条件一定的情况下，增加农户的时间禀赋，有老年人的家庭，$L_e > 0$，时间禀赋较多，一般能保证 $L_h > 0$，故而可以找到类似式(4 – 26)的均衡条件，从而进行具有迁移性质的非农活动，而相对较少参与本地非农经营活动。二是通过家庭分工，即老年人通过照料孩子和从事简单的农业活动，帮助家庭从事外地非农活动。

假设 H4 – 6：老年人比重越高，农户越不可能参与本地非农经营活动。

中国西部农村缺乏正式的社会支持，老年人主要承担劳动供给者的角色而不是家庭的负担。老年人在农业活动和家庭活动中都承担着重要的任务，为年轻劳动力的迁移提供了重要支持。然而，老年人对外地非农多样化的两种影响机制对于本地非农活动而言并不一定存在。因为其一，家庭年轻劳动力在本地进行非农经营，往往能够兼顾子女照料、农业生产等多项活动，拥有老年人对于农户开展本地非农经营并没有特殊的意义。其二，老年人的受教育水平相对较低，在很大程度上并不能胜任本地非农经营活动的要求，大多数老年人并不具备采购、销售和计数算账等基本的工作技能。如果没有一定的金融可及性，因为老年人而产生的剩余农业劳动力，使具有较高人力资本的农户劳动力更倾向于从事外地打工活动，从而分流了本地劳动力，阻碍了农户参与本地非农经营活动。

四　农业多样化活动的影响机制

现在我们在农业生产函数中，引入农业多样化活动，则式

(4－18）可以改写为：

$$y = f_{oi}(L_{oi}, E_i) + f_s(L_s) + f_n(L_n, K)$$

其中，f_{oi}，L_{oi}和 E_i 分别代表不同类型农业活动的收入、劳动力和土地投入。设农户共从事 x 类型的农业活动，则 $\sum_{i=1}^{x} f_{oi} = f_o$，$\sum_{i=1}^{x} L_{oi} = L_o$，$\sum_{i=1}^{x} E_i = E$。为简单起见，设单一类型农业生产函数界定良好，即 $f'_{oi} > 0$，$f''_{oi} < 0$，并且不区分不同类型农作物的劳动力的投入密度。根据农作物的实际生产情况，每类作物的生产存在一定的规模经济，即必须使用特定面积的土地种植一定数量的作物，才能达到节约投入而扩大产出的目的。设每类农作物对土地的最低要求为 E^*，则如果 $E \geqslant n \cdot E^*$，则农户会选择种植 n 种类的作物。因为已经假定劳动力的投入密度与作物的类别没有关系，这里进一步简化为，在最有利条件下劳动力投入与土地投入成比例为 l_o。

注意到由于农业和非农活动之间的利润率差异和在其他二元经济条件下的原因，农户会首先配置劳动力 L_s 到非农生产中，那么，农业劳动生产时间为 $T - L_s$。所以得出：

在中国农村地区，农户的物质资本、自然资本和家庭结构因素等是农户从事农业多样化活动的重要影响因素。

假设 H5－1：人力资本和社会资本等不会显著影响农户农业多样化活动。

此时，当 $T - L_s > n \cdot l_o$，且 $E \geqslant n \cdot E^*$ 时，农户才会选择同时进行 n 种类的农作物生产。则 $n = \max\ (n \mid T - L_s > n \cdot l_o,\ E \geqslant n \cdot E^*)$。

假设 H5－1a：人力资本和社会资本等不会显著影响农户种植业多样化活动。

假设 H5－1b：人力资本和社会资本等不会显著影响农户林业多样化活动。

假设 H5－2：物质资本水平越高，农户越可能从事农业多样化活动。

假设 H5－2a：物质资本水平越高，农户越可能从事种植业多样化活动。

假设 H5－2b：物质资本水平越高，农户越可能从事林业多样化活动。

假设 H5－3：家庭人口数量越多，农户越可能从事农业多样化活动。

假设 H5－3a：家庭人口数量越多，农户越可能从事种植业多样化活动。

假设 H5－3b：家庭人口数量越多，农户越可能从事林业多样化活动。

假设 H5－4：土地数量越多，农户越可能从事农业多样化活动。

根据公式（4－19），总的家庭劳动时间由成年人和老年人的时间禀赋之和决定，即 T（L_a，L_e），所以，$n = n$（E，L_a，L_e，L_s），此处我们假定农户首先配置非农生产时间，即 L_s 为给定。

假设 H5－4a：土地数量越多，农户越可能从事种植业多样化活动。

假设 H5－4b：土地数量越多，农户越可能从事林业多样化活动。

假设 H5－5a：老年人比重越高，农户越不可能从事农业多样化活动。

假设 H5－5b：孩子比重越高，农户越不可能从事农业多样化活动。

第二节　家庭劳动时间供给决策

一　市场限制与农户模型的局部可分性

农户模型的可分性质是研究农户农业要素投入特别是农业劳动力投入的基础性问题，农户的生产决策是否受消费因素的影响是这类研究的重点之一。为说明问题，我们沿着 Benjamin 的研究讨论农户模型的可分性质（Benjamin，1992），在此处引入休闲产品，则最优化问题为：

$$\operatorname*{Max}_{c,l} U(c,l;h) \tag{4-30}$$

U 是关于消费品 c 和休闲 l 的二阶可微的凹函数。

约束条件为：

$$c = f_o(L_0,E) + f_s(L_s) + f_n(L_n,K) \tag{4-31}$$

$$L_o + L_s + L_n + l = T(h) \tag{4-32}$$

$$L_s + L_n \leqslant \bar{L}(\alpha,z) \tag{4-33}$$

$$L_o,L_s,L_n,E,K,T \geqslant 0 \tag{4-34}$$

c，f_i，L_i 的定义与前文同，休闲为 l。T 为农户的时间禀赋，h 为影响消费的向量，概括了农户的家庭因素。我们有预算约束（4－31）和时间约束（4－32），以及非农就业时间的限制方程（4－33）。农户能够提供的最大非农就业时间为 $\bar{L}$。

为简单起见，不妨假定不同市场的工资率相等且为 $\bar{w}$。于是有 $f_s(L_s) = \bar{w} \cdot L_s$。非农经营的收入由工资和资产两部分收入构成（Zhang，Zhang et al.，2006）：

$$f_n = L_n\bar{w} + \bar{y}(K) \tag{4-35}$$

$\bar{y}$ 是与 K 相关的收入，此处外生。

假定 $\bar{L}$ 是 α 与 z 的方程，在偏远农村，拥有相对高资本的农户，也并没有面临劳动力过剩问题，非农劳动约束（4－33）非紧。重新组织资源约束方程（4－31），（4－32），（4－33），（4－34）和（4－35）得到：

$$c + \bar{w}l = \phi + T\bar{w} + \bar{y} = M \tag{4-36}$$

方程（4－36）称为“全收入”方程，M 为农户的全部收入，ϕ 为非最大利润化的农业收入，$\phi = f_o(L_o) - \bar{w}L_o$。

首先，将 M 视为固定值，产生一个非直接效用函数 $u = \psi(M, \bar{w}; h)$；然后，通过 L_o 对 M 最大化后得到一个新的非直接效用函数：

$$u = \psi[\bar{y} + \pi(\bar{w}) + \bar{w}T, \bar{w}; h] \tag{4-37}$$

其中，

$$\pi = \mathrm{Max}[f_o(L_o) - \bar{w}L_o] \tag{4-38}$$

对（4－37）的转换表明了农业生产得到了利润最大化。因而农业劳动供给 L_o 是 $\bar{w}$ 和其他生产因素的函数，独立于效用函数和人口特征变量 h。

而在劳动力市场存在风险的条件下，假定 $\delta > 1 - \bar{w}_1/\bar{w}_2$，农户只拥有少量的高人力资本水平的劳动力 q，$\bar{L} = q$，方程（4－33）为紧约束。在其他情形下，$\bar{a} < a^* < a_H$，虽然 $q > \bar{L}$，少量的社会资本仍不足以支持农户参与本地非农经营，并充分吸收高人力资本 $a \in (\bar{a}, a^*)$ 的家庭劳动力就业，这同样意味着农户面临一个紧的非农劳动约束（4－33），“剩余劳动力模型”则适合这个例子，重新组织方程（4－31），（4－32），（4－33），（4－34）和（4－35）得到：

$$c + P_L^o \cdot l = \pi^*(P_L^o) + \bar{L} \cdot \bar{w} + P_L^o \cdot (T - \bar{L}) + \bar{y} = M^* \tag{4-39}$$

农业影子利润 $\pi^*(P_L^o)$ 是家庭农业劳动力 P_L^o 的函数：$\pi^*(P_L^o) = f_o(L_o) - P_L^o \cdot L_o$。$M^*$ 是以 P_L^o 计算的全收入。此时，农户的非直接效用函数依赖于农户的效用函数和人口特征变量 h。

假设 H6：非农参与是农户模型局部可分的识别条件之一。

依据森的可行能力理论，作为可行能力集的一个重要组成部分，非农参与对于农户的生计具有非常重要的意义，作为基础性质的多样性组成内容之一，它不仅是价值标准和发展目标中固有的组成部分，其本身也是一种价值。

农户模型的理论推导显示，非农参与至少表明农户能够突破一种市场限制，从而打破多重市场约束造成的不可分决策性质。与其他市场参与的识别条件类似，如土地市场的参与者倾向于决策可分，非农参与者也倾向于决策可分。这种特性在中国农村可能更具有现实基础，因为多重市场约束更多体现在农业剩余劳动力问题上，而非农参与正是解决农业剩余劳动力的关键。在理论上，这也是农户模型局部可分性内生的关键（Liang et al.，2013）。

假设 H7：农户的资本禀赋异质性是农户非农参与的决定因素，也是农户模型局部可分性质的决定因素。

假设 H7 可以由假设 H1 和假设 H6 联合得出。

二　农业劳动时间供给决策与家庭结构的作用

拥有较高资本的农户，在技术和工资水平一定的条件下，首先最大化市场利润，其次在完全收入约束下，实现最大化效用（Bardhan and Udry，1999）。更进一步，农业劳动总投入只取决于影响生产的因素 z^q，包括土地及其他变量（Vakis and Sadoulet，2004），形式如下：

$$L_o = L(z^q; A, \bar{w}_1)$$

我们可以从影子利润函数中得到农业劳动力需求，这也意味着农业劳动需求 L_o 同时也依赖于 P_L^o，并进而受到家庭人口因素等的影响，$L_o = L_o(h)$。

拥有较少资本的农户，其农业生产的影子利润由影子工资决定，农业劳动供给受到消费因素 z^h 或者家庭结构因素 h 以及其他因素如工资性劳

动供给数量 L_s 的影响（Vakis and Sadoulet，2004）。故有如下假设：农户的农业劳动投入体现出局部可分的特性，即部分农户的投入决策受消费相关因素的显著影响，而部分农户则只受生产相关因素的显著影响。

假设 H8－1：纯农户或不能充分参与非农市场的农户，其农业劳动投入受消费相关因素如家庭结构因素的显著影响。

假设 H8－2：能充分参与非农市场的农户，其农业劳动投入不受消费相关因素如家庭结构因素的显著影响，而只受生产相关因素的显著影响。

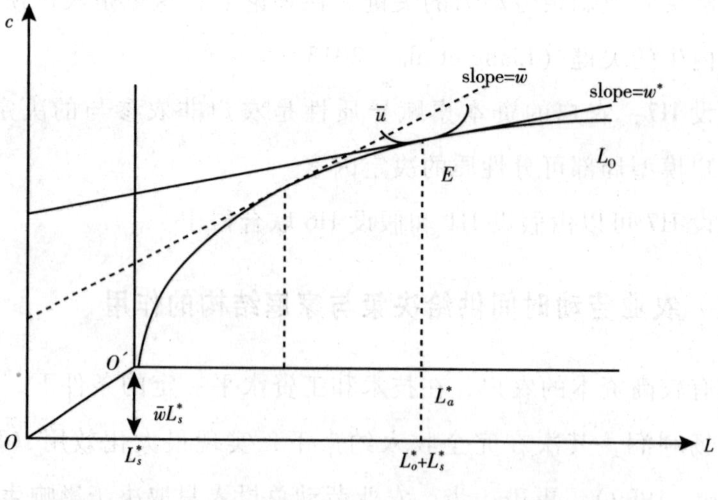

图 4－2　不可分决策下农户的农业劳动时间供给

资料来源：Benjamin，D.，1992，“Household Composition，Labor-Markets，and Labor Demand-Testing for Separation in Agricultural Household Models”，*Econometrica* 60（2）：287－322。

图 4－2 描述了不可分决策条件下农户的农业劳动时间供给决策。纵坐标为农户的消费，横坐标为农户的劳动投入。OL_s^* 为农户的非农劳动供给，其非农收入为 $\bar{w}L_s^*$，OO'的斜率为市场工资水平 $\bar{w}$。农业劳动供给为 L_o^*。农户的效用函数曲线与农业生产曲线 $O'L_o$ 相切点 E

的斜率为影子工资率 $w^* < \bar{w}$。此时，农户的农业劳动供给水平并不是由市场工资率等条件决定的，而是由与人口结构等相关的影子工资水平决定的。此时，农户的总劳动投入为 $L_o^* + L_s^*$。

假设 H9：农户的非农劳动投入水平决策建立在非农市场参与决策的基础上，并受到生计资本和家庭结构因素的影响。

外地工资市场的劳动供给水平受农户的教育水平和劳动力数量等因素的影响；本地工资市场的劳动供给水平受家庭结构因素的制约。在较为发达的外地工资市场中，农户的非农决策主要集中在非农参与上，而在工作单位中，其劳动供给水平往往由工作性质和工作岗位所决定，农户不一定能够自由选择。所以教育水平和家庭劳动力数量通过作用于非农参与决策，包括工作机会的选择，来间接作用于非农劳动的时间供给水平。而本地非农劳动力市场一般具有非规范性和偶然性的特征，对劳动者的教育水平等要求相对较低，而农户对劳动供给水平的决策权更大；同时，相对于外地打工者而言，本地劳动者会更加兼顾家庭中子女和老人的状况。

假设 H10：农户的非农劳动投入决策不具备局部可分的特性。

三　农户的非农劳动时间供给决策

与农业劳动时间供给决策不同，非农劳动时间供给水平是以市场参与为基础的。不管是外地工资性劳动供给，还是本地非农供给都在很大程度上意味着农户较为充分地融入要素和产品市场之中。根据关于农户非农参与的结论，资本禀赋相对高的农户能够较好地突破不完全市场的约束，并在农业生产中做出可分性决策，这主要是因为他们能够通过非农市场分流农业剩余劳动力。

如果认为非农劳动时间供给决策基本属于市场行为，根据（4－6），（4－7），（4－14），有 $L_i = L_i\ (\bar{w}_i,\ a)$，其中，$i = s,\ n$，分别表示外地和本地的非农行为。$a$ 为人力资本状况。因此有以下基本假设：农户的非农劳动时间供给由农户的人力资本水平和市场工资决定。

假设 H11－1：农户的外地非农劳动时间供给由农户的人力资本水平和市场工资决定。

假设 H11－2：农户的本地非农劳动时间供给由农户的人力资本水平和市场工资决定。

第三节　集约化农业生产策略的决定

在土地均分以及山区多重市场缺失的背景下，农户的集约化生产策略主要包含两大值得关注的要素，分别是农业生产效率和物质资本的投入状况。这两大要素也是现代农业特征的重要载体（Alauddin and Quiggin，2008；Online，2010）。在现代经济条件下，能够通过投入密集的资本和技术要素在单位土地上获得较高的农业产出，对于人多地少地区的可持续生计具有非常重要的意义。

一　农业物质资本投入密度的决定

农业物质资本投入密度的影响机制可以在研究中区分为两种思路：一种是基于农业生产函数本身，比如通过测算各类资本的边际产出和产出弹性等，这种思路将在农业技术效率的讨论中体现出来；另一种思路则是考虑到农户作为农业生产和非农生产活动的主体，从资本和劳动力分配的角度讨论，如新迁移经济学的思路。设农业生产函数为 $f_o(L_0, E, K_0)$，其中 K_0 为农业物质资本投入，令 $k = K_0/E$。为了集中讨论农业投入，令农户的非农收入在这一阶段的决策过程中为外生，则最大化问题为 $\mathrm{Max} f_o(L_0, k)$，其他约束条件如（4－32），（4－33）和（4－34）。则：

$$f_o^{1}(L_s + L_n) = [\partial f_o / \partial L_o] \cdot [\partial L_o / \partial (L_s + L_n)]$$

根据（4－32），有$\partial L_o/\partial(L_s+L_n)<0$，故而$f_o^1(L_s+L_n)<0$。

另外，因为农业物质投入往往是现金投入，在农产品自给自足的落后农村，现金投入主要来自非农收入。不妨假设$K_0=f_s(L_s)+f_n(L_n, K)+u$，$u$为其他收入来源。由此可得出：

$$f_o^2(L_s+L_n)=[\partial f_o/\partial k]\cdot[\partial k/\partial(L_s+L_n)]$$

因为有$K'_0(L_s+L_n)>0$，则$f_o^2>0$。

故而有如下假设：

假设H12：农户的农业物质－土地比受到非农活动的双重影响。这两种相反的机制可能导致非农活动对物质资本的投入密度没有显著的影响。

非农收入能够为农业的物质投入提供现金资助；非农活动则分流了农业劳动力，进而通过劳动力和物质投入之间的替代或互补关系，影响农业物质－土地比。

假设H13：物质资本水平越高，农业物质－土地比越高。

农户的物质资本存量本身与农业的物质资本投入水平可能存在正向关系，虽然物质资本也可能被使用到非农活动中。普遍存在的情况则是，农户能够充分配置和使用诸如交通运输工具等物质资本，兼顾不同类型的生产活动。在交通不便的山区，使用农用车运输化肥进行农业生产对于农户而言非常重要。

二　农业技术效率的决定

农户的最优化问题依然为：

$$\underset{c,l}{\mathrm{Max}}\, U(c,l;h)$$

U是关于消费品c和休闲l的二阶可微的凹函数，h为农户的人口特征。

$$c \leqslant y(L_0, E, K, L_n) \tag{4-40}$$

$$L_o + L_n + l = T \tag{4-41}$$

$$L_s + L_n \leqslant \bar{L}(\alpha, z) \tag{4-42}$$

$$L_o, L_s, L_n, E, K, T \geqslant 0 \tag{4-43}$$

约束条件包括预算约束（4－40）和时间约束（4－41）以及非农就业时间约束（4－42）。L_0，E 和 K 分别为农业中的劳动、土地和物质资本投入，L_n 为非农劳动供给，T 为农户的时间禀赋。农户能够提供的最大非农就业时间为 $\bar{L}$，它是农户人力资本 α 和社会资本 z 的函数，拥有较高资本禀赋的农户，能够较多地参与非农活动，从而较少面临家庭农业劳动力过剩的问题。

依据 Jean-Paul（2005），设定农业技术效率为：

$$TE = \min_{\theta}\{\theta: L_0, E, K, L_n; f_o/\theta, f_n/\theta\} \tag{4-44}$$

f_o，f_n 分别为农业和非农产出。f_o/θ 表示处于技术前沿的农业产出，在技术前沿和实际产量 f_o 及其他条件一定时，θ 越大表示该农户越靠近技术前沿。$0<\theta\leqslant 1$，当 $\theta=1$ 时意味着农业生产技术有效。

设农业市场和非农市场的工资率相等且为 $\bar{w}$，且非农生产函数可以简写为 $f_n(L_n)=\bar{w}\cdot L_n$。可以把生产函数分解为农业、非农等部分（Chavas，Petrie et al.，2005）。

$$y = f_o(L_0, E, K) + f_n(L_n) + \bar{y} - rK \tag{4-45}$$

其中，$\bar{y}$ 为其他收入，r 为物质投入品的价格。

接下来，我们沿着 Benjamin 的分析来阐释农户的农业决策（Benjamin，1992）。

（1）非农兼业户的农业决策趋向利润最大化

当农户拥有相对高的 α 和 z 时，非农限制值 $\bar{L}$ 也相对高，其非农约束方程（4－42）非紧，即此方程取严格的不等式。重新组织约束方程（4－40）和（4－41）得到全收入方程：

$$c + \bar{w}l = \phi + T\bar{w} + \bar{y} = M \tag{4-46}$$

M 为农户的全部收入，ϕ 为非最大利润化的农业收入，$\phi = f_o(L_o) - \bar{w}L_o - rK$。首先，将 M 视为固定值，产生一个非直接效用函数 $u = \psi(M, \bar{w}; z^h)$；然后，通过 L_o 等对 M 最大化后得到一个新的非直接效用函数：

$$u = \psi[\bar{y} + \pi(\bar{w}) + \bar{w}T, \bar{w}; h] \tag{4-47}$$

其中，

$$\pi = \mathrm{Max}[f_o(\cdot) - \bar{w}L_o - rK] \tag{4-48}$$

对（4－47）的转换表明了农业生产得到了利润最大化。农业生产决策是 $\bar{w}$ 等的函数，独立于效用函数和人口特征变量 h。在技术和工资水平一定的条件下，农户首先最大化其利润，然后在完全收入约束下，实现最大化效用，这种决策性质在农户模型中被称为“可分性”，即生产决策与消费决策可分。更进一步，农业要素需求方程只取决于影响生产的因素 z^q，而不依赖于消费相关因素，即 $X = X(z^q; \bar{w}_1)$ 为其要素需求方程。结合（4－44）可得高禀赋农户的农业技术效率方程为：

$$TE^1 = TE^1(z^q, e) \tag{4-49}$$

e 为影响效率的其他要素。方程中没有包含消费相关的人口特征因素 h，即农户的农业技术效率只受生产相关因素的影响。

（2）剩余劳动力问题影响纯农户的农业技术效率

当农户拥有相对少的资本，它会面临一个紧的非农劳动约束方程

(4－42)，即农户的非农劳动供给达到极限，方程取等号。或者出现更极端的情况，由于具有较低的人力资本和社会资本水平，农户不能参与任何非农活动，此时，$\bar{L}=0$。此时，纯农户面临着农业劳动力过剩问题，重新组织方程（4－40)，（4－41）和（4－42）得到：

$$c + P_L^o \cdot l = \pi^*(P_L^o) + \bar{L} \cdot \bar{w} + P_L^o \cdot (T - \bar{L}) + \bar{y} = M^* \quad (4-50)$$

农业影子利润 π^*（P_L^o）是家庭劳动力影子价格 P_L^o 的函数：

$$\pi^*(P_L^o) = f_o(L_o) - P_L^o \cdot L_o - rK$$

M^* 是以 P_L^o 计算的全收入。我们可以从影子利润函数中得到农业要素需求方程，这意味着农业要素需求同时也依赖于 P_L^o，并进而受家庭人口等消费相关因素 h 的影响（Vakis and Sadoulet，2004)，即：$X = X(z^q, h; \bar{w}_1)$。再联合（4－44）可得纯农户的技术效率方程为：

$$TE^2 = TE^2(z^q, h, e) \quad (4-51)$$

很显然，两类农户的效率影响因素存在差异。纯农户的资本禀赋较低，受多重市场的约束，面临“剩余劳动力”问题，其生产效率从而将更多受到消费相关因素如人口特征 h 的影响，即方程（4－51)，而第一类农户则没有受到消费相关因素的影响，即方程（4－49)。有如下假设：农户的农业技术效率受局部可分特性的影响，即部分农户的农业技术效率受消费相关因素的显著影响，而部分农户的农业技术效率则只受生产相关因素的显著影响。

假设 H14－1：非农兼业户的农业技术效率高于纯农户的农业技术效率。

假设 H14－2：非农参与改变了农业技术效率的作用机制，非农兼业户的农业技术效率只受生产相关因素的显著影响，纯农户的农业技术效率则受消费相关因素如家庭结构因素的影响。

如果农户的农业集约化生产策略只由农业技术效率和物质资本投入密度决定，那么根据假设 H12 和 H13，一些因素对农业集约化生产具有多重不一致的作用方向，对最后作用的判断较多依赖于调查地点的具体情况。有如下假设：

假设 H15：非农活动可能不会对农户采取集约化农业生产策略产生显著影响。

但家庭结构会影响农户采取集约化农业生产策略。

假设 H16 - 1：老年人比重越高，农户越可能采取集约化农业生产策略。

假设 H16 - 2：孩子比重越高，农户越不可能采取集约化农业生产策略。

另外，根据文献评述中的相关内容，还有如下假设：

假设 H17：人力资本水平越高，农户越可能采取集约化农业生产策略。

假设 H18：物质资本水平越高，农户越可能采取集约化农业生产策略。

第四节　小结

本章基于新古典经济学的农户模型，分析了农户生计策略的形成机制。主要包括三大内容，分别是农户的非农兼业选择、农户的家庭劳动时间供给以及农业集约化生产策略的形成机制。其中农业兼业选择机制在研究中具有基础性的地位，是农户市场参与的关键，在很大程度上体现了不完善市场对农户的约束状况，并决定了农户在农业生产上的决策行为。

根据农户模型的分析结论，本章提出的假设基本涵盖了农户生计策略形成的影响机制和途径（见表4－1）。非农多样化生计策略包括非农和农业多样化生计策略两大类，它们的形成机制是理解农户生计活动的基础，农户的生计资本和家庭结构是农户非农参与的重要影响变量。家庭劳动时间配置首先要讨论农户决策的局部可分性质，这种性质与农户的非农活动关系密切。集约化农业生产主要包含物质资本投入问题和农业效率问题，通过两者的讨论，有利于提出和验证农户集约化农业生产策略的决定假设。

表4－1　农户生计策略的假设汇总

类　别	假　设
非农多样化	假设H1－1:生计资本越低,农户越可能从事纯农生产
	假设H1－2:生计资本越高,农户越可能从事非农多样化活动
	假设H2－1:劳动力数量越多,受教育水平越高,农户越可能从事外地非农多样化活动
	假设H2－2:人力资本的分布状况影响农户的非农多样化活动。家庭成员的受教育水平越高,农户越可能从事外地非农多样化生计
	假设H2－3:家庭成员的受教育水平越高,农户越不可能从事本地非农多样化生计
	假设H2－4:人力资本的平均水平越高,农户越可能从事本地非农多样化活动
	假设H2－5:社会资本水平与金融可及性水平越高,农户越可能从事本地非农多样化活动
	假设H2－6:金融可及性水平越高,农户越可能从事本地非农多样化活动
	假设H3－1:家庭劳动力数量越多,农户越可能从事非农多样化活动
	假设H3－2:孩子比重越高,农户越可能从事非农多样化活动
	假设H4－1:男孩比重越高,农户越不可能从事外地非农多样化活动
	假设H4－2:女孩比重越高,农户越不可能从事外地非农多样化活动
	假设H4－3:男孩比重越高,农户越可能从事本地非农多样化活动
	假设H4－4:女孩比重越高,农户越可能从事本地非农多样化活动
	假设H4－5:老年人比重越高,有孩子的农户越可能从事外地非农活动
	假设H4－6:老年人比重越高,农户越不可能参与本地非农经营活动

续表

类　别	假　设
农业多样化	假设 H5 - 1:人力资本和社会资本等不会显著影响农户农业多样化活动
	假设 H5 - 1a:人力资本和社会资本等不会显著影响农户种植业多样化活动
	假设 H5 - 1b:人力资本和社会资本等不会显著影响农户林业多样化活动
	假设 H5 - 2:物质资本水平越高,农户越可能从事农业多样化活动
	假设 H5 - 2a:物质资本水平越高,农户越可能从事种植业多样化活动
	假设 H5 - 2b:物质资本水平越高,农户越可能从事林业多样化活动
	假设 H5 - 3:家庭人口数量越多,农户越可能从事农业多样化活动
	假设 H5 - 3a:家庭人口数量越多,农户越可能从事种植业多样化活动
	假设 H5 - 3b:家庭人口数量越多,农户越可能从事林业多样化活动
	假设 H5 - 4:土地数量越多,农户越可能从事农业多样化活动
	假设 H5 - 4a:土地数量越多,农户越可能从事种植业多样化活动
	假设 H5 - 4b:土地数量越多,农户越可能从事林业多样化活动
	假设 H5 - 5a:老年人比重越高,农户越不可能从事农业多样化活动
	假设 H5 - 5b:孩子比重越高,农户越不可能从事农业多样化活动
农业劳动时间供给	假设 H6:非农参与是农户模型局部可分的识别条件之一
	假设 H7:农户的资本禀赋异质性是农户非农参与的决定因素,也是农户模型局部可分性质的决定因素。(假设 H7 可以由假设 H1 和假设 H6 联合得出)
	假设 H8 - 1:纯农户或不能充分参与非农市场的农户,其农业劳动投入受消费相关因素如家庭结构因素的显著影响
	假设 H8 - 2:能充分参与非农市场的农户,其农业劳动投入不受消费相关因素如家庭结构因素的显著影响,而只受生产相关因素的显著影响
非农劳动时间供给	假设 H9:农户的非农劳动投入水平决策建立在非农市场参与决策的基础上,并受到生计资本和家庭结构因素的影响
	假设 H10:农户的非农劳动投入决策不具备局部可分的特性
	假设 H11 - 1:农户的外地非农劳动时间供给由农户的人力资本水平和市场工资决定
	假设 H11 - 2:农户的本地非农劳动时间供给由农户的人力资本水平和市场工资决定

续表

类　　别	假　　设
物质资本投入	假设H12:农户的农业物质-土地比受到非农活动的双重影响。这两种相反的机制可能导致非农活动对物质资本的投入密度没有显著的影响
	假设H13:物质资本水平越高,农业物质-土地比越高
农业效率	假设H14-1:非农兼业户的农业技术效率高于纯农户的农业技术效率
	假设H14-2:非农参与改变了农业技术效率的作用机制,非农兼业户的农业技术效率只受生产相关因素的显著影响,纯农户的农业技术效率则受消费相关因素如家庭结构因素的影响
集约化农业生产策略	假设H15:非农活动可能不会对农户采取集约化农业生产策略产生显著影响
	假设H17:人力资本水平越高,农户越可能采取集约化农业生产策略
	假设H18:物质资本水平越高,农户越可能采取集约化农业生产策略
	假设H16-1:老年人比重越高,农户越不可能采取集约化农业生产策略
	假设H16-2:孩子比重越高,农户越不可能采取集约化农业生产策略

第五章　农户的非农和农业多样化生计策略的实证研究

本章在第三章分析框架和第四章理论研究的基础上，实证分析农户的多样化生计策略，主要包括非农多样化生计策略和农业多样化生计策略两大内容。在描述性统计内容中，研究关注生计资本、家庭结构和多样化生计策略的关系。非农多样化生计策略的形成主要体现了农户模型中的非农决策机制。不同的农业多样化生计策略可能与农户的非农决策相关，本章的实证分析既考虑了不同多样化生计策略之间的关系，又从不同视角讨论农业多样化本身的决定机制。

第一节　生计多样化的分析框架与计量设定

一　生计多样化的分析框架

根据第四章的理论分析，在不完全市场条件下，参与非农市场是有利可图的生计行为，代表着农村发展的新方向，农户是否采用非农多样化生计策略可以被农户的资本异质性所解释。同时，人力资本、社会资本也决定了农户可以采用何种非农多样化生计策略。与非农多样化生计策略的决定机制类似，农业多样化生计策略也受生计资本和家庭结构状况影响，但是此时需要考虑与非农多样化生计策略行为之间的关系。另外，对农业多样化水平本身的考察也将有助于理解农户采用多样化生计策略的机制。本实证研究的分析思路如下：

首先，通过比较不同多样化生计策略的农户在生计资本和家庭结构等方面的差异，初步判断农户多样化生计策略的影响因素。

其次，从家庭结构的视角，探讨农户在非农多样化生计策略和农业多样化生计策略采用上的特征，初步判断家庭结构因素对农户生计行为的影响。

最后，分析农户生计资本和家庭结构等变量对农户采用非农多样化生计策略和农业多样化生计策略以及农业多样化水平的影响机制。

二　生计多样化的计量方法与模型

（1）利用二元 Probit 模型研究非农多样化生计策略的选择

根据农户模型的分析结论，由于农业和非农部门二元经济的存在，以及农户规避风险等方面的动机，非农参与代表了有利可图的生计方式。一方面，参与非农活动，选择非农多样化的生计策略是农户的优先决策目标。在本章的实证分析中，对农户的非农多样化选择侧重考察农户的“能力变量”（Capability Variables），包括生计资本等变量对农户参与非农活动的作用，而暂时不考虑农业生产对非农多样化的作用。另一方面，因为农户的打工与在本地进行非农兼业活动之间可能存在相关性，我们不能使用两个独立的 Probit 回归模型。综上所述，我们选用二元 Probit 模型来估计农户的两类非农多样化选择：

$$Y_{1i}^{*} = \beta_1 X_{1i} + u_{1i} Y_{1i} = 1 if Y_{1i}^{*} > 0; Y_{1i} = 0, \text{其他} \tag{5-1}$$

$$Y_{2i}^{*} = \beta_2 X_{2i} + u_{2i} Y_{2i} = 1 if Y_{2i}^{*} > 0; Y_{2i} = 0, \text{其他} \tag{5-2}$$

$$Eu_{1i} = Eu_{2i} = 0, \mathrm{Var}(u_{1i}) = \mathrm{Var}(u_{2i}) = 1 \tag{5-3}$$

$$\mathrm{Cov}(u_{1i}, u_{2i}) = \rho \tag{5-4}$$

$Y_{1i} = 1(Y_{2i} = 1)$ 表示农户 i 选择外地打工多样化生计策略（本地非农经营多样化生计策略）。X_{1i}（X_{2i}）为影响农户可能选择外地打工多样化生计策略（本地非农经营多样化生计策略）的变量，包括农户的各种资本禀赋等，$u_{1i}(u_{2i})$ 为残差。对于二元 Probit 模型，可以采用极大似然估计法（Greene，2003）进行分析。

（2）利用多元 Probit（Multivariate Probit）研究农户的农业多样化生计策略选择，以及非农和农业多样化生计策略选择之间的关系。

根据对农户模型的理论分析，农户的非农参与可能影响农业多样化生计策略的选择，包括农户是否采用种植业和林业多样化生产策略，而不同的农业多样化本身也存在一定的联系。故而关于农业多样化的选择至少要考虑三个方程的联立问题，必须选择多元 Probit 模型进行分析。简单的选择方程组为：

$$Y_{mi}^{*} = \beta_m X_{mi} + u_{mi} m = 1, 2, \ldots, M \tag{5-5}$$

$$Y_{mi} = 1 if Y_{mi}^{*} > 0; Y_{mi} = 0, \text{其他} \tag{5-6}$$

则似然函数为：

$$L = \sum_{i=1}^{n} w_i \log \Phi_3(\mu_i; \Omega) \tag{5-7}$$

其中，w_i 为观测值的权重赋值，标准正态分布分布函数 Φ_3 是 μ_i 等的函数。此处，多元 Probit 模型估计是基于 Geweke – Hajivass iliou –

Keane（GHK）算法的（Greene，2003）。如果 $M = 3$，其中 $\mu_i = (K_{i1}\beta'_1 X_{1i}, K_{i2}\beta'_2 X_{2i}, K_{i3}\beta'_3 X_{3i})$，$K_{ik} = 2Y_{mi} - 1$。矩阵 Ω 受 K_{ik} 和 ρ 等系数的影响。如果 $M > 3$，情况可能更加复杂，但基本原理类似（详细参见 Cappellari，L. and Jenkins，S. P.，2003）。

在这一章的实证中，$Y_{mi} = 1$ 表示农户在从事某一类型的活动中，具有较高的多样化水平，$Y_{mi} = 0$ 则表示具有较低的多样化水平。

（3）利用似不相关回归（SUR）研究种植业多样化和林业多样化的决定

因为使用多元 Probit 模型研究农业多样化策略只解决了二分性的决策问题，即哪部分农户选择从事较高的多样化农业活动，但多样化本身的决定问题在计量上仍是个连续决策。由于种植业多样化和林业多样化两个连续变量之间可能存在相关关系，不能单独采用最小二乘进行估计，而研究样本中并没有存在大量的 0 值，所以采取似不相关回归是较为妥当的，这样既能方便地进行方程设定和比较研究，又可以考虑方程间的关系。

为了使估计更加有效，本章报告的所有结果都在村级层面进行了误差调整。

三 生计多样化的变量选取及说明

农户的生计资本包括物质资本、人力资本、金融资本、社会资本等。其中人力资本的分布即最高人力资本和平均人力资本，用两个变量代替，分别为农户成员最高受教育年限和劳动力平均受教育年限。当地土地市场接近缺失，土地资本与金融资本的联系被淡化，而社会资本往往和金融资本结合得更加紧密。金融和社会资本主要包括两个变量，分别为“是否得到正式机构的贷款和资助”以及“家庭中具有特殊社会经历的成员数量”（见表 5－1）。

表 5-1 主要变量及其定义

变量	代码	变量定义
生计资本		
人力资本		
平均人力资本	$\bar{a}$	农户受教育年限/劳动者数量
最高人力资本	a_H	家庭成员最高受教育年限
劳动力数量	L	家庭劳动力数量
自然资本		
土地数量	E	家庭土地数量(亩)
耕地数量	E_l	家庭耕地数量(亩)
林地数量	E_f	家庭林地数量(亩)
物质资本		
房间数量	N_r	家里房间数量(间)
房屋价值	V_h	家里房屋估价(万元)
房屋结构	S_h	土木,砖木和砖混(=1,2,3)
农用车数量	N_f	电动车(二轮、三轮、四轮等)数量(辆)
交通工具数量	N_t	交通工具(卡车、拖拉机等)数量(辆)
金融/社会资本		
金融可及性	C	=1 从正式机构贷过款或受过资助
特殊经历	z	拥有特殊经历(包括曾经是乡村干部,智力劳动者,企事业职工或军人等经历)的家庭成员数量
本地工资劳动供给	L_w	2007 年本地打零工时间(天)
农业劳动供给	L_o	2007 年农业劳动时间(小时)
家庭结构		
男孩比重	F_b	男孩(15 岁以下)占家庭人口数比重
女孩比重	F_g	女孩(15 岁以下)占家庭人口数比重
老人比重	F_e	老人(65 岁以上)占家庭人口数比重

农户的自然资本主要指土地数量，是耕地数量和林地数量的总和。物质资本主要以农户的房屋状况及生产资料状况体现，生产资料则主要包括农用车和其他交通工具。农户的家庭结构变量主要包括男孩比例、女孩比例和老人比例三个变量。另外，本书还将经常使用以

下两个变量：本地工资劳动供给时间，即在当地打零工的时间；农业劳动供给时间，包括在耕地和林地上的生产时间等。

理论上讲，多样化由“结构多样化”和“分布多样化”两大内容组成。同时，农业多样化也可以区分为生产/产品多样化和收入多样化。农业多样化的数量指标构造非常丰富，我们的研究主要参照Perz（2006）的分析结果，选取三种方法构建农业多样化指标（包括种植业和林业多样化指标），以获取各项农业多样化水平值（Perz，2005）。

（1）产品数量指标

农户在耕地或者林地上的作物种类数量为：

$$S = \sum_{i=1}^{n} a \tag{5-8}$$

其中，a 为二分变量，如果农户在耕地或林地上从事了此类作物的种植和生产，则取1，否则取0，$0 < S < n$。S^g 和 S^f 分别为种植业产品多样化和林业产品多样化指标，$\bar{S}^g$ 和 $\bar{S}^f$ 分别为其均值。这种方法虽然忽视了农业的分布特征，但是可以直观地体现农户的生产行为。如果没有上标则指代农业多样化，不区分种植业和林业。

（2）6th Gibbs－Poston 指标（$M6$）

$$M6 = n\left[1 - \frac{\sum_{i=1}^{n} |x_i - \bar{x}_i| / 2}{\sum_{i=1}^{n} x_i}\right] \tag{5-9}$$

其中，x_i 为某一类产品的生产数量，$\bar{x}_i$ 为其均值。$M6$ 指标较产品数量指标，既考虑了类别，又兼顾了分布，相对全面。同时，$M6$ 的值域也在0到n之间。$\overline{M6}$ 为均值。$M6_p^g$（$M6_p^f$）和 $M6_y^g$（$M6_y^f$）分别为种植业（林业）产品多样化指标和收入多样化指标，$\overline{M6}_p^g$（$\overline{M6}_p^f$）和

$\overline{M6}_y^g$（$\overline{M6}_y^f$）分别为其均值。如果没有上标则指代农业多样化，不区分种植业和林业。

（3）逆 Herfindha 指标

$$1 - H = 1 - \sum_{i=1}^{n}\left(\frac{x_i}{X}\right)^2 \qquad (5-10)$$

其中，X 为产品数量和。H 为产品集中指标，故而 $1-H$ 为多样化指标，$0 \leqslant 1-H \leqslant 1-1/n$。与 $\overline{M6}$ 指标类似，这个指标也兼顾了分布特征，并且相对容易计算，$1-\overline{H}$ 为均值。$1-H_p^g$（$1-H_p^f$）和 $1-H_y^g$（$1-H_y^f$）分别为种植业（林业）产品和收入多样化指标，$1-\overline{H}_p^g$（$1-\overline{H}_p^f$）和 $1-\overline{H}_y^g$（$1-\overline{H}_y^f$）分别为其均值。如果没有上标则指代农业多样化，不区分种植业和林业。

使用 M6 和 $1-H$ 两个指标可以更加细致地考察农业多样化的决定。值得注意的是，这两个指标既可以计算产品多样化，也可以计算收入多样化，这里的研究仅应用于农业收入多样化。由于收入多样化包含价格因素，种植业和林业收入的区分对于本书不再有重要意义，故而此处只考虑农业收入多样化。

这里使用保守的多样化生计策略识别方法，我们综合了三个指标来定义农户采取农业（包括种植业和林业）多样化（包括产品多样化和收入多样化）生计策略。具体而言，农户采取种植业的产品多样化生计策略表示为：

$Y_{pi}^g = 1$，如果 $S^g > \overline{S}^g$，$M6_p^g > \overline{M6}_p^g$，且 $1-H_p^g > 1-\overline{H}_p^g$。

农户采取种植业的收入多样化生计策略表示为：

$Y_{yi}^g = 1$，如果 $M6_y^g > \overline{M6}_y^g$，且 $1-H_y^g > 1-\overline{H}_y^g$。

农户采取林业的产品多样化生计策略表示为：

$Y_{fi}^p = 1$，如果 $S^f > \overline{S}^f$，$M6_p^f > \overline{M6}_p^f$，且 $1-H_p^f > 1-\overline{H}_p^f$。

农户采取林业的收入多样化生计策略表示为：

$Y_{yi}^{f} = 1$，如果 $M6_{y}^{f} > \overline{M6}_{y}^{f}$，且 $1 - H_{y}^{g} > 1 - \overline{H}_{y}^{g}$。

农户采取农业的产品多样化生计策略表示为：

$Y_{fi}^{p} = 1$，如果 $S > \overline{S}$，$M6_{p} > \overline{M6}_{p}$，且 $1 - H_{p} > 1 - \overline{H}_{p}$。

农户采取农业的收入多样化生计策略表示为：

$Y_{yi}^{f} = 1$，如果 $M6_{y} > \overline{M6}_{y}$，且 $1 - H_{y} > 1 - \overline{H}_{y}$。

采用以上各类生计策略的农户简称为种植业（林业）产品（收入）多样化农户。这种二分法有利于对不同的多样化生产活动进行比较，从而在整体上把握农户的多样化生计策略。

非农多样化指标相对简单，在以往国内的文献中非农多样化和非农兼业经常等同使用。相对农业多样化而言，非农多样化或非农兼业研究中的活动和收入状况组成比较简单。在调查地，较为稳定的非农活动和收入主要有两类：外地工资市场的劳动供给活动和收入，即外地打工活动和收入；本地非农经营活动和收入。我们简单地把从事上述两类活动的农户定义为采取外地非农多样化生计策略的农户和采取本地非农多样化生计策略的农户，简称为外（本）地非农多样化农户，采取任何一种非农多样化生计策略的农户简称为非农多样化农户。因为上述非农活动具有持续性和收入的相对稳定性，对非农多样化的考察暂时不考虑收入的分布和结构问题。

第二节 生计多样化的描述性统计分析

一 非农多样化农户

（1）非农多样化农户及纯农户在生计资本等方面的比较

值得注意的统计信息主要集中在纯农户与两类非农多样化农户的

比较上（见表5－2）。前者的生计资本低于后者，特别体现在劳动力数量和人力资本的分布上，采用本地非农多样化策略的农户，其平均人力资本尤其突出，为9.32。金融可及性也存在较大差异，采用外地打工非农多样化的农户和采用本地打工非农多样化策略的农户分别为0.17和0.26，而纯农户则只为0.11。两类非农多样化农户中具有特殊经历成员的数量明显高于纯农户，分别为0.66和1.06，而纯农户只为0.44，小于平均水平。纯农户的社区交通状况也较平均水平低。

表5－2　非农多样化农户和纯农户的生计资本和家庭结构状况

	农户			
	全样本	纯农户	外地非农多样化	本地非农多样化
变量	N = 1074	N = 623	N = 402	N = 87
N_r	3.7356 (1.5473)	3.6276 (1.4839)	3.8632 (1.6162)	4.3563 (1.8738)
S_h	1.1173 (0.4287)	1.0963 (0.3892)	1.1169 (0.4223)	1.3678 (0.7171)
N_f	0.1145 (0.3357)	0.1108 (0.3339)	0.1020 (0.3190)	0.2644 (0.4436)
N_t	0.3324 (0.5343)	0.3258 (0.5302)	0.2985 (0.5097)	0.6782 (0.6378)
C	0.1443 (0.3516)	0.1140 (0.3180)	0.1692 (0.3754)	0.2644 (0.4436)
z	0.5559 (1.1304)	0.4350 (0.9699)	0.6592 (1.2296)	1.0575 (1.5801)
L	3.0140 (1.1787)	2.7416 (1.1049)	3.4353 (1.1656)	3.3908 (1.4006)
$\bar{a}$	7.8265 (3.7258)	7.6755 (4.0265)	7.9033 (3.0835)	9.3172 (3.7479)

续表

	农户			
	全样本	纯农户	外地非农多样化	本地非农多样化
变量	N = 1074	N = 623	N = 402	N = 87
a_H	8.7188 (3.1483)	8.1461 (3.2016)	9.5348 (2.8231)	9.5977 (3.0288)
L_o	198.3892 (138.8327)	213.6404 (142.8202)	179.7264 (127.4658)	146.2989 (140.0052)
K	441.3762 (534.0202)	452.6581 (567.9412)	406.7761 (382.0138)	465.1724 (410.3851)
E_l	52.6378 (45.3846)	51.6501 (44.7709)	53.7985 (45.6035)	48.9655 (45.6902)
E_f	64.7328 (99.4501)	63.9888 (118.6545)	64.1766 (62.3571)	71.8391 (67.7071)
L_w	30.0298 (83.1559)	40.8604 (95.4269)	12.5970 (55.3799)	27.3103 (70.7783)
F_b	0.0849 (0.1329)	0.0996 (0.1423)	0.0576 (0.1094)	0.1128 (0.1399)
F_g	0.0653 (0.1144)	0.0753 (0.1224)	0.0480 (0.0964)	0.0681 (0.1148)
F_e	0.0730 (0.1514)	0.0834 (0.1703)	0.0598 (0.1214)	0.0314 (0.0813)

注：括号中数值为标准差。

外地非农多样化农户的孩子比例较低，本地非农多样化农户的孩子比例较高，而纯农户的孩子比例则接近平均水平。纯农户的老人比例比其他农户都高。这些关于纯农户和非农多样化农户的比较信息表明，纯农户和非农多样化农户不仅在生计资本上存在差异，家庭结构也可能是农户生计行为差异的重要影响因素（见表5－2）。

（2）不同家庭结构农户的非农多样化比较

描述性统计结果表明（见表5－3），不考虑没有劳动力的家庭，在所有农户中，家庭结构为 H3 的农户（由成年劳动力和孩子组成的农户）拥有较高比例的本地非农经营参与水平，平均参与比例为10%，而家庭结构为 H1 的农户（由老年人和成年劳动力组成的农户），其参与比例最低仅为2%。家庭结构为 H2 的农户（只由成年劳动力组成的农户），外出打工活动的参与比例最高，为45%，最低的是家庭结构为 H3 的农户（由成年劳动力和孩子组成的农户）。

表 5－3　不同家庭结构类型农户采用非农多样化生计策略的均值比较

农户类型（样本数）	本地非农多样化农户比例		外地非农多样化农户比例	
	均值	方差	均值	方差
H1(N=127)	0.0157***	0.1250	0.4016***	0.4922
H2(N=442)	0.0837	0.4983	0.4525	10.1929
H3(N=366)	0.1038	0.3055	0.2923***	0.4555
H4(N=133)	0.0752	0.2647	0.3308	0.4723

注：*，**，*** 分别代表均值的 t 检验在 10%，5% 和 1% 水平上显著。

根据这些描述性的比较结果可以初步推测，家庭成员中的老年人并不是非农参与的主要劳动力。打工和本地非农经营两项非农活动都主要依靠成年劳动力。而孩子则可能是农户从事外地非农活动的障碍，因为有小孩的农户外出打工的比例较低。如果只关注有小孩的农户，那么可以发现，老年人的存在可能促进其从事两类非农多样化活动。在本书中，孩子主要作为消费者存在，孩子的生活和学习需要成年人的照料，会分流部分生产资料和农户时间。在中国农村，老年人帮助照料孩子，成年人外出打工已经成为一种普遍存在的代际支持形式。

二　农业多样化农户

（1）农业多样化农户在生计资本等方面的描述性统计信息

描述性统计结果显示（见表 5－4），从事农业多样化活动的农户在各类生计资本上都有值得关注的特点。

采用种植业产品多样化和收入多样化方式的农户拥有相对较多的农用车数量，而采用林业多样化方式的农户并没有显著异于总样本。在调查地，农用车在种植业生产中作用较大。

表 5－4 农业多样化农户的生计资本和家庭结构状况

	农业多样化农户				
	全样本	种植产品	种植收入	林业产品	林业收入
变量	N = 1074	N = 411	N = 688	N = 280	N = 258
N_r	3.7356 (1.5473)	3.9440 (1.5075)	3.8299 (1.5531)	3.9786 (1.6263)	3.9457 (1.5967)
S_h	1.1173 (0.4287)	1.0900 (0.3750)	1.0916 (0.3839)	1.1071 (0.3728)	1.1008 (0.3604)
N_f	0.1145 (0.3357)	0.1679 (0.3807)	0.1424 (0.3700)	0.1143 (0.3187)	0.1163 (0.3212)
N_t	0.3324 (0.5343)	0.3139 (0.5145)	0.3561 (0.5578)	0.3250 (0.5060)	0.3178 (0.4988)
C	0.1443 (0.3516)	0.1363 (0.3435)	0.1337 (0.3406)	0.2107 (0.4085)	0.2093 (0.4076)
z	0.5559 (1.1304)	0.8029 (1.4186)	0.6206 (1.2173)	0.4893 (0.9235)	0.4574 (0.8910)
L	3.0140 (1.1787)	3.1411 (1.1019)	3.1090 (1.1577)	3.1500 (1.1819)	3.1124 (1.1396)
$\bar{a}$	7.8265 (3.7258)	7.3374 (3.6191)	7.5598 (3.6927)	8.1561 (3.7898)	8.1590 (3.8184)
a_H	8.7188 (3.1483)	8.4623 (2.9665)	8.5407 (3.1096)	9.1571 (3.2534)	9.0853 (3.2317)
L_o	198.3892 (138.8327)	248.5985 (140.6114)	229.2878 (139.2314)	231.3071 (142.7208)	231.1628 (141.1170)

续表

	农业多样化农户				
	全样本	种植产品	种植收入	林业产品	林业收入
变量	N = 1074	N = 411	N = 688	N = 280	N = 258
K	441.3762 (534.0202)	500.2774 (638.6676)	488.9564 (586.5327)	506.2857 (702.9881)	501.8992 (720.0608)
E_l	52.6378 (45.3846)	80.9903 (42.8809)	65.2398 (44.5135)	52.9893 (48.7355)	53.4767 (47.3373)
N_f	64.7328 (99.4501)	48.8954 (138.6971)	57.2980 (114.5870)	66.7893 (59.9426)	64.9729 (57.5706)
L_w	30.0298 (83.1559)	22.9781 (77.5760)	26.1977 (80.4613)	25.4857 (82.7781)	21.9380 (76.9312)
F_b	0.0849 (0.1329)	0.0913 (0.1313)	0.0888 (0.1337)	0.0768 (0.1239)	0.0797 (0.1258)
F_g	0.0653 (0.1144)	0.0589 (0.1064)	0.0615 (0.1119)	0.0743 (0.1227)	0.0755 (0.1245)
F_e	0.0730 (0.1514)	0.0834 (0.1550)	0.0771 (0.1534)	0.0862 (0.1634)	0.0859 (0.1581)

注：括号中数值为标准差。

采用林业产品和收入多样化方式的农户的金融可及性相对较高，林产品的生产相对需要高投入，特别在调查地，许多山地需要种植新产品。同时，这类农户也拥有较高的人力资本。但林产品和收入的多样化和林地数量关系不大，在当地，一些林作物如核桃等对专门的林地要求不高，一些年头较久的树木零星分布在林地和房前屋后的空地上。采用种植业多样化的农户则有较多的耕地，因为传统的种植业生产要求有成片的土地进行播种以实现一定的规模效应。

（2）不同家庭结构农户的农业多样化比较

描述性统计结果表明（见表5－5），不考虑没有劳动力的家庭，在所有农户中，家庭结构为 H1（由成年劳动力和老年人组成）和 H4（由成年劳动力、老年人和孩子组成）的农户在各类多样化活动中都占有较高比例。而这两类农户之间的差异相对小一些。同时家庭结构为 H2（只由成年劳动力组成）和 H3（由成年劳动力和小孩组成）的农户从事各类农业多样化活动的比例较低，两类之间的差异也相对小。

表 5－5　不同家庭结构类型农户采用农业多样化生计策略的均值比较

	家庭结构类型							
	H1		H2		H3		H4	
	N = 127		N = 442		N = 366		N = 133	
多样化农户类型	均值	方差	均值	方差	均值	方差	均值	方差
种植产品多样化	0.4409	0.4985	0.3507	0.4777	0.3716	0.4839	0.4662	0.5007
种植收入多样化	0.6772	0.4694	0.6244	0.4848	0.6257	0.4846	0.6992	0.4603
林业产品多样化	0.3150	0.4663	0.2376	0.4261	0.2514	0.4344	0.3083	0.4635
林业收入多样化	0.3071	0.4631	0.2127	0.4097	0.2377	0.4263	0.2782	0.4498
农业产品多样化	0.3780	0.4868	0.2941	0.4562	0.3033	0.4603	0.3609	0.4821
农业收入多样化	0.5984	0.4922	0.5362	0.4993	0.5273	0.4999	0.6241	0.4862

不管是从事种植业还是林业生产，多样化活动都要求较多的劳动投入。家庭中的老年人常常参与农业劳动，他们可能会有利于农户从事多样化农业活动；孩子与农业多样化的关系可能相反，照料子女会影响农户的生产时间分配。从描述性统计信息来看，家庭结构变量可能是影响多样化生计策略的重要因素。

第三节　非农参与及其劳动时间供给的决定

一　非农多样化生计策略的决定

表 5－6 和表 5－7 分别报告了农户采用外地非农多样化策略和本

地非农多样化策略的决定。农户的生计资本和家庭结构变量都有着显著的作用。

表 5 – 6　农户采用外地非农多样化生计策略的估计结果

变量	模型(1)	模型(2)	模型(3)	模型(4)
$\bar{a}$	0.0646***		0.0515***	0.0385***
a_H		0.0588***	0.0202	0.0232
z	0.1111**	0.0157	0.0444	0.0195
$\bar{a}^*z$	-0.0097		-0.0211**	
$a_H{}^*z$		0.0024	0.0165**	
K	-0.0004***	-0.0004***	-0.0004***	-0.0004***
E_l	-0.0002	-0.0002	-0.0001	-0.0001
E_f	-0.0003	-0.0003	-0.0003	-0.0003
N_f	-0.1858	-0.1734	-0.1778	-0.1747
N_t	-0.1790**	-0.1780**	-0.1862**	-0.1857**
L	0.3371***	0.2936***	0.3159***	0.3202***
F_b	-1.5261***	-0.9896**	-1.3712***	-1.3437***
F_g	-1.3448***	-0.8130*	-1.1859***	-1.1278**
F_e	-0.2414	-0.0008	-0.1530	-0.1684
L_w	-0.0040***	-0.0040***	-0.0040***	-0.0040***
C	0.4865**	0.5375	0.6159*	0.0650
N_r	-0.0026	-0.0064	-0.0061	-0.0029
S_h	0.0809	0.0864	0.0798	0.0692
$C^*\bar{a}$	-0.0421*		-0.0302	
C^*a_H		-0.0422	-0.0237	
C^*z	-0.1019	-0.0946	-0.1122	
LogLik.	-855.0058	-861.4144	-847.3241	-852.8080
rho	-0.2585***	-0.2393***	-0.2553***	-0.2708***

注：*，**，*** 表示在 10%，5% 和 1% 水平上显著。

表 5－7　农户采用本地非农多样化生计策略的估计结果

变量	模型(1)	模型(2)	模型(3)	模型(4)
$\bar{a}$	0.0464***		0.1099***	0.1212***
a_H		－0.0051	－0.0964**	－0.1005***
z	0.0275	0.2274**	0.1795**	0.1815***
$\bar{a}^*z$	0.0147		0.0359**	
$a_H{}^*z$		－0.0089	－0.0329**	
K	－0.0000	－0.0000	－0.0000	－0.0000
E_l	－0.0031**	－0.0035**	－0.0034**	－0.0032**
E_f	－0.0013	－0.0011**	－0.0011	－0.0009*
N_f	0.4927***	0.4900***	0.4913***	0.5017***
N_t	0.4266***	0.4548***	0.4667***	0.4581***
L	0.0915	0.0912	0.1695***	0.1576***
F_b	0.6954**	1.1758***	0.0069	0.0075
F_g	－0.1212	0.4298	－0.8287	－0.9675*
F_e	－2.0262***	－1.5363***	－2.6825***	－2.5526***
L_w	－0.0013	－0.0013	－0.0013	－0.0013
C	0.2285	－0.3508	－0.2384	0.3448*
N_r	0.1155***	0.1257***	0.1279***	0.1289***
S_h	0.3298**	0.3654***	0.3462**	0.3414***
$C^*\bar{a}$	－0.0008		－0.0371	
C^*a_H		0.0607	0.0831	
C^*z	0.1354	0.1290	0.1290	
LogLik.	－855.0058	－861.4144	－847.3241	－852.8080
rho	－0.2585***	－0.2393***	－0.2553***	－0.2708***

注：LR 值都在 1% 水平上显著，表示两个方程存在显著相关性。在每个估计中，两个方程的残差相关度都为负。*，**，*** 表示在 10%，5% 和 1% 水平上显著。

首先，关注人力资本的分布对农户从事两类非农多样化活动的作用。模型（2）显示农户的最高教育水平显著地促进了外地非农兼业活动（见表 5－6）；而模型（3）～（4）表明，最高教育水平对本地非农兼业活动的作用为负（见表 5 – 7）。模型（1）和模型（3）显示，平均人力资本水平显著地促进了农户从事本地非农兼业活动（见表 5 – 7）。一方面，在相对封闭的农村地区，家庭中受教育水平最高的成员往往被分工参与到外地工资性劳动市场，因为他们更可能在外地劳动力市场中获得相对好的工资性报酬；另一方面，可以减少不完全劳动力市场中的风险损失。而作为家庭劳动力整体人力资本水平的反映，平均教育水平对农户从事两类非农多样化活动都有着显著的促进作用。

其次，关注其他农户生计资本对非农多样化活动的作用。农户拥有的耕地数量和林地数量对其从事外地非农多样化活动没有显著作用，而耕地数量对农户从事本地非农多样化活动有显著的负面作用。相对较多的自然资本使农户较少进行本地非农经营。物质资本包括房间数量和房屋结构等对农户从事本地非农多样化活动都有促进作用（见表 5 – 7）。许多非农经营活动如农家乐、小卖铺等都与此相关。社会资本（家庭成员的特殊经历）也能促进农户参与本地非农经营活动。劳动力数量越多，越有利于促进农户参与两类非农活动。

最后，交通状况对农户从事本地非农经营作用显著，事实上，大部分经营农家乐、小商店和跑运输的家庭都住在路旁。

就人口特征的影响而言，拥有孩子的农户更倾向于从事本地非农多样化活动，而非从事外地非农多样化活动，这种效应体现出一定的性别差异。表 5 – 6 显示，男孩比例比女孩比例的影响在数量上更大；表 5 – 7 则显示，女孩比例对农户参与本地非农多样化活动的影响并不显著。

总之，实证结果表明，农户的人力资本和社会资本等能够解释其不同的非农兼业活动。多样化活动是农户生计策略的重要研究内容，对非农参与的解释则是理解农户生计策略的关键。农户的非农兼业体现了其受市场约束的状况，通过此可以识别出农户的决策特征，有利于解释农户农业生产的异质性，特别是与剩余劳动力相关的劳动时间投入以及农业技术效率等问题。

二　农业多样化水平的决定

种植业多样化水平分别基于三类指标来测量，其中的 $M6$ 和 $1-H$ 分别包含产品多样化和收入多样化水平。对这五个多样化水平的估计结果显示出生计资本和家庭结构等变量的显著作用（见表5－8）。一方面，农户的人力资本水平对各个指标的种植业多样化水平的作用为负，增加传统的种植业作物生产，如小麦、玉米和土豆等，对人力资本水平的要求并不高。另一方面，家庭劳动力的数量越多，种植业多样化水平则越高；增加种植类别，对劳动力的数量要求更高于对其质量的要求。虽然对前三个指标的估计中，社会资本的系数为正，但其和人力资本的交互项的作用显著为负，不能认为社会资本显著地提高了种植业多样化水平。

表5－8　种植业产品多样化和收入多样化的SUR估计结果

变量	S^g	$M6_p^g$	$1-H_p^g$	$M6_y^g$	$1-H_y^g$
$\bar{a}$	－0.0226*	－0.0183**	－0.0058**	－0.0157**	－0.0051**
z	0.2614***	0.0900*	0.0240*	0.0653	0.0223
K	0.0001**	0.0001*	0.0000*	0.0001	0.0000*
E_l	0.0128***	0.0072***	0.0022***	0.0062***	0.0022***
N_f	0.2236**	0.0417	0.0262	0.0468	0.0265
N_t	0.0013	0.0633	0.0148	0.0474	0.0160
L	0.1154***	0.0754***	0.0176**	0.0584***	0.0179***
F_b	0.9093***	0.5454***	0.1788***	0.5122***	0.1771***
F_g	0.3078	0.2045	0.0585	0.1507	0.0422
F_e	0.7122***	0.4872***	0.1045**	0.3635***	0.1010**

续表

变量	S^g	$M6_p^g$	$1-H_p^g$	$M6_y^g$	$1-H_y^g$
L_w	-0.0001	-0.0003	-0.0001	-0.0003	-0.0001
C	-0.4040	-0.3836**	-0.1157**	-0.2721*	-0.0839
N_r	0.0619***	0.0266*	0.0069	0.0222*	0.0064
S_h	-0.1375*	-0.1415***	-0.0325**	-0.1146**	-0.0386**
$\bar{a}^*z$	-0.0358***	-0.0162***	-0.0041**	-0.0115**	-0.0038**
$C^*\bar{a}$	0.0352	0.0356*	0.0117**	0.0248	0.0078
C^*z	0.0374	-0.0081	0.0025	-0.0002	0.0035
chi2	449.1910***	330.9372***	313.6691***	331.4335***	309.1275***

注：*，**，*** 表示在10%，5%和1%水平上显著。

家庭结构变量对种植业的多样化水平作用是显著的，较高的孩子比例和老人比例能够促进种植业多样化水平，但其影响机制可能有所区别。农村老年人往往较多地参与农业生产，他们通过增加劳动投入提高种植业的多样化水平；而孩子则可能通过提高家庭负担比，促使农户减少参与非农活动的几率，继而增加种植业的生产，其产出也能够更好地满足家庭的日常需求。

在林业多样化水平的估计结果中，人力资本的水平和劳动力数量的作用类似。在自然资本中，土地数量能提高林业多样化水平，但其影响值非常小；而林地数量的显著作用只体现在对 S^f 的估计结论中。家庭结构的作用也与对种植业多样化水平的估计类似。另外，房屋结构对种植业和林业多样化水平的作用都显著为负，对家庭房屋的投资可能分流了农业生产资源（见表5-9）。

使用似不相关回归估计种植业和林业多样化水平的决定，主要考虑了两者之间可能存在相关性。不区分两类活动，对整体的农业多样化水平进行估计，其结果显示农户的劳动力数量仍然是决定多样化水平的显著因素，另外农户的物质资本和家庭结构变量对多样化水平的

表 5-9　林业产品多样化和收入多样化的 SUR 估计结果

变量	S^f	$M6_p^f$	$1-H_p^f$	$M6_y^f$	$1-H_y^f$
$\bar{a}$	-0.0015	-0.0022	0.0010	0.0020	0.0018
z	0.0294	-0.0297	-0.0179	-0.0504	-0.0167
K	0.0001**	0.0001***	0.0000**	0.0001*	0.0000
E_l	0.0017***	0.0002	-0.0000	0.0003	-0.0000
N_f	-0.1907*	-0.0236	-0.0089	0.0237	-0.0006
N_t	-0.0499	0.0201	-0.0084	0.0166	-0.0098
L	0.0559*	0.0440**	0.0127**	0.0352*	0.0106*
F_b	0.0618	0.0210	-0.0106	0.0543	-0.0020
F_g	0.4867	0.2366	0.1005*	0.2626	0.1054**
F_e	0.5331**	0.4161***	0.0890**	0.3810***	0.0783*
L_w	0.0002	-0.0002	-0.0001	-0.0003	-0.0001**
C	0.1139	-0.0180	0.0082	0.0577	0.0177
N_r	0.0843***	0.0519***	0.0078**	0.0476***	0.0068*
S_h	-0.1416*	-0.0313	-0.0015	-0.0314	-0.0036
$\bar{a}*z$	-0.0038	0.0025	0.0010	0.0036	0.0006
$C*\bar{a}$	0.0418	0.0240	0.0055	0.0193	0.0047
$C*z$	-0.1355*	-0.0153	0.0019	-0.0479	0.0030
chi2	449.1910***	330.9372***	313.6691***	331.4335***	309.1275***

注：*，**，*** 表示在 10%，5% 和 1% 水平上显著。

显著影响和似不相关估计的结果类似。房间数量对产品和收入多样化水平的作用显著为正。但在物质资本中，只有耕地数量的影响较为显著，而林地数量的影响不显著。农户的人力资本水平对多样化水平的作用不显著，其估计结论与林业多样化水平的估计更为接近（见表 5-10）。

综合而言，不管是否区分种植业和林业的多样化，或产品和收入的多样化，农户的生计资本和家庭结构变量等都显示出显著影响。但关于多样化水平的估计并不能从总体上展示农户对生计多样化策略的采用。在此基础上，我们可以识别出使用多样化生计策略的农户，并进而估计这些生计策略的决定。

表 5－10　农业产品和收入多样化的 OLS 估计结果

	S	$M6_p$	$1-H_p$	$M6_y$	$1-H_y$
$\bar{a}$	-0.0257	-0.0144	-0.0036	-0.0139	-0.0020
z	0.3101**	0.1041*	0.0173	0.0915*	0.0225**
K	0.0003**	0.0001**	0.0000**	0.0001	0.0000
E_l	0.0114***	0.0072***	0.0017***	0.0079***	0.0018***
E_f	0.0010	-0.0003	-0.0001	-0.0004	-0.0001
N_f	0.0488	0.0571	0.0134	0.0743	0.0232
N_t	-0.0432	0.0466	0.0206	0.0641	0.0125
L	0.1855***	0.1187***	0.0307***	0.1003***	0.0192***
F_b	1.0620**	0.4793**	0.1362**	0.6064**	0.1259*
F_g	0.8463	0.2919	0.0728	0.2734	0.0475
F_e	1.3249**	0.7230**	0.1679***	0.7560**	0.1613**
L_w	0.0001	-0.0005	-0.0001	-0.0005	-0.0001
C	-0.2956	-0.3000	-0.0835	-0.1274	-0.0471
N_r	0.1509***	0.0556***	0.0092*	0.0506**	0.0118**
S_h	-0.2638	-0.1467*	-0.0338*	-0.1466**	-0.0316
$\bar{a}^*z$	-0.0400*	-0.0165**	-0.0035*	-0.0163***	-0.0047***
$C^*\bar{a}$	0.0768	0.0402*	0.0105*	0.0399	0.0094
C^*z	-0.0965	0.0227	-0.0000	-0.0779	-0.0141

注：*，**，*** 表示在 10%，5% 和 1% 水平上显著。

人力资本对种植业产品和收入的多样化策略的作用都为负，其中，在表 5－10 中，最高人力资本对产品收入多样化的作用都较为显著。在其他回归中，人力资本变量的系数多不显著，但都为负。另外，平均人力资本和社会资本的交互项（$\bar{a}^*z$）系数也显著为负（见表 5－12）。这表明人力资本对收入的影响可能大于对产品种类的影响。具有较高人力资本水平的农户可以选择种植较多传统的农作物，但他们更有可能因为非农活动分流劳动力，使得其农业收入的分布并不均匀，从而影响农业收入多样化生计策略的采用。除此之外，农业的物质资本投入系数在三个模型中都显著为正，且系数大小的差别非常小。

三　农业多样化生计策略的决定

与上一小节关于农业多样化水平的估计不同，多样化生计策略综合了几个多样化指标，农户是否采用多样化生计策略是个离散变量，故而对其的估计是个二元选择问题。Probit 回归有助于直观地理解这种策略的形成。与对非农多样化生计策略的估计类似，这个二元估计设置中，包含了 $\bar{a}$ 和 a_H，以反映人力资本的分布对生计策略的影响。

（1）种植业多样化生计策略的决定

对种植业多样化生计策略的选择估计中，产品多样化和收入多样化的决定因素比较类似（见表 5－11 和表 5－12）。家庭劳动力的数量和家庭结构等变量都显著地影响了农户采用种植业多样化生计策略的概率。然而在家庭结构变量中，只有男孩比重的系数为正，女孩比重和老年人比重的系数不显著。在自然资本中，耕地数量的系数显著为正，而林地数量的系数不显著。同样，物质资本中的房间数量系数显著为正，金融可及性系数显著为负。

值得注意的是，农用车的数量在模型（1）～（3）中系数都显著为正，且都在 0.25 附近（见表 5－11 和表 5－12），其系数和显著性水平都大于对种植业多样化水平的估计。这在一定程度上表明，作为一种生计策略，种植业多样化活动的实现需要较多借助于农业生产工具。

表 5-11　农户采用种植业产品多样化生计策略的多元 Probit 估计结果

变量	模型(1)	模型(2)	模型(3)
$\bar{a}$	-0.0272		-0.0284
a_H		-0.0297	-0.0010
z	0.4138***	0.2770	0.3559**
$\bar{a}^* z$	-0.0436***		-0.0518***
$a_H{}^* z$		-0.0205	0.0134
K	0.0001	0.0001	0.0001
E_l	0.0141***	0.0141***	0.0144***
E_f	-0.0009*	-0.0008	-0.0009*
N_f	0.2670***	0.2649***	0.2714***
N_t	-0.1436	-0.1479	-0.1531
L	0.0558	0.0763*	0.0443
F_b	1.1227***	0.7818**	1.1950***
F_g	0.1827	-0.1014	0.2887
F_e	0.6001	0.4030	0.6057
L_w	-0.0006	-0.0007	-0.0006
C	-0.6228*	-0.8644*	-0.9284**
N_r	0.0592**	0.0560**	0.0574**
S_h	-0.0335	-0.0328	-0.0322
$C^* \bar{a}$	0.0780**		0.0519
$C^* a_H$		0.0921*	0.0568
$C^* z$	0.0109	-0.0062	-0.0236

注：*，**，*** 表示在 10%，5% 和 1% 水平上显著。

表 5-12　农户采用种植业收入多样化生计策略的多元 Probit 估计结果

变量	模型(1)	模型(2)	模型(3)
$\bar{a}$	-0.0309		-0.0083
a_H		-0.0542***	-0.0431*
z	0.2014	0.0130	0.0822
$\bar{a}^* z$	-0.0279*		-0.0407***

续表

变量	模型(1)	模型(2)	模型(3)
$a_H{}^*z$		-0.0019	0.0245
K	0.0004**	0.0003**	0.0004**
E_l	0.0112***	0.0111***	0.0113***
E_f	-0.0009*	-0.0008*	-0.0009*
N_f	0.2507**	0.2427*	0.2431*
N_t	0.0915	0.0921	0.0863
L	0.1221***	0.1650***	0.1463***
F_b	1.1431***	0.8296***	1.0322***
F_g	0.2029	-0.1148	0.0804
F_e	0.6375*	0.4690	0.5814
L_w	-0.0006	-0.0006*	-0.0006
C	-0.3109	-0.5460	-0.5331*
N_r	0.0224	0.0230	0.0236
S_h	-0.1295	-0.1292	-0.1245
$C^*\bar{a}$	0.0338		0.0153
C^*a_H		0.0555	0.0429
C^*z	-0.0687	-0.0921	-0.1114

注：*，**，*** 表示在10%，5%和1%水平上显著。

（2）林业多样化生计策略的决定

对林产品多样化生计策略的选择估计中，产品多样化和收入多样化的决定因素主要包括家庭劳动力的数量和家庭结构等变量（见表5-13和表5-14），这些与对林产品多样化水平的估计类似。但在家庭结构变量中，男孩比例的系数不显著，女孩比例和老年人比例都显著为正；而与之相对应，种植业多样化与男孩比重关系较大。一个可能的解释是，在存在男孩偏好的农村地区，男孩比重较高的家庭偏向于在种植业中增加粮食生产，而女孩和老年人比重较高的家庭，则可能使用孩子和老年人作为林业生产的重要人手补充。另外，与种植业多样化的估计不同，人力资本变量对林业多样化生计策略的作用不显著。

表 5-13　农户采用林业产品多样化生计策略的多元 Probit 估计结果

变量	模型(1)	模型(2)	模型(3)
$\bar{a}$	0.0061		-0.0059
a_H		0.0147	0.0183
z	-0.1696	-0.2083	-0.2240
$\bar{a}^* z$	0.0144		0.0070
$a_H{}^* z$		0.0157	0.0116
K	0.0001	0.0001	0.0001
E_l	-0.0000	0.0002	0.0001
E_f	-0.0001	-0.0001	-0.0001
N_f	-0.0208	-0.0186	-0.0181
N_t	-0.0501	-0.0589	-0.0572
L	0.1138**	0.0906*	0.0912**
F_b	-0.1136	0.0169	0.0408
F_g	0.7593	0.9258**	0.9467*
F_e	0.7131**	0.7672**	0.7715**
L_w	-0.0006	-0.0006	-0.0006
C	0.1928	0.1058	0.0542
N_r	0.0556**	0.0510**	0.0525**
S_h	-0.0596	-0.0605	-0.0637
$C^* \bar{a}$	0.0254		0.0155
$C^* a_H$		0.0324	0.0242
$C^* z$	-0.0526	-0.0757	-0.0733

注：*，**，*** 表示在 10%，5% 和 1% 水平上显著。

表 5－14　农户采用林业收入多样化生计策略的多元 Probit 估计结果

变量	模型(1)	模型(2)	模型(3)
$\bar{a}$	0.0111		－0.0021
a_H		0.0202	0.0214
z	－0.1534	－0.1886	－0.1936
$\bar{a}^* z$	0.0078		0.0018
$a_H{}^* z$		0.0098	0.0088
K	0.0001	0.0001	0.0001
E_l	0.0002	0.0003	0.0003
E_f	－0.0003	－0.0003	－0.0003
N_f	0.0057	0.0083	0.0091
N_t	－0.0576	－0.0646	－0.0635
L	0.0948**	0.0726*	0.0732**
F_b	－0.0615	0.0797	0.0851
F_g	0.7408	0.9089**	0.9126*
F_e	0.6319*	0.6930**	0.6964*
L_w	－0.0009	－0.0009	－0.0009
C	0.2248	0.2255	0.1955
N_r	0.0463	0.0424	0.0433
S_h	－0.0688	－0.0700	－0.0727
$C^* \bar{a}$	0.0124		0.0106
$C^* a_H$		0.0110	0.0048
$C^* z$	0.0425	0.0339	0.0355

注：*，**，*** 表示在 10%，5% 和 1% 水平上显著。

除此之外，无论是耕地数量和林地数量都没有显著地影响农户采用种植业多样化生计策略的概率。这表明，作为一个分类变量，是否采用林产品多样化生计策略更少依赖于自然资本，根据调查地的访谈，林产品的种类与收入也与其种植历史有关系，在我们的研究数据中并没有这类信息。综合而言，相对于种植业多样化生计策略的估计，林业产品多样化和收入多样化生计策略的显著影响因素较少。家庭结构因素和劳动力数量是最重要的决定变量。而人力资本、自然资本等变量的影响并不显著。

四　多样化生计策略间的关系

农户在非农和农业活动中，采取了不同的多样化生计策略，这些生计策略之间也存在关系。在解释各类生计策略的决定因素时，已经涉及生计策略的相关性选择，比如生计资本变量在影响非农多样化生计策略的选择的同时，可能也会影响农业多样化生计策略的选择。多元 Probit 模型的估计为考察这些策略之间的关系提供了更为确切的依据，主要包括非农多样化策略、农业中的种植业和林业产品和收入多样化策略之间的关系。

农户在采用本地非农多样化生计策略和外地非农多样化生计策略之间存在显著的负相关性（见表 5－15 和表 5－16），这种负相关与表5－6和表 5－7 中的结果类似。农户采用种植业和林业产品多样化生计策略的相关系数为 0.17 左右，且在不同的模型中均显著（见表 5－15），这种关系可能由农户不同的多样化能力决定，也可能与农户的偏好相关。但采用这两类农业收入多样化生计策略的系数相对小，为 0.06 左右，且在所有的模型中都不显著（见表 5－16）。这表明农业多样化之间的联系多限于类别，而不是分布。农户同时选择从事较多类别的种植业和林业生产活动，但很难较为均匀地在这些活动中分配各种资源和劳动力，并获得与类别相对应的多样化收入。

表 5 - 15　非农多样化策略和农业产品多样化策略选择之间的关系

相关系数	模型(1)	模型(2)	模型(3)
ρ_{12}	0.1775**	0.1695**	0.1735**
ρ_{13}	-0.0554	-0.0591	-0.0546
ρ_{14}	0.0227	0.0047	0.0370
ρ_{23}	0.0472	0.0401	0.0444
ρ_{24}	-0.0151	0.0067	-0.0013
ρ_{34}	-0.2663***	-0.2503***	-0.2676***

注：*，**，*** 表示在 10%，5% 和 1% 水平上显著。相关系数 ρ_{ij} 中的 i 和 j 表示不同类别的多样化策略，$i,j = 1,2,3,4$。1 为农户采用种植业产品多样化策略；2 为农户采用林业产品多样化策略；3 为农户采用外地非农多样化策略；4 为农户采用本地非农多样化策略。

表 5 - 16　非农多样化策略和农业收入多样化策略之间的关系

相关系数	模型(1)	模型(2)	模型(3)
ρ_{12}	0.0601	0.0598	0.0601
ρ_{13}	-0.0803	-0.0779	-0.0789
ρ_{14}	-0.1576**	-0.1761**	-0.1575**
ρ_{23}	0.0876**	0.0826*	0.0848*
ρ_{24}	-0.0367	-0.0174	-0.0247
ρ_{34}	-0.2574***	-0.2409***	-0.2583***

注：*，**，*** 表示在 10%，5% 和 1% 水平上显著。相关系数 ρ_{ij} 中的 i 和 j 表示不同类别的多样化策略，$i,j = 1,2,3,4$。1 为农户采用种植业收入多样化策略；2 为农户采用林业收入多样化策略；3 为农户采用外地非农多样化策略；4 为农户采用本地非农多样化策略。

同时，农户采用林业收入多样化策略和采用外地非农多样化策略之间存在正相关关系。林业收入主要来自核桃、山茱萸等产品的出售，也多为现金收入，可以为农户进行外地非农活动提供帮助，应付外地工资性劳动市场中的交易成本。

另外，林业生产的投资周期较长，对资金的要求较高，外地非农兼业可能为其提供较为稳定的资本投入来源。对其因果关系仍待进一步研究。而农户采用林业收入多样化生计策略和采用本地非农多样化生计策略之间的关系为负，本地非农活动的季节性可能影响了家庭劳动力和其他农业资源在不同作物之间的分布，从而影响了林业收入多样化的分布。

第四节　小结

基于农户模型中的非农选择机制，本章首先实证研究了农户非农多样化的决定。与以往非农选择研究相区别，农户的多样化决策是多种活动权衡的结果，是一种基于农户生计资本以及市场约束的决策。实证研究强调了人力资本的分布及其作用，使用了最高人力资本和平均人力资本来代替农户人力资本的分布，这种实证策略既考虑了迁移者作为劳动者个体的因素，又体现了农户共同的决策特征，以及人力资本的外部性作用等因素。

与纯农生产和外地非农多样化策略相比，农户进行本地非农多样化活动是另一种主要的生计策略。参与本地非农活动也能获取较高的收益率。除此之外，农户进行本地非农多样化活动，既能够回避外地工资性劳动市场的高风险，还能兼顾老年人和孩子的生活和教育，这些内容都是可持续生计强调的重要内容。

本章实证检验了关于多样化生计策略的假设（见表 5 - 17）。生计资本既是中国农户参与非农多样化活动的决定因素，也是其选择何种类型非农多样化活动的决定因素。总体而言，较多的劳动力数量、较高的人力资本水平、较高的社会资本水平和金融可及性等，是农户能够从事非农多样化生计活动的关键。同时，人力资本水平是外地多样化生计活动的重要决定因素，社会资本和金融可及性等因素则是本地多样化生计活动的重要决定因素。实证结果显示，生计资本和非农多样化生计策略之间的关系较为明显，并且多符合直觉，这主要是由非农活动相对的高利润和稀缺性决定的。非完全市场对农户行为的约束因为农户的禀赋异质性而有所差别，不同的非农活动对农户的生计资本要求也有所差别，这两方面的决定机制相对直观，使假设的通过情况也较为理想。

个别关于农业多样化生计策略的假设只是部分通过，或者没有通过（见表5－17）。虽然理论模型并没有预测人力资本等变量对农业多样化生计策略的显著影响，但来自周至县的证据表明，这种负面的显著影响仍然存在。人力资本水平较高，有利于农户参与非农活动，甚至分流农户的家庭劳动力，故而理论模型应当更加全面地包含这部分内容。虽然参与非农活动的家庭成员的人力资本在农业活动中可能存在溢出作用，但这种作用在相对简单的农业生产过程中并不是很重要。

表5－17 多样化生计策略的假设验证情况

类别		假设	验证情况
非农多样化	生计资本	假设H1－1：生计资本越低，农户越可能从事纯农生产	通过
		假设H1－2：生计资本越高，农户越可能从事非农多样化活动	通过
	家庭结构	假设H3－1：家庭劳动力数量越多，农户越可能从事非农多样化活动	通过
		假设H3－2：孩子比重越高，农户越可能从事非农多样化活动	通过
非农类型选择	生计资本	假设H2－1：劳动力数量越多，受教育水平越高，农户越可能从事外地非农多样化活动	通过
		假设H2－2：人力资本的分布状况影响农户的非农多样化活动。家庭成员的受教育水平越高，农户越可能从事外地非农多样化生计	通过

续表

类　别		假　　设	验证情况
非农类型选择	生计资本	假设 H2 - 3:家庭成员的受教育水平越高,农户越不可能从事本地非农多样化生计	通过
		假设 H2 - 4:人力资本的平均水平越高,农户越可能从事本地非农多样化活动	通过
		假设 H2 - 5:社会资本水平与金融可及性水平越高,农户越可能从事本地非农多样化活动	通过
		假设 H2 - 6:金融可及性水平越高,农户越可能从事本地非农多样化活动	通过
	家庭结构	假设 H4 - 1:男孩比重越高,农户越不可能从事外地非农多样化活动	通过
		假设 H4 - 2:女孩比重越高,农户越不可能从事外地非农多样化活动	通过
		假设 H4 - 3:男孩比重越高,农户越可能从事本地非农多样化活动	通过
		假设 H4 - 4:女孩比重越高,农户越可能从事本地非农多样化活动	通过
		假设 H4 - 5:老年人比重越高,有孩子的农户越可能从事外地非农活动	通过
		假设 H4 - 6:老年人比重越高,农户越不可能参与本地非农经营活动	通过
农业多样化	生计资本	假设 H5 - 1:人力资本和社会资本等不会显著影响农户农业多样化活动	部分通过
		假设 H5 - 1a:人力资本和社会资本等不会显著影响农户种植业多样化活动	没有通过
		假设 H5 - 1b:人力资本和社会资本等不会显著影响农户林业多样化活动	通过
		假设 H5 - 2:物质资本水平越高,农户越可能从事农业多样化活动	部分通过
		假设 H5 - 2a:物质资本水平越高,农户越可能从事种植业多样化活动	通过
		假设 H5 - 2b:物质资本水平越高,农户越可能从事林业多样化活动	没有通过

续表

类　别		假　设	验证情况
农业多样化	生计资本	假设 H5－3：家庭人口数量越多，农户越可能从事农业多样化活动	通过
		假设 H5－3b：家庭人口数量越多，农户越可能从事林业多样化活动	通过
		假设 H5－4：土地数量越多，农户越可能从事农业多样化活动	通过
		假设 H5－4a：土地数量越多，农户越可能从事种植业多样化活动	部分通过（需要区分耕地和林地的作用）
		假设 H5－4b：土地数量越多，农户越可能从事林业多样化活动	没有通过（产品和收入多样化均不受影响）
	家庭结构	假设 H5－5a：老年人比重越高，农户越不可能从事农业多样化活动	通过
		假设 H5－5b：孩子比重越高，农户越不可能从事农业多样化活动	没有通过

另外，自然资本对林业多样化生计策略的促进作用只是部分得到验证。在调查地，林业活动的类型与以往种植种类有关系，并且一些生态政策如退耕还林等，也影响到农户的种植决策。在对种植业多样化生计策略的估计中，孩子比重显著地提升了农户采用多样化策略的比例，但孩子比重没有显著影响林业多样化策略的采用。种植业是农户粮食的主要甚至是唯一来源，孩子较多的家庭很可能增加粮食作物的种植，这种正向影响机制可能大于理论假设中家庭负担所带来的负向影响机制。

假设的通过情况表明，理论研究中关于生计资本和家庭结构对非农活动和非农生产策略的决定作用得到了较好的验证，但非农活动对农业多样化生计策略的影响仍然有待加强。一方面，本书将在第六章和第七章继续探讨这些影响，另一方面，通过实证研究非农多样化生计策略和农业多样化生计策略之间的关系，也能间接地解释这些没有完全通过的假设。

农户采用种植业和林业多样化生计策略之间具有一定的共性，但种植业多样化生计策略更依赖于自然资本。与采用非农多样化生计策略相反，人力资本和社会资本等对两类农业多样化生计策略的作用或者为负，或者不显著。这在一定程度上反映了农业多样化活动相对于非农多样化活动，不再是高收益率的生计方式，虽然农业多样化对于当地的可持续生计方式仍然非常重要；而家庭中的孩子和老人是决定农户从事农业多样化活动的关键因素，这种作用来源于消费和生产两方面的原因。假设 H5 - 5b 的提出仅仅考虑了生产因素，孩子作为消费的重要影响因素，可能会有利于农户采用农业多样化生计策略。

农业产品多样化和收入多样化策略的采用之间也具有一定的共性，但农户很难在选择生产较多农产品种类的同时，兼顾资源和劳动力的均匀投入，从而产生相应的多样化收入，多样化的分布往往比多样化的类别更重要。同时，不同的多样化策略之间也存在关系，这种关系在农业多样化之间是互补的，在非农多样化之间则为替代的。

第六章　农户的家庭劳动时间供给策略的实证研究

本章在第三章分析框架和第四章理论研究基础上，结合第五章对农户多样化生计策略，特别是非农多样化生计策略和非农参与的结论，实证分析农户在家庭劳动时间供给方面的行为，包括家庭农业劳动时间供给及非农劳动时间供给行为。其中，农业劳动时间供给等的实证和农户模型的可分性质密切相关，家庭结构变量在验证和估计农户的时间供给策略时具有重要作用。

第一节　劳动时间供给策略的分析框架与计量设定

一　劳动时间供给策略的分析框架

基于第四章的理论分析，农户的农业要素投入决策是局部可分的，即生产和消费的分离性因农户异质性而发生改变，并且这种局部可分的性质由农户的生计资本状况决定，且与农户的非农时间约束相关。基于此，本章关于家庭劳动时间供给的实证研究策略如下：

首先，通过比较分析不同农户在家庭劳动时间供给上的特征，初步判断农户生产决策的局部可分性质及其影响因素。

其次，利用不同的计量策略识别出受限制（Constraint）农户和不受限制（Unconstraint）农户，并基于此估计农户的农业劳动时间供给，同时验证农户在农业决策中的局部可分性质。

最后，研究农户的非农劳动供给的决定，包括农户的本地工资性劳动供给和外地工资性劳动供给策略。在非农劳动供给水平的实证研究中，仍将考虑非农选择和非农限制的内生问题。

二　劳动时间供给策略的计量方法与模型

（1）利用描述性统计方法研究不同农户在家庭劳动时间供给水平和结构上的差异

（2）利用切换模型研究农业劳动时间供给决策及农户行为的局部可分性质

非农参与或非农限制是个两分变量的决定问题，而农业劳动供给是个连续变量的决定问题，并且，不同类型的农户农业劳动供给基于不同的可分性（或受市场限制）的假设，即其劳动供给水平的决定是以参与非农活动或提供非农劳动为前提的。所以，我们要估计的：首先，农户两类非农活动的参与决策或非农限制的决定模型；其次，内生非农活动参与和非农限制的农业劳动时间供给的决定。前者的估计相对直接。对于后者，如果农户的资本变量同时作用于其非农参与/限制和农业劳动供给，采用传统方程直接估计农业劳动供给，既不能探讨两类农户决策的异质性，又可能产生估计上的偏差；即使采用两步法等估计含内生选择的模型，也可能是无效的（Maddala，1986）。

为了克服标准误不一致性问题，使用全息最大似然估计（FIML）

的方法估计内生转换模型（Endogenous Switching Model），并以此对连续的农业劳动供给行为进行考察，这种估计能够得到一致性的标准误（Lokshin, 2004）。由于我们主要研究地区农业劳动力市场的缺失及农业技术的落后性，本书忽略与此相关的工资及技术差异，而重点关注农户资本禀赋的作用以及其决策的可分性，即影响消费的因素是否影响其农业生产决策。

详细的计量设定如下：

$$L_{oi}^{1} = X_{1i}\beta_{1} + \varepsilon_{1i} \tag{6-1}$$

$$L_{oi}^{0} = X_{0i}\beta_{0} + \varepsilon_{0i} \tag{6-2}$$

$$I_{i}^{*} = Z_{i}\gamma + u_{i} \tag{6-3}$$

模型包括两个连续的方程，以及一个选择方程（Selection Function）。此处，L_{oi}^{1}（L_{oi}^{0}）为农户在领域1（领域0）中的农业劳动时间供给。β_i 和 γ 是需要估计的向量，ε_i 和 u_i 为干扰项。I_i^* 为决定农户 i 属于哪个领域即是否受限制，或决策是否可分的潜变量，其可观察的变量 I_i 遵循以下的设定：

$$I_{i} = 1 \text{ 如果 } I_{i}^{*} > 0 \tag{6-4}$$

$$I_{i} = 0 \text{ 其他} \tag{6-5}$$

这时，识别农户所属的领域是估计选择方程的关键。为了避免人为设定的偏差，本章采用了两种策略来判定 I_i 是否为1。

设 $\varepsilon_{1i}, \varepsilon_{0i}$ 及 u_i 服从正态分布，均值为0且其方差矩阵为：

$$\Omega = \begin{bmatrix} \sigma_{u}^{2} & & \\ \sigma_{21} & \sigma_{1}^{2} & \\ \sigma_{31} & & \sigma_{2}^{2} \end{bmatrix} \tag{6-6}$$

其中，σ_u^2 为选择方程误差项的方差，σ_1^2 和 σ_2^2 分别为两个连续方程误差项的方差。σ_{21} 和 σ_{31} 分别为 u_i 和 ε_i，以及 u_i 和 ε_{0i} 的方差。在这里，假定 $\sigma_u^2 = 1$ 。则最大似然方程为：

$$\ln L = I_I w_i \{ \ln F(\eta_{1i}) + \ln[f(\varepsilon_{1i}/\sigma_1)/\sigma_1] \} + (1 - I_I) w_i [\ln[1 - F(\eta_{1i})] + \ln[f(\varepsilon_{0i}/\sigma_2)/\sigma_2]\}$$

其中，F 为累计正态分布函数，f 为正态密度分布函数，w_i 为观察之 i 的选择权重。

$$\eta_{ji} = \frac{\gamma Z_i + \rho_j \varepsilon_{ji}/\sigma_j}{\sqrt{1 - \rho_j^2}} \quad (j = 1,2) \tag{6-7}$$

$$\rho_1 = \frac{\sigma_{21}^2}{\sigma_u \sigma_1}, \rho_2 = \frac{\sigma_{31}^2}{\sigma_u \sigma_2} \tag{6-8}$$

X_{1i} 为生产特征的向量，包括土地投入、物质资本投入以及农业多样化等；而 X_{0i} 是同时包括生产特征和消费特征的向量，特别包括人口特征和工资性收入等变量。在给定的农业技术条件和缺失的农业劳动力市场下，我们忽略了农业劳动力价格和技术变量。

策略 A：利用可观察的非农活动的参与信息，如果农户有迁移工资性劳动供给或者本地非农经营活动，即属于非农兼业户，设农户 i 的非农劳动供给水平，$L_{ni} \geqslant 0$ ，则 $I_i = 1$ ，这也意味着农户没有或者面临较少的市场限制，其决策具有可分性，其农业劳动供给将只受生产相关因素的影响，而与消费相关因素无关。$I_i = 0$ ，意味着农户没有参与以上的非农活动而为纯农户，受到较强的市场限制，则决策具有不可分性，农业劳动投入将受家庭结构等因素的影响。即：

$$I_i = 1 \text{ 如果 } L_{ni} \geqslant 0 \tag{6-9}$$

$$I_i = 0, \text{其他} \tag{6-10}$$

这种策略相对直观且容易操作，但简化了假设，可能造成一定的信息丢失。比如一部分农户虽然参与了非农市场，但是其非农劳动供给水平仍然面临着非完全市场的限制。所以我们使用策略 B 进行补充和验证。

策略 B：利用可观察的非农劳动时间供给水平信息。这种策略进一步将参与非农市场的农户划分为受限制和不受限制两类，使用非农劳动时间供给水平作为识别条件。为使操作方便，使用总样本非农劳动时间供给水平的分位数作为标注，如 10th，20th 等。设农户 i 的非农劳动供给水平 $L_{ni} \geqslant j^{th}$，j^{th} 为农户是否受限制的分界点，则 $I_i = 1$，这也意味着农户没有或者面临较少的市场限制，其决策具有可分性，其农业劳动供给将只受生产相关因素的影响，而与消费相关因素无关。否则 $I_i = 0$，意味着农户没有参与以上的非农活动而为纯农户，受到较强的市场限制，决策具有不可分性，农业劳动投入将受家庭结构等因素的影响。即：

$$I_i = 1 \text{ 如果 } L_{ni} \geqslant j^{th} \qquad (6-11)$$

$$I_i = 0, \text{其他} \qquad (6-12)$$

为便于比较，我们也使用普通最小二乘法对劳动供给方程进行估计。

（3）非农劳动时间供给属于连续变量，对它的估计需要考虑非农参与和非农限制的决定问题。但是，与农业劳动时间供给相对应，对非农劳动时间供给的研究首先要检验其是否具有局部可分的性质，如果排除了这种性质，才可以借用 Heckman 样本选择模型（Sample Selection Model）以解决这类内生问题。

步骤 1：计量设定如下：

$$L_{ji}^{1} = X_{1i}^{1}\beta_{1}^{1} + \varepsilon_{1i}^{1} \qquad (6-13)$$

$$L_{ji}^{0} = X_{0i}^{0}\beta_{0}^{0} + \varepsilon_{0i}^{0} \quad (6-14)$$

$$I_{i}^{'*} = Z_{i}\gamma + u_{i} \quad (6-15)$$

其中，$j = s,w$，分别表示农户能够参与外地打工和在本地打零工的活动，上标 1 和 0 分别表示农户在领域 1 和 0 中的非农劳动供给。X_{1i}^{1}（X_{0i}^{0}）为影响两类供给的因素。$I'^{*}_{i}=1$，如果农户的非农劳动供给不存在限制，因为在此使用的样本都有 $L_{ji} > 0$，故而用策略 B 中的 $L_{ji} > j^{th}$ 来表示非农劳动供给不受限制。其他的估计类似（6-1）至（6-12）。

步骤 2：如果上述的 FIML 估计结论不支持局部可分性质的假设，即待估计系数 β_{1}^{1} 和 β_{0}^{0} 中的家庭结构因素没有对领域 1 和领域 0 的农户产生显著的有差别的影响，农户的非农供给水平不存在局部可分性质，则可以用以下方程进行估计：

$$L_{ji} \mid L_{ji} > 0 = X_{ji}\beta_{j} + \varepsilon_{ji} \quad (6-16)$$

其中，$j = s,w$，X_{si}（X_{wi}）为影响外地（本地）劳动供给水平的变量，ε_{ji} 为误差项。样本选择方程为：

$$z_{ji}^{*} = w_{ji}\gamma_{j} + u_{ji} \quad (6-17)$$

其中，$j = s,w$，分别表示农户能够参与外地打工和在本地打零工的活动，w_{ji} 为其影响因素，u_{ji} 为误差项。

$$z_{ji}^{*} > 0, \text{当 } L_{ji} > 0 \quad (6-18)$$

具体的估计方法和过程详见 Greene（2003）。

步骤 3：根据第四章的理论分析及调查地的实际情况，农户在本地打零工的情况虽然普遍，但是随机的决定因素较大，村庄附近的工作机会，包括国家设施建设及当地百姓的房屋建设等，常常影响本村农户打零工的次数和持续时间。所以，如果步骤 1 和步骤 2 既不能证实农户的劳动供给存在局部可分性质，又不能证实存在本地非农工资性劳动力市场的参与选择效应，那么将采取最为直接的OLS估计。

三　劳动时间供给策略的变量选取及说明

一些主要变量的定义和第五章相同，但本章着重使用农业要素投入的变量。主要包括农业劳动时间投入变量、物质资本投入变量、耕地和林地投入变量等（见表6-1）。

表6-1　主要变量及其定义

变　量	代码	变量定义
非农劳动供给	L_n	2007年所有类型非农劳动供给时间(天)
外地工资性劳动时间供给	L_s	2007年迁移性质的劳动供给/本乡镇以外打工时间(天)
本地工资性劳动时间供给	L_w	2007年本地(乡镇内)打零工时间(天)
本地非农经营劳动时间供给	L_r	2007年本地非农经营劳动时间(天)
农户的外地工资水平	W_s	2007年农户迁移性质的平均劳动工资(元/月)
农户的本地工资水平	W_l	2007年农户本地的打零工平均劳动工资(元/月)
农业劳动供给	L_o	2007年农业(包括种植业和林业)劳动时间(小时)
生计资本		
人力资本		
平均人力资本	$\bar{a}$	农户受教育年限/劳动者数量
最高人力资本	a_H	家庭成员最高受教育年限
劳动力数量	L	家庭劳动力数量
自然资本		
土地数量	E	家庭土地数量(亩)
耕地数量	E_l	家庭耕地数量(亩)
林地数量	N_f	家庭林地数量(亩)

续表

变　量	代码	变量定义
物质资本		
房间数量	N_r	家里房间数量(间)
房屋价值	V_h	家里房屋估价(万元)
房屋结构	S_h	土木,砖木和砖混(=1,2,3)
农用车数量	N_f	电动车(二轮、三轮、四轮等)数量(辆)
交通工具数量	N_t	交通工具(卡车、拖拉机等)数量(辆)
金融/社会资本		
金融可及性	C	=1 从正式机构贷过款或受过资助
特殊经历	z	拥有特殊经历(包括曾经是乡村干部,智力劳动者,企事业职工或军人等经历)的家庭成员数量
家庭结构		
男孩比重	F_b	男孩(15 岁以下)占家庭人口数比重
女孩比重	F_g	女孩(15 岁以下)占家庭人口数比重
老人比重	F_e	老人(65 岁以上)占家庭人口数比重

第二节　劳动时间供给策略的描述性统计分析

首先关注农户的农业劳动时间供给。描述性统计结果显示，纯农户的农业劳动供给时间最多，而本地非农参与户的农业劳动供给时间最少（见表 6－2）。

表 6－2　农业生产中的家庭劳动时间供给（天）

全样本	农户		
	纯农户	外地非农参与户	本地非农参与户
N = 1074	N = 623	N = 402	N = 87
198.3892 (138.8327)	213.6404 (142.8202)	179.7264 (127.4658)	146.2989 (140.0052)

注：括号内为标准差。

其次关注农户的非农劳动时间供给（见表6－3）。比较不同家庭结构类型的农户，结果显示，家庭结构为H3的农户（由成年劳动力和孩子组成）外地工资性劳动市场上的劳动供给时间较少，而在本地打零工的时间则较多。这类农户有孩子需要照料，但没有老年人的代际支持，更可能倾向于留在本地进行各类生产活动。

表6－3　不同家庭结构的农户平均非农劳动时间供给的均值比较（天）

家庭结构类型	L_w	L_s	L_r
H1（N＝127）	28.2520 （84.5376）	125.6063 （182.0771）	1.0079* （6.6993）
H2（N＝442）	28.5430 （83.6648）	141.8009 （204.2062）	2.3439 （0.2773）
H3（N＝366）	35.5301 （88.7766）	68.9727*** （131.1495）	2.6831 （11.6147）
H4（N＝133）	22.8872 （63.4422）	88.3308* （164.0266）	3.1955 （10.9817）

注：括号内为标准差。*，**，***分别代表t检验在10%，5%和1%水平上显著。

家庭结构为H4的农户（由老人、成年劳动力和孩子组成），其外地工资性劳动供给也相对较少，但高于H3农户（由成年劳动力和孩子组成）。总体而言，有孩子的农户倾向于较少进行外地打工活动。但具体的因果关系仍需要进一步的实证考察。

第三节　农业劳动时间供给估计

根据第四章的理论分析，基于局部可分性质的家庭农业劳动时间供给决策，关键点在于区分农户是否受非农市场的约束。针对这个约束条件，本章使用了策略 A 和策略 B 以区分不同农户的农业劳动供给决策。策略 A 相对直观简便，只由农户是否参与非农市场这个可观察的信息，就可以决定两类农业劳动供给决策。而策略 B 则存在识别 j^{th} 的问题，这需要对多个 j^{th} 进行估计，从方程拟合的结果，并结合第五章关于非农多样化的结论进行判断。

基于局部可分的理论模型，对于不受约束的农户，在劳动力供给方程中，不应当在因变量中包含影响消费的变量 z^h 。为了进一步验证理论假设，我们在 FIML（1）与 OLS 估计中设置了一种与局部可分假设相反的情形，对所有样本的估计都包含 z^h 作为因变量。而在 FIML（2）的估计中，针对不受约束的农户，舍去了影响消费的变量，如家庭结构变量和打工天数。为了不假定结论，对 j^{th} 的判断同时使用 FIML（1）和 FIML（2）两类方法。

表 6－4 和表 6－5 的区别在于，前者对全样本都使用了相同的计量设置，而后者对受限制农户和非受限制农户使用了不同的计量设置。估计结果显示，30th 和 40th 可以作为区分农户是否受到非农劳动供给约束的标准（见表 6－4 和表 6－5）。不论在 FIML（1）还是在 FIML（2）中，农户的人力资本变量、社会资本和金融可及性等变量都对农户不受非农市场限制显示出显著的促进作用，这种作用在 40th 之后开始下降。故而，本章选用 30th 作为判断标准区分两类农户是否受非农市场的限制。除此之外，估计结果也证实了劳动力数量、家庭结构变量等对农户非农市场限制的显著作用，这种作用在使用不同分位数作为因变量时都存在。

综上所述，策略 B 选择使用 30th 作为判断农户是否受到非农限制的标准，这样就可以分别利用 FIML（1）和 FIML（2）对农业劳动供

表 6－4　农户受非农市场限制的 FIML（1）估计结果（策略 A）

变量	10th	20th	30th	40th	50th	60th
$\bar{a}$	0.0651***	0.0716***	0.0858***	0.0913***	0.0706***	0.0628***
z	0.0175	0.0547	0.1258**	0.1160**	0.0971*	0.0938
$\bar{a}*z$	0.0046	−0.0042	−0.0157***	−0.0124**	−0.0154*	−0.0144*
K	−0.0005***	−0.0005**	−0.0007***	−0.0007***	−0.0005***	−0.0005**
E_l	0.0001	−0.0001	−0.0004	−0.0007	−0.0009	−0.0003
E_f	−0.0004	−0.0007	−0.0005	−0.0001	0.0001	−0.0002
N_f	−0.1808*	−0.2236	−0.2060	−0.2428	−0.1923	−0.3215*
N_t	−0.1039	−0.1612**	−0.1216	−0.1303	−0.1601*	−0.1541*
L	0.3569***	0.4054***	0.4281***	0.4299***	0.4152***	0.4318***
F_b	−1.4250***	−1.8523***	−2.0245***	−2.0299***	−1.5437***	−1.2381***
F_g	−1.4764***	−1.4084***	−1.7380***	−2.1593***	−2.4181***	−2.0091***
F_e	−0.1613	−0.1160	−0.0185	0.0558	−0.1826	0.1938
L_w	−0.0041***	−0.0039***	−0.0040***	−0.0036***	−0.0035***	−0.0031***
N_r	−0.0111	0.0051	0.0030	0.0119	0.0350	0.0347
S_h	0.0921	0.0817	0.0982	0.1165	−0.0036	0.0162
C	0.5029**	0.2355	0.4058**	0.5203**	0.2082	0.2876
$C*\bar{a}$	−0.0400*	−0.0117	−0.0316	−0.0467**	−0.0096	−0.0048
$C*z$	−0.0915	−0.1120	−0.1923*	−0.1913*	−0.1269	−0.1225
常数	−1.4319***	−1.7734***	−1.9876***	−2.2045***	−2.2832***	−2.4824***
L. L.	−7303.6488	−7256.3430	−7219.2787	−7189.2614	−7126.6597	−7107.3554

注：* $p<0.10$，** $p<0.05$，*** $p<0.01$。对受非农约束和没有受非农约束的两类农户都使用相同的计量设置。

给时间进行估计。在假设的 FIML（1）情形下，家庭结构变量对于受约束农户的影响显著，而对于不受约束农户的影响不显著。这些说明进一步证实：对于农户的农业生产决策不应当采用普遍的可分性假定，而应当采用局部可分性假定。FIML 的估计结果包括两部分：选择方程中关于农户不受非农限制的估计结果和连续方程中农户农业劳动供给水平的估计结果。

表 6-5　农户受非农市场限制的 FIML（2）估计结果（策略 B）

变量	10th	20th	30th	40th	50th	60th
$\bar{a}$	0.0647***	0.0703***	0.0848***	0.0904***	0.0703***	0.0622***
z	0.0128	0.0474	0.1209**	0.1119**	0.0955*	0.0918
$\bar{a}^*z$	0.0049	-0.0033	-0.0149***	-0.0118**	-0.0150**	-0.0139*
K	-0.0005***	-0.0005**	-0.0006***	-0.0007***	-0.0005***	-0.0005**
E_l	0.0000	-0.0001	-0.0004	-0.0008	-0.0010	-0.0004
E_f	-0.0004	-0.0007	-0.0005	-0.0001	0.0001	-0.0002
N_f	-0.1771*	-0.2194*	-0.2003	-0.2392	-0.1887	-0.3174**
N_t	-0.1089	-0.1649**	-0.1260	-0.1337	-0.1632**	-0.1570**
L	0.3560***	0.4041***	0.4255***	0.4290***	0.4145***	0.4318***
F_b	-1.4322***	-1.8485***	-1.9821***	-1.9998***	-1.5304***	-1.2117***
F_g	-1.4606***	-1.3550***	-1.7061***	-2.1345***	-2.4039***	-1.9800***
F_e	-0.1337	-0.0738	-0.0058	0.0772	-0.1595	0.2360
L_w	-0.0041***	-0.0039***	-0.0041***	-0.0037***	-0.0035***	-0.0031***
N_r	-0.0112	0.0042	0.0043	0.0135	0.0366	0.0367
S_h	0.1096	0.1000	0.1141	0.1284	0.0068	0.0289
C	0.4779**	0.2067	0.4129*	0.5149***	0.2231	0.3021
$C^*\bar{a}$	-0.0390*	-0.0100	-0.0331	-0.0471**	-0.0118	-0.0071
C^*z	-0.0777	-0.1046	-0.1986*	-0.1948*	-0.1320	-0.1305
常数	-1.4448***	-1.7805***	-1.9958***	-2.2141***	-2.2967***	-2.5008***
L. L.	-7304.9072	-7258.1106	-7220.2410	-7190.1032	-7127.9960	-7109.3889

注：$*p<0.10$，$**p<0.05$，$***p<0.01$。

只对受非农约束的农户使用了消费相关因素（家庭结构变量）设置。

FIML 选择方程和 Probit 方程的估计结果显示，家庭劳动数量和人力资本变量显著地提高了农户不受非农市场限制的概率。社会资本和金融可及性也是决定农户不受非农市场约束的关键因素。农户的农业物质资本投资则降低了农户参与非农市场的程度。另外，农户物质资本中的房屋结构越好，其不受非农市场约束的可能性也越大。而家庭结构中的孩子比例（包括男孩比例和女孩比例）越高，农户越容易受非农市场的约束；老年人比例对非农约束的影响虽为负向，但作用不显著。最后，农户在本地打零工的时间对非农市场限制的回归系数显著为负（见表6－6）。

表6－6 不受非农市场限制农户的估计结果

变量	策略 A			策略 B		
	Probit[a]	FIML 1[b]	FIML 2[c]	Probit[a]	FIML 1[b]	FIML 2[c]
$\bar{a}$	0.0530***	0.0539***	0.0535***	0.0840***	0.0848***	0.0858***
z	0.0957**	0.1033**	0.0979**	0.1182**	0.1209**	0.1258**
K	－0.0001	－0.0001	－0.0001	－0.0006***	－0.0006***	－0.0007***
E_l	－0.0007	－0.0007	－0.0007	－0.0005	－0.0004	－0.0004
E_f	－0.0004	－0.0004	－0.0004	－0.0004	－0.0005	－0.0005
N_f	－0.0150	－0.0224	－0.0173	－0.1927	－0.2003	－0.2060
N_t	－0.0442	－0.0386	－0.0432	－0.1330	－0.1260	－0.1216
L	0.2798***	0.2825***	0.2818***	0.4155***	0.4255***	0.4281***
F_b	－1.1875***	－1.1826***	－1.1817***	－2.0234***	－1.9821***	－2.0245***
F_g	－1.0832***	－1.0877***	－1.0827***	－1.7398***	－1.7061***	－1.7380***
F_e	－0.3743	－0.3842	－0.3676	－0.0193	－0.0058	－0.0185
L_w	－0.0035***	－0.0035***	－0.0035***	－0.0041***	－0.0041***	－0.0040***
N_r	0.0084	0.0090	0.0081	0.0059	0.0043	0.0030
S_h	0.2086***	0.2042**	0.2160***	0.1183	0.1141	0.0982
C	0.4272***	0.4664***	0.4285***	0.4546*	0.4129*	0.4058**
$\bar{a}*z$	0.0002	－0.0002	0.0000	－0.0139**	－0.0149***	－0.0157***

续表

	策略 A			策略 B		
变量	Probit[a]	FIML 1 [b]	FIML 2[c]	Probit[a]	FIML 1 [b]	FIML 2[c]
$C^*\bar{a}$	-0.0213	-0.0235	-0.0216	-0.0362	-0.0331	-0.0316
C^*z	-0.0378	-0.0629	-0.0426	-0.2173**	-0.1986*	-0.1923*
常数	-1.4128***	-1.4265***	-1.4289***	-1.9829***	-1.9958***	-1.9876***
L. L.	-646.2185	-7337.6772	-7338.9577	-530.7212	-7220.2410	-7219.2787***

注：[a] 这一列为非农选择的 Probit 方程的估计结果。正的系数表示此变量可能提升农户不受非农市场限制的可能性。[b] 这一列的 FIML 估计考虑了局部可分性，只对受非农约束的农户使用了消费相关因素（家庭结构变量）设置。[c] 这一列的 FIML 估计没有考虑局部可分性，对受非农约束和没有受非农约束的两类农户都使用了相同的计量设置。***，**，*分别表示在1%，5%和10%水平上显著。

FIML 中关于农业劳动供给水平的连续方程结果显示，不受非农限制的农户的农业劳动力供给一般受投入的土地数量和物质资本等生产变量的影响。农户拥有的耕地数量越多，越可能较多使用家庭劳动力进行农业生产，农业生产中的物质资本投入和劳动力投入也表现为互补关系。而受非农市场限制的农户，受到家庭结构等消费变量的显著影响，其行为倾向于不可分。家庭中的男孩比例、女孩比例和老年人比例都对农业劳动投入有显著的正向影响。并且，对两类农户的估计显示，受非农限制的农户，其劳动力数量对农业劳动时间的影响更大，这表明，对于这类农户过多的劳动力可能更多地滞留在农业生产中（见表 6-7 和表 6-8）。

另外，对于不受非农限制的农户，策略 A 和策略 B 的估计结果也有所差异（见表 6-7）。利用策略 B 估计出的平均人力资本、特殊经历、土地数量等变量的系数较利用策略 A 估计出的系数要大，这表明按照策略 B 识别的较多参与非农活动的农户，其农业劳动供给水平受到这些生产因素的影响更大。相反，策略 A 估计的家庭劳动力的数量，家庭结构各变量的系数则大于策略 B。

表 6－7　不受非农限制农户（Regime 1）的农业劳动投入估计结果

	总样本		策略 A			策略 B	
	N = 1074		N = 451			N = 307	
变量	OLS	OLS	*FIML* 1	*FIML* 2	OLS	*FIML* 1	*FIML* 2
$\bar{a}$	－5.6818***	－2.7619	－3.7588	－2.1862	－3.2724	－5.6935	－3.3761*
z	－16.8133**	1.4448	－0.1220	1.0826	－2.2480	－4.7173	－0.9134
$\bar{a}^{*}z$	0.1136	－1.4946	－1.4966	－1.5280	－0.3480	0.0019	－0.5546
K	0.0194*	0.0196	0.0224	0.0216	0.0804***	0.0993	0.0914***
E_l	0.6831***	0.6829***	0.6977***	0.7261***	0.7421***	0.7591***	0.7830***
E_f	0.0301	0.1985	0.2020	0.2309	0.2789*	0.2926*	0.2947*
N_f	－16.3972	－20.5008	－20.1982	－20.4975*	－3.0161	1.9705	－1.8812
N_t	－2.2410	3.9921	4.0933	2.1103	－3.3047	0.3257	－3.5362
L	37.7371***	28.8176***	24.1046*	24.9513**	26.4835***	14.5366	17.7576
F_b	131.9200***	24.8805	47.3937		31.8660	92.8192	
F_g	126.1659**	11.1508	32.7001		22.0981	73.0620	
F_e	84.2076***	69.5545**	78.3644**		15.5801	18.4416	
L_w	－0.0045	0.0114	0.0745		－0.1288	0.0012	
常数	68.6932***	45.7025**	87.0646	62.5514	24.6602	112.9279	
L. L.			－7337.6772	－7338.9577		－7219.2787	－7220.2410

注：***，**，*分别表示在 1%，5% 和 10% 水平上显著。

注意到策略 A 和策略 B 都利用了农户的非农活动信息，前者利用了非农市场的参与信息，后者则利用了非农劳动供给信息用来识别农户的市场限制状况。这些结论总体表明，即使对于参与非农活动的农户，非农劳动供给水平仍可能存在一定的限制。而对于受非农限制的农户，策略 A 和策略 B 的估计结果之间的差异性则不那么明显，三个家庭结构变量的系数也不存在一致性的大小差别。另外，人力资本水平和社会资本水平对受非农限制农户的农业劳动投入的作用显著为负，耕地面积的作用显著为正。但是，物质资本投入对劳动投入的作用并不显著。相对于那些不受限制的农户，受限制的农户的农业劳动投入更多受家庭结构等与消费相关的因素的影响，而生产相关因素的影响相对较小（见表6－8）。

表6－8　受非农限制农户（Regime 0）的农业劳动投入估计结果

	策略A			策略B		
	$N=623$			$N=767$		
变量	OLS	*FIML* 1	*FIML* 2	OLS	*FIML* 1	*FIML* 2
$\bar{a}$	-5.7087**	-5.3471**	-5.3265**	-5.2102**	-4.6053**	-4.6094**
z	-26.8548**	-26.2076***	-26.2062***	-21.5594***	-20.8046***	-20.8502***
$\bar{a}^{*}z$	0.9571	0.9763	0.9813	-0.2163	-0.3319	-0.3259
K	0.0139	0.0134	0.0133	0.0077	0.0062	0.0062
E_l	0.7349***	0.7284***	0.7279***	0.6784***	0.6717***	0.6712***
E_f	-0.0032	-0.0048	-0.0048	0.0047	0.0015	0.0016
N_f	-17.5731	-17.8436	-17.8220	-23.1517	-24.5988	-24.5666
N_t	-7.7546	-7.9656	-7.9999	-6.7251	-7.7674	-7.7791
L	52.4903***	54.6414***	54.7504***	48.6096***	52.2204***	52.2053***
F_b	156.3076***	148.4095***	147.9626***	134.5192**	119.0200**	119.2547**
F_g	149.9148**	142.2364**	141.7891**	126.7333**	112.3671*	112.5639*
F_e	95.3953**	93.5279**	93.4782**	97.2625***	97.7379***	97.8185***
L_w	-0.0838	-0.1049	-0.1061	-0.0334	-0.0593	-0.0594
常数	51.0893**	53.0896**	53.2389**	59.3578**	58.2129**	58.2886**

注：***，**，*分别表示在1%，5%和10%水平上显著。

结论进一步表明，可观察的非农参与信息可以作为判断农业劳动供给性质的标准（见表6－9和表6－10）。基于不同分位数的结果显示，土地数量是不受非农限制农户农业劳动供给水平的主要决定因素，而家庭结构因素只在对 10th 和 20th 的估计中显著，随着分位数的增加，其显著性消失（见表 6－9）。

表 6－9　不受非农限制农户的农业劳动投入的 FIML 估计结果（基于不同分位数）

Regime 1[$L_s + L_n$ > j^{th} *percentile*(days)]						
变量	10^{th}(48)	20^{th}(112)	30^{th}(160)	40^{th}(200)	50^{th}(200)	60^{th}(271)
$\bar{a}$	－4.8284	－3.7870	－5.6935	－7.3674	－5.1630	－5.0758
z	0.9517	6.2063	－4.7173	－4.0797	9.5241	6.7073
$\bar{a}^{*}z$	－1.2856	－2.0782	0.0019	0.2279	－0.0519	0.2807
K	0.0465	0.0560	0.0993	0.0906	0.0559	0.0591
E_l	0.7280***	0.6641***	0.7591***	0.6810**	0.6856**	0.6298**
E_f	0.2460	0.2468	0.2926*	0.2549	0.2271	0.1901
N_f	－2.2016	17.8171	1.9705	6.6956	－21.1953	－18.8656
N_t	5.0475	0.1339	0.3257	－0.6881	0.9189	－0.8774
L	20.7360	19.4317	14.5366	14.1815	15.4244	16.6604
F_b	1.0270	37.4085	92.8192	79.5332	74.3885	104.8589
F_g	45.3832	106.9102	73.0620	80.2091	95.2091	132.8472
F_e	67.7220**	73.5171**	18.4416	41.7007	110.0421	139.3196

注：***，**，*分别表示在 1%，5% 和 10% 水平上显著。

对于受非农限制的农户，基于所有分位数的估计结果都显示，除了土地数量、人力资本和社会资本等变量显著外，家庭结构因素都显示出正的显著性，并且其系数的大小较为稳定（见表 6－10）。综合对两类农户农业劳动时间供给水平的估计结果可以判断，参与非农活动的农户仍然可能面临一定的非农限制，在此主要是非农劳动时间供给水平的约束。虽然他们可以参加非农活动，但并不能提供合乎家庭意愿的非农劳动时间，其原因在于人力资本、社会资本等家庭因素的制约及非农市场不完善的约束。

表 6-10　受非农限制农户的农业劳动投入的 FIML 估计结果（基于不同分位数）

Regime 0[$L_s + L_n \leq j^{th}$ *percentile*(days)]						
变量	10^{th}(48)	20^{th}(112)	30^{th}(160)	40^{th}(200)	50^{th}(200)	60^{th}(271)
$\bar{a}$	56.0235***	54.3296***	52.2204***	51.5837***	47.0909***	46.3589***
z	-4.8400**	-5.0337**	-4.6053**	-4.3472**	-5.2018**	-5.2516**
$\bar{a}*z$	-26.9240***	-25.3222***	-20.8046***	-21.6287***	-24.4204***	-23.3106***
K	0.6692	0.4910	-0.3319	-0.2580	0.0638	0.0415
E_l	0.0086	0.0092	0.0062	0.0081	0.0136	0.0135
E_f	0.6891***	0.7098***	0.6717***	0.6747***	0.6667***	0.6851***
N_f	-0.0081	-0.0026	0.0015	0.0107	0.0202	0.0203
N_t	-29.1695	-32.8237*	-24.5988	-25.3643	-18.6760	-20.6964
L	-10.1916	-7.0018	-7.7674	-6.6704	-4.3950	-3.3055
F_b	151.9457***	128.9901***	119.0200**	121.6803**	123.2728***	123.4121***
F_g	121.1963**	107.2197*	112.3671*	102.2925*	106.8952*	107.0709*
F_e	96.4325***	89.5547***	97.7379***	95.9209***	83.5376**	81.8387**

注：***，**，*分别表示在1%，5%和10%水平上显著。

然而，以上分析还没有涉及纯农户可能面临的局部可分性决策。对照非农参与户，也可以把纯农户区分为两类，他们的农业劳动供给水平的决策分别是可分的和不可分的。虽然从第四章的理论推导来看，这种在落后农村地区不太可能成立。根据以往的研究，以及调查地可能存在的影响局部可分性的因素，本章使用了两个变量对纯农户进行分类，分别是人均土地和农业投资。

对不同类别的纯农户进行估计的结果显示，除了人力资本和家庭劳动力数量外，家庭结构变量的影响都显著（见表 6-11）。这些和 FIML 的估计结果类似。这些显著性的系数表明，纯农户并不太可能像非农参与户那样，存在没有观察到的基于局部可分性的农业劳动供

表 6 - 11　对纯农户分组进行农业劳动供给的 OLS 估计

变量	基于人均土地的分组		基于农业投资的分组	
	较多土地组	较少土地组	有较大投资组	无较大投资组
$\bar{a}$	-3.8068**	-8.2146**	-5.5912	-5.3724**
z	-19.1984	-25.3093	-18.1678	-20.2555
$\bar{a}*z$	-0.0715	0.7541	1.5069	-1.2352
K	0.0059	0.0625***	0.0114	0.0174
E_l	0.7284***	0.7188	0.6049**	0.8371***
E_f	0.1041	-0.0626**	-0.0355	0.0971
N_f	-11.6102	-19.1068	-0.8712	0.0000
N_t	-2.2627	-10.7678	16.7851	0.0000
L	47.7079***	56.6174***	47.9935***	55.4896***
F_b	116.7072*	211.2332***	186.4225**	143.0698**
F_g	143.9335**	178.6243**	158.0982**	134.8730*
F_e	80.2085**	108.0836	121.2330*	94.5470**
L_w	-0.1073*	-0.0547	-0.0377	-0.1204
常数	56.7045*	27.1926	28.4920	38.2247
N	316	307	222	401
R^2	0.22	0.260	0.18	0.26
F	58.78***	27.72***	6.86***	10.72***

注：***，**，*分别表示在 1%，5% 和 10% 水平上显著。

给决策。基本可以判断，纯农户不参与非农活动并不是因为农业活动较非农活动更有利润，而是因为其生计资本匮乏和受非农市场不完善的限制。

第四节　非农劳动时间供给估计

一　外地工资性劳动供给

外地工资性劳动供给水平的决策首先存在一个工资劳动力市

场的参与问题。一些农户并没有参与到工资性质的劳动力市场，故而也不存在非农劳动的供给水平决策。如果不考虑这些样本而使用最小二乘法等估计办法，估计结果是无效的。较为合适的方法是考虑到这个参与决策的 Heckman 估计法，但 Heckman 估计法会掩盖可能存在于非农劳动供给中的局部可分性质。所以要使用 Heckman 估计法，首先要对农户非农劳动供给的决策性质再进行审视。

根据第四章的理论分析，农业劳动供给的局部可分性质的前提是农村土地市场和劳动力市场等多重市场的缺失，以及其他不完善市场的限制。虽然外地工资性劳动力市场存在的高交易成本、高风险等因素会妨碍农户提供符合他们意愿的非农劳动供给水平，但这些很难形成局部可分性质，即消费因素对不同农户的非农劳动供给水平产生不同的影响；这些因素的影响更可能存在于非农活动的参与上，即体现在非农多样化生计的选择上。在工资性质的劳动力市场，劳动力一旦得到工作并签订合同，那么可以认为他们得到了需求方的认可，并且可能要到下一个合同签订时才面临退出或继续工作的决定。故而可以初步假定非农的劳动力供给决策并不存在局部可分的问题。

对外地工资性劳动供给的 FIML 估计结果证实了这些理论假设。按照策略 B，以 30th 分位数作为标准，区分农户是否受到非农供给水平的限制。虽然在选择方程中，人力资本和家庭劳动力数量都显著，但在外地工资性劳动供给水平的估计中，绝大多数的家庭结构因素并没有对任何类别的农户产生显著影响（见表 6 - 12）。这些结论为进行 Heckman 估计提供了很好的实证基础。接下来的估计可以认为农户的非农劳动供给决策不存在局部可分性质，使用 Heckman 模型对所有样本同时进行估计。

表 6-12　外地工资性劳动供给的 FIML 估计结果（策略 B）

	不受限制农户的（L_s）	受限制农户（L_s）	选择方程（$L_s > 30^{th}$）
$\bar{a}$	1.0611	1.9101	0.1052***
z	-6.2084	-0.4171	0.0981
$\bar{a}^* z$	1.4903	-16.0831***	-0.0196
E_l	-0.1489	1.8985***	-0.0014
E_f	-0.1210	0.0664	-0.0016
N_f	5.5289	-0.0733	-0.0653
N_t	-23.4999	10.1531	-0.0012
L	46.2075***	-3.6376	0.4166***
F_b	11.5922	-27.2192	-2.0019**
F_g	-121.6268	-5.4215	-1.2800
F_e	62.1720	12.2676	0.4715
L_w	-0.1845*	-0.0435	-0.0018
W_s	0.0279**	-0.0015	0.0000
C			-0.0663
N_r			-0.0017
S_h			0.2274
$C^* \bar{a}$			0.0173
$C^* z$			-0.2242*
常数	187.0437***	98.2982***	-1.3042**
lns1	5.0647***	r1	-0.4619
lns2	3.5999***	r2	-0.2050
N	402	Wald Chi - squared	3.02*
Log pseudolikelihood	-2646.8947***		

注：***，**，*分别表示在1%，5%和10%水平上显著。

Heckman 估计结果显示，家庭劳动力数量和人力资本水平是农户非农劳动时间供给水平的决定因素，而农户的家庭结构因素等虽然影响了农户是否参与外地工资性劳动力市场的决策，但没有显著影响供给水平（见表 6-13）。这表明，对于参与外地工资性劳动力市场的农户，其劳动供给决策基本上是由劳动力本身的特点（包括数量和质量等）决定的，这种特征与农业劳动供给水平的决定有着明显的区别。值得注意的是，农户在外地工资性劳动力市场中的工资水平也没有显著的影响，其原因可能在于工资数据的非变异性，或者农户的人力资本特征已经反映了其获取工资性收入的能力。

表 6-13　外地迁移工资性劳动时间供给的 Heckman 估计结果

	时间供给 L_s	选择方程（$L_s > 0$）
$\bar{a}$	6.1860*	0.0628***
z	-7.4634	0.1333
$\bar{a}*z$	0.6626	-0.0111
E_l	-0.2673	-0.0005
E_f	-0.2227	-0.0004
N_f	12.2708	-0.1791
N_t	-8.3887	-0.2049**
L	52.9202***	0.3223***
F_b	-93.6739	-1.5447***
F_g	-110.0701	-1.3725***
F_e	106.8648	-0.2921
L_w	-0.0949	-0.0039***
W_s	0.0202	
C	136.0736**	5.1328***
N_r		0.4654
S_h		-0.0139
$C*\bar{a}$		0.1099
$C*z$		-0.0347
常数		-0.1744*
athrho	-1.4510***	
lnsigma	-0.4576**	
Log lik.	-3229.2637***	
Wald Chi-squared	35.9416***	

注：***，**，*分别表示在1%，5%和10%水平上显著。

二　本地工资性劳动供给

与外地工资性的劳动供给决策不同，本地的非农劳动供给决策一般发生在“打零工”的活动中。这类活动没有固定的工作时间，具有较大的偶然性，活动对劳动者的技能水平要求也比较低，一般是简单的体力劳动。绝大多数农户都有过打零工的经历。所以在理论上不宜假定农户存在非农的参与决策，而应将注意力更多放在劳动力的供给水平上。类似外地非农劳动供给决策，首先仍要实证讨论决策的可分性质。实证结果也表明，采用步骤 1 和步骤 2 均不能得到本地工资性劳动供给 L_w 的有效估计，故而可以认为农户的本地打零工活动既不存在局部可分性质，也不存在选择效应。可以直接利用最小二乘法或 Tobit 模型对参与本地打零工活动的农户的劳动供给水平进行估计。

OLS 和 Tobit 估计结果显示，农户在本地打零工的劳动供给水平除了受家庭劳动力数量决定外，还受土地数量和家庭中男孩比例的显著影响。男孩比例越高，农户越倾向于减少本地打零工活动，他们可能需要利用更多的时间照料孩子。但是女孩比例的作用并不显著。男孩比例和女孩比例系数的差别，可能反映了男孩偏好仍然在山区农村广泛存在。最后，和外地工资劳动供给水平不同，本地打零工的劳动供给水平受工资水平的影响显著（见表 6 - 14）。虽然本地打零工的持续时间相对短，但不同机会之间的工资差异比较大，时间分布不均匀，往往多种本地工资性劳动机会同时出现，如发生在一些集中进行的政府和私人工程中，故而其工资水平会显著地影响农户的劳动力供给水平。

表 6－14　本地迁移工资性劳动时间供给的估计结果

	OLS	TOBIT
$\bar{a}$	0.6259	2.4833
z	－2.3291	15.5829
$\bar{a}^{*}z$	0.3475	－1.1763
E_l	0.0133	－0.2327
E_f	－0.0079	0.0522
N_f	－4.5650	－36.1254
N_t	8.6451**	28.6188*
L	4.8799**	17.8568**
F_b	－24.1834*	－81.3982
F_g	－18.3033	－41.2313
F_e	－0.1416	5.3602
W_l	0.1390***	0.4006***
C	－12.6747**	－344.7936***
LogLik.		－1456.0335***
F	31.4941	111.6005***

注：***，**，* 分别表示在 1%，5% 和 10% 水平上显著。

第五节　小结

本章实证研究了农户的劳动时间供给策略的决定，着重讨论了农户农业生产决策的局部可分性质。实证结论表明农户的家庭时间供给策略与其非农市场参与及其受限制条件相关。受非农市场限制较少的的农户选择了不可分性质的非农劳动时间供给策略，其供给水平受到以家庭结构为代表的消费相关因素的影响；受非农市场限制较多的农户则选择了可分性质的劳动时间供给策略，其供给水平更多受生产相关因素的影响，家庭结构等消费相关因素没有显著改变其供给水平。农户是否受到非农市场的限制，主要取决于农户的生计资本状况。

这一章的实证分析进一步验证了第五章关于多样化生计策略的结论，生计资本对农户的非农参与和非农劳动供给都起到了决定性作用，进而也影响了具备局部可分性质的家庭农业劳动时间供给策略的形成。关于农业和非农劳动时间供给的假设大部分得到了验证（见表6－15）。农业劳动时间供给与非农劳动时间供给属于两类性质的生产决策，前者可以用局部可分性的农户模型来解释，后者则部分由非农劳动力市场因素决定，但其供给水平建立在非农参与的基础之上。但外地工资性质的劳动供给决策并没有受工资水平的显著影响，而只与农户的人力资本状况相关。假设H11－1没有通过，部分原因可能是农民工的工资趋同，并且由于合同等条件的限制，工作时间的可选择性较小。因而，从生计策略的角度来看，非农活动的参与是更重要的决策，它关系到农户能否享受市场经济带来的高收益。

表6－15　关于家庭劳动时间供给的假设验证情况

<table>
<tr><th colspan="2"></th><th>假　设</th><th>验证情况</th></tr>
<tr><td rowspan="4">农业劳动时间供给</td><td rowspan="2">农业劳动投入的决策性质</td><td>假设H6:非农参与是农户模型局部可分的识别条件之一。</td><td>通过</td></tr>
<tr><td>假设H7:农户的资本禀赋异质性是农户非农参与的决定因素,也是农户模型局部可分性质的决定因素。(假设H7可以由假设H1和假设H6联合得出)。</td><td>通过</td></tr>
<tr><td rowspan="2">农业劳动投入水平</td><td>假设H8－1:纯农户或不能充分参与非农市场的农户,其农业劳动投入受消费相关因素如家庭结构因素的显著影响。</td><td>通过</td></tr>
<tr><td>假设H8－2:能充分参与非农市场的农户,其农业劳动投入不受消费相关因素如家庭结构因素的显著影响,而只受生产相关因素的显著影响。</td><td>通过</td></tr>
</table>

续表

		假　设	验证情况
非农劳动时间供给	非农劳动投入的决策性质	假设 H9:农户的非农劳动投入水平决策建立在非农市场参与决策的基础上,并受到生计资本和家庭结构因素的影响。	通过
		假设 H10:农户的非农劳动投入决策不具备局部可分的特性。	通过
	非农劳动投入水平	假设 H11 - 1:农户的外地非农劳动时间供给由农户的人力资本水平和市场工资决定。	没有通过
		假设 H11 - 2:农户的本地非农劳动时间供给由农户的人力资本水平和市场工资决定。	通过

第七章　农户的集约化农业生产策略的实证研究

农业生产活动是农户生计活动的重要组成部分，与多样化生计策略和家庭时间供给策略密切相关。第五章和第六章虽然涉及农户的农业生产，但并没有在整体上对农户的农业生产活动进行分析。这一章关于农户的集约化生产策略的分析有助于从整体上考察农户在农业生产中的投入产出策略。

第一节　集约化农业生产的分析框架与计量设定

一　集约化农业生产的分析框架

本章的分析思路如下：

首先，实证分析集约化农业生产中的效率问题。利用前沿生产函数计算农户的农业技术效率，作为实证分析农业生产效率的基础。一般来说，农业生产效率还包括以价格因素为基础的配置效率；但限于调查数据及当地农业要素价格的同质性，根据农业生产集约化的定义，本章只研究农业效率中的农业技术效率。根据计算结果，初步分析农业生产效率和农户的非农行为及家庭结构因素的关系，从整体投入产出的角度理解农业生产效率。

其次，实证分析集约化农业生产策略的另一要素：农业的物质资本投入，主要包括化肥和雇工等的现金投入。初步分析资本 - 土地比和农户的非农行为及家庭结构因素的关系，从要素投入的角度理解农业生产策略。

最后，基于农业生产效率和物质资本投入指标，识别出采用集约化生产策略的农户，并实证分析此生计策略的决定因素。

二 集约化农业生产的计量方法与模型

计量设定分两部分，一是计算出农业技术效率指标以衡量农户的农业生产效率；二是农业生产效率的决定。根据文献评述和理论研究，农业生产效率既受农户的教育水平等生产相关要素的影响，同时，也可能受家庭结构等因素影响。更重要的，作为农户生产活动的一部分，农业技术效率也可能受非农活动的影响。通过非农参与决策，可以区分出非农活动的直接和间接作用（Filson，2004）。

1. 农业技术效率的计算

利用 Aigner（1977）等发展的随机前沿分析来估计农业生产效率系数：

$$\ln f_{oi} = \beta_0 + \beta_1 \ln E + \beta_2 \ln K + \beta_3 \ln L_0 - u_i + v_i \qquad (7-1)$$

其中，f_{oi}为农业实际产出，E 、K 和 L_0 分别为土地投入、资本投入和劳动时间投入。v_i 为随机干扰，u_i 为非效率参数。效率值为 $TE_i^j = e^{-u_i}$，$TE_i^j \in [0, 1]$。1 表示农业技术有效率，0 表示技术无效率。

2. 非农限制与农业生产效率的决定

（1）利用 Tobit 估计非农对农业生产效率的“直接作用”

考虑农业生产效率数据的截断性质，使用 Tobit 模型分析非农对农业生产效率的直接作用。在回归中使用所有的样本，包括非农不受限制农户和受限制农户。

$$TE_i = \sum_{j=1}^{n} X_{ij}a_{ij} + \sum_{j=1}^{m} z_{ij}\gamma_{ij} + y_{ni}\beta_i + \varepsilon_i \qquad (7-2)$$

其中，X_{ij} 为农户的各种资本变量、农业多样化、社区变量等，z_{ij} 为农户的家庭结构变量，a_{ij} 和 γ_{ij} 为要估计的系数。y_{ni} 为农户的非农收入，系数 β_i 衡量了非农对农业生产效率的直接作用，因为按照理论假定，农户的非农通过放松农户的现金约束等途径，可以直接提高农户的农业生产效率水平。

（2）利用内生选择的切换模型来估计非农对农业生产效率的“间接作用”

对非农不受限制户和受限制户的农业生产效率回归分别进行设定。

不受限制农户的生产效率：

$$TE_i^1 \text{♁} = \sum_{j=1}^{n} X_{ij}a_{1ij} + L_{wi}\beta_{1i} + \sum_{j=1}^{m} z_{ij}\gamma_{1ij} + \varepsilon_{1i} \quad I_i = 1 \qquad (7-3)$$

受限制户的生产效率：

$$TE_i^2 \text{♁} = \sum_{j=1}^{n} X_{ij}a_{2ij} + L_{wi}\beta_{2i} + \sum_{j=1}^{m} z_{ij}\gamma_{2ij} + \varepsilon_{2i} \quad I_i = 0 \qquad (7-4)$$

受非农限制的选择方程：

$$I_i^* = \sum_{j=1}^{n} X_{ij}a_{ij} + \sum_{j=1}^{n} z_{ij}\gamma_{ij} + y_i^n \text{♁} \beta_i + u_i \qquad (7-5)$$

在（7-3）和（7-4）两个方程中，X_{ij}，z_{ij} 等变量和（7-2）中相同。

在考察间接作用时，仍然要控制住 Tobit 模型中关于非农收入的“直接作用”。但因为受限制农户可能没有固定的非农收入，他们只能通过打零工获取现金收入，所以使用本地打零工的时间变量 L_{wi} 作为非农的代理变量，β_i 衡量了非农对农业技术效率的直接作用。另外，按照理论假定，家庭结构变量 z_{ij} 对两类农户应当产生不一样的影响。实证结果将关注系数 γ_{ij}^1 和 γ_{ij}^2 的差异。

以上这些影响农业生产效率的自变量，也可能影响农户是否参与非农活动，所以需要一个非农参与的选择方程（7－5），其可观察的变量 I_i 遵循以下的设定：

$$I_i = 1 \text{ 如果 } I_i^* > 0\text{(不受非农劳动供给的限制)} \qquad (7-6)$$

$$I_i = 0\text{,其他(受非农劳动供给的限制)} \qquad (7-7)$$

u_i 为干扰项。I_i^* 为决定农户 i 属于哪个领域即是否参与非农的潜变量。

类似第六章，仍然采用两种策略估计农业生产效率：

策略 A：

$$I_i = 1 \text{ 如果 } L_{ni} \geqslant 0 \qquad (7-8)$$

$$I_i = 0\text{,其他} \qquad (7-9)$$

即在策略 A 中，认为只要农户为非农兼业户（参与户），则不受非农劳动市场的限制，只有纯农户受非农劳动市场的限制。

策略 B：

$$I_i = 1 \text{ 如果 } L_{ni} \geqslant j^{th} \qquad (7-10)$$

$$I_i = 0\text{,其他} \qquad (7-11)$$

j^{th} 为总样本中非农劳动供给水平的 j 分位数。在策略 B 中，认为

非农劳动供给水平 $L_{ni} \geqslant j^{th}$ 的农户不受非农劳动市场的限制；而对于非农兼业户（参与户），如果 $L_{ni} < j^{th}$，其非农劳动供给水平仍然受非农市场的限制。

利用全息最大似然法来估计这个模型（Maddala，1986）。

（3）基于农业生产效率和资本－土地比指标，利用均值和中位数等统计量，定义两类农户：他们分别采用农业集约化生产策略和粗放化生产策略。利用 Probit 模型分析集约化策略的决定。

$$Y_i^* = \beta X_i + u_i \qquad (7-12)$$

X_i 为影响农户采用集约化农业生产策略的各因素，包括农户的生计资本和家庭结构因素等。受农户 i 的资本投资密度值为 D_{ki}，投资密度的均值和中位数分别为 ED_k 和 MD_k；农户 i 的生产效率值为 TE_i，生产效率的均值和中位数分别为 ET 和 MT，则有两种划分方式的 Y 值。

策略 C：基于中位数的划分：$D_{ki} > MD_k$，且 $TE_i > MT$ 时，农户采用集约化策略，$Y_i = 1$；否则 $Y_i = 0$，农户采用粗放化策略。进行聚类分析时，中位数对于一维数据更具有稳定性，对异常数据具有更好的抗干扰性（梅长林和范金城，2006），从而有利于识别策略分布的特征。

策略 D：基于均值的划分：$D_{ki} > ED_k$，且 $TE_i > ET$ 时，农户采用集约化策略，$Y_i = 1$；否则 $Y_i = 0$，农户采用粗放化策略。基于均值的划分有利于识别各变量水平的特征。

u_i 为误差项，服从正态分布，并使用极大似然法估计以上模型。另外，考虑到 $\bar{a}$ 和 a_H 的作用及可能存在的相关性，采用四个模型（1）～（4），分别单独包括 $\bar{a}$ 和 a_H 及其交互项。

三　集约化农业生产的变量选取及说明

主要变量的定义和第五章、第六章相同（见表7－1）。根据农业生产的投入产出状况，剔除无农业收入和其他不适用样本，共使用样本1024份。以下主要介绍本章关于农业要素投入变量的描述性统计信息。

表7－1　主要变量的描述性统计信息

变量	均值	标准差	标准误
N_r	3.7707	1.5415	0.0481
V_h	2.3863	1.8687	0.0584
N'_f	0.1102	0.3133	0.0098
N'_t	0.3044	0.4604	0.0144
C	0.1434	0.3507	0.0110
z	0.5659	1.1370	0.0355
L	3.0351	1.1729	0.0366
$\bar{a}$	7.8196	3.7035	0.1157
a_H	8.7483	3.1283	0.0977
L_o	204.9854	137.7768	4.3034
K	452.3395	532.1947	16.6230
E	18.5336	23.2101	0.7250
S^g	2.2917	1.2685	0.0396
S^f	1.9015	1.1027	0.0344
L_w	29.3620	81.7066	2.5521
L_n'	0.4127	0.4926	0.0154
F_b	0.0852	0.1327	0.0041
F_g	0.0648	0.1137	0.0036
F_e	0.0746	0.1510	0.0047
R	0.1717	0.3773	0.01179

注：$N'_f = 1$，当 $N_f > 0$（$N'_t = 1$，当 $N_t > 0$）表示农户拥有电动车等农用车（交通工具）。$L_n' = 1$ 表示农户参与了本地非农经营活动或外地打工活动（$L_n > 0$）。$R = 1$，农户居住靠近马路。

第二节 集约化农业生产的描述性统计分析

一 农业生产效率

根据方程（7－1）测算出的农业技术效率结果显示，资本、土地和劳动力投入的产出弹性分别为0.086、0.267和0.120，三者之和远小于1，显示出农业生产的规模递减性。各系数均在0.01水平上显著。LR检验拒绝 $u=0$ 的原假设，表示农业技术的非效率显著存在（见表7－2）。

表7－2 农业生产效率的计算结果

变 量	弹性系数	标准误	T检验值
资本投入 K	0.086***	0.019	5.13
土地投入 E	0.267***	0.03	7.89
劳动力投入 L_0	0.120***	0.03	4.71
LR	60.92***	Log Likelihood	－1177.18

注：*** 表示在1%水平上显著。

根据计算出来的生产效率值对非农兼业户和纯农户进行比较，两者存在显著差别，结果显示前者的农业效率值相对较高（见表7－3）。非农兼业户的样本均值、最小值和最大值均比纯农户要高，故而两类样本可能存在分布上的差异。

表7－3 非农参与和农业生产效率

农户类型	均值	样本量	标准误	最小值	最大值
非农兼业户	0.54	422.00	0.19	0.03	0.88
纯农户	0.51	602.00	0.18	0.02	0.84

注：使用独立样本 T 检验，其均值在5%水平上存在显著差异（在方差不齐假定下，$t=0.011$）。

将农业效率值等距分为低、中、较高和高效率四类，比较纯农户与非农兼业户的效率分布状况（见图7－1）。两类农户的生产效率基本服从正态分布，但是纯农户的低效率者较多，而非农兼业户中高效率者的比例相对高。结合两类样本的均值比较，可以初步判定非农兼业户具有较高的农业生产效率。

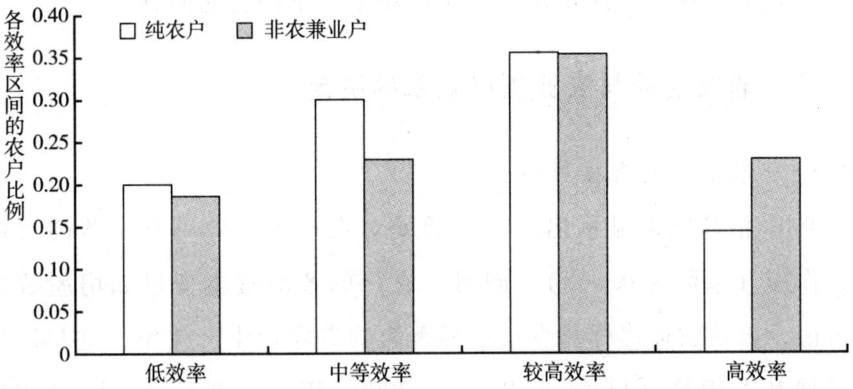

图7－1　纯农户与非农兼业户的生产效率分布

家庭结构为H2和H3的农户，其生产效率值分别为0.538和0.499，且显著地高于和低于其他类型农户的均值。虽然家庭结构为H1的农户的效率值相对高，但样本量相对较少，故而其均值并没有显著地高于其他所有农户的效率均值（见表7－4）。

表7－4　不同家庭结构农户的生产效率值

农户家庭类型	均值	标准差
全样本	0.5236	0.1825
H1(N=125)	0.5407	0.1682
H2(N=417)	0.5380**	0.1886
H3(N=345)	0.4988***	0.1769
H4(N=123)	0.5277	0.1861

注：***，** 表示利用 T 检验，此类型的农户相比其他类型的技术效率，在1%，5%水平上显著。

结论初步表明，孩子比例较高的家庭更可能存在农业效率较低的问题。得出这种结论可能有两方面的原因，一是孩子分流了投入农业生产的劳动力资源，因为成年人需要留出时间照顾孩子，这种情况更多发生在农业劳动力稀缺的地区；二是孩子通过影响农户的非农参与和非农劳动供给决策，限制了劳动力和其他资源的有效配置，从而影响了农业生产效率，这正是不完全市场条件下的普遍问题。

二　非农活动与农业生产效率的决定

1. 非农活动的直接影响

Tobit 估计结果显示出，非农活动对农业生产效率有显著的直接促进作用（系数为0.008）。同时，农户的各类资本变量如房屋数量和价值，以及农业多样化变量也显著影响着农业生产效率，这与以往的证据基本相符（Liu and Zhuang，2000；Binam，Tony et al.，2004；Haji and Andersson，2006；张宁和陆文聪，2006）。而农户的家庭结构变量如孩子占家庭人口的比重，对农业生产效率有着负面影响，我们将在 FIML 回归中进一步考察这种影响（见表 7－5）。

表 7－5　非农活动对农业生产效率的影响

Tobit		FIML					
所有用户		策略 A			策略 B		
		不受限制户	受限制户	选择方程	不受限制户	受限制户	选择方程
N_r	0.0096**	0.0084	0.0172***	0.0411	0.0017	0.0192***	－0.0250
V_h	0.0076**	0.0182***	－0.0024	－0.0250	0.0196***	－0.0007	0.0673***
a_H	0.0047**	0.0043	0.0148***	0.0673***	0.0030	0.0141***	0.1012***
z	－0.0053	－0.0028	0.0135*	0.1012***	0.0001	－0.0001	0.1650
C	－0.0565***	－0.0510**	－0.0318	0.1650	－0.0452	－0.0495**	－0.0044
S^g	0.0345***	0.0232***	0.0321***	－0.0044	0.0286***	0.0268***	0.0763**

续表

Tobit		FIML					
所有用户		策略 A			策略 B		
		不受限制户	受限制户	选择方程	不受限制户	受限制户	选择方程
S^f	0.0159***	0.0155*	0.0255***	0.0763**	0.0153	0.0143**	0.1791*
R	0.0490***	0.0245	0.0963***	0.1791*	0.0327	0.0679***	-1.0664***
F_b	-0.0787*	-0.0046	-0.2787***	-1.0664***	-0.0824	-0.2710***	-1.0906***
F_g	-0.0921*	-0.1868	-0.1685**	-1.0906***	-0.1835	-0.1980***	-0.6509**
F_e	-0.0134	-0.0189	-0.0979*	-0.6509**	0.0063	-0.0820*	-0.0034***
$y_n(L_w)$	0.0077*	0.0003	-0.0004***	-0.0034***	-0.0002	-0.0003***	0.0411
常数项	0.3302***	0.3369**	0.3856*	-0.8784***	0.3508**	0.3904***	-0.8784***
rho_1				0.1330			0.1549
rho_2				1.7170***			1.6299***

注：1. 策略 B 即为 $L_{ni} \geq j^{th}$ 的标准，根据 FIML 对多个分位的测试，$j^{th} = 20^{th}$ 可以较好地确定农户是否受非农劳动供给的限制。$N = 1$，农户居住靠近马路。非农变量在 Tobit 估计中主要关注非农收入（y_n）的直接作用。在 FIML 估计中，而受限制户并没有稳定的非农收入，所以在策略 A 和策略 B 的估计中关注本地打零工的时间（L_w）为非农的代理变量。

2. ***，**，*分别表示在 1%，5% 和 10% 水平上显著。

2. 非农活动的间接影响

FIML 估计结果显示，相对于不受限制农户，受限制农户的生产效率受到更多因素的影响和制约（见表 7-5）。我们重点关注两点：

（1）策略 A 中，打零工的天数对受限制农户的生产效率作用不显著，而在策略 B 中，则表现出一定的显著性，方向为负。说明本地较多的非农劳动供给可能影响农户的生产效率。（2）家庭结构因素只对受限制农户有显著的作用。男孩比例、女孩比例和老人比例的系数均为负，表示家庭负担过重，不利于受限制农户提高农业生产效率这种作用正体现了决策的不可分性：消费因素影响了受限制农户的生产行为。这类农户因为缺乏非农活动，很可能在农业生产中过度投入劳动力。特别是子女多的农户花在农业生产上的时间可能更多，而产出并不会随着劳动力的投入比例增长，从而影响了生产效率。

rho_ 2 为 1.717。且显著，说明受限制农户的生产效率偏低，而不受限制农户的生产效率与总样本没有显著的差异性。不受限制农户在参与市场的过程中，其农业决策相对理性，农业生产效率也相对稳定，没有受到家庭结构因素的显著影响。

另外，就非农活动的参与而言，人力资本、社会资本等都能促进农户从事非农活动。而家庭中的老人和孩子等因素可能会阻止农户参与非农活动。人力资本是农户外出打工的关键因素，在本地从事非农经营则需要一定的社会资本。

总之，研究把非农对农业生产效率的影响分为两个途径：一是通过资金支持和技术扩散等直接途径使非农技术在农业生产中得到应用；二是通过解决农业剩余劳动力等间接途径使农业投入决策更加接近最优化，从而间接提高农业生产效率及其稳定性。如果农户的劳动力稀缺，那么非农可能分流农业劳动力和技术，直接导致农业效率的损失；或者由于高人力资本水平的农户外流，造成土地向低水平农户集中，从而导致生产效率的损失。

在广大的贫困农村地区，农户仍然面临着农业劳动力过剩的问题，特别在宏观经济形势发生向下波动时，农户的收入不稳定，农业生产也经常不能按照最优化目标进行。对于缺乏非农就业机会的农户而言，他们的投入受到家庭结构等因素的制约，从而加剧农业生产效率的下降。而对于不受非农限制的农户而言，非农活动在两个途径上都能够促进农业生产效率：资金支持和技术扩散等能够直接帮助农户进行技术更新；劳动力的非农就业也能间接地有利于其农业决策理性化，使农业生产效率相对稳定，较少受家庭结构等消费因素的制约。在劳动力过剩及多重市场不完善或市场缺失的山区，非农对农业生产效率的促进作用应该更加明显。

资本禀赋富裕的农户能够从非农活动中获取较好的回报，其农业生产效率也相对高，且较少受消费相关因素的影响。教育水平和社会资本除了能够帮助农户参与非农活动，也有利于农业生产效率的提升；而资本贫乏，家庭抚养比较高的农户更可能由于较低的农业生产效率而陷入“贫困陷阱”。

第三节　农业物质资本投入

一　物质资本投入密度

在被调查的农村地区，土地市场近乎缺失，本地劳动力市场发展落后，农业经营大部分使用家庭劳动力。故而在投入要素中，物质资本的投入与现代农业生产要素关系最为密切。根据要素种类，可以区分为资本密集型、劳动力密集型，甚至土地密集型的农业集约生产方式，但这种划分方式模糊了集约化的核心思想：给定土地条件下的要素投入及生产经营方式。在本书特定的调查背景中，化肥和雇工的现金支出构成了农业物质资本投资的主体，所以包含这些内容的资本-土地比值能够较为全面地反映农户的资本投入密度和集约化农业生产方式的主要内容。

物质资本和技术投入与农户的现金收入紧密相关。根据新迁移经济学的相关结论，农户的现金收入主要来源于非农就业。非农活动能为农户破除资金和技术门槛提供机会，从而有利于农户选择效率更高的农业生产方式。然而，非农就业也可能转移农户的劳动力，从而影响农户的农业生产，或者农户会将物质资本转移到非农生产行业。特别对于实施迁移非农多样化的农户，外地的生产生活可能会影响其在农村本地的生产活动。

二　农业要素产出弹性

根据农业集约化的定义，除了农业生产效率外，另一个重要的研究内容是农业的物质资本投入状况，这里的实证研究包括物质资本的投入水平和投入密度，而投入密度则由资本－土地比来测量。

表7－6的结果显示，纯农户的资本投入水平和投入密度并没有低于非农兼业的农户。如果区分农户的非农活动参与程度，即基于农户的非农劳动供给水平来考察农业的资本投入水平和资本－土地值，则可以发现，提供较少量非农劳动的农户拥有较高的农业资本投入水平和密度（$0 < L_n < 10^{th}$ 和 $80^{th} < L_n$），部分中等数量非农劳动供给水平的农户，其农业资本投入水平和密度比较低；但非农劳动供给水平和农业资本投入间不存在明显的线性关系。

表7－6　基于非农劳动供给区间的农户的农业物质资本投入（元）及资本－土地比值（元/亩）

非农劳动供给(L_n)区间	N	资本投入均值	资本－土地比均值
$0 < L_n$	623	452.6581 (567.9412)	36.2695 (36.6899)
$0 < L_n < 10^{th}$	47	599.1064 (991.7127)	34.4055 (37.6290)
$10^{th} < L_n < 20^{th}$	57	393.614 (293.6218)	24.9345 (28.9436)
$20^{th} < L_n < 30^{th}$	40	520.075 (636.1061)	33.2421 (35.3980)
$30^{th} < L_n < 40^{th}$	37	415.2703 (363.7229)	31.1438 (26.3445)

续表

非农劳动供给(L_n)区间	N	资本投入均值	资本－土地比均值
$40^{th} < L_n < 50^{th}$	71	347.8873 (292.9306)	28.7339 (26.6721)
$50^{th} < L_n < 60^{th}$	19	386.3158 (115.7685)	37.3273 (26.1939)
$60^{th} < L_n < 70^{th}$	46	325.1087 (223.6478)	30.7168 (38.8858)
$70^{th} < L_n < 80^{th}$	54	444.9074 (414.0373)	29.3015 (28.4939)
$80^{th} < L_n$	80	428.125 (424.0017)	37.0201 (48.8734)

注：括号内为标准差。

纯农户具有较高的物质资本投入水平和投入密度，表明了非农就业可能并不是农户突破农业投资现金约束的关键，非农收入并没有显著提高农户的物质投资水平和密度。如果农户的物质资本投入与非农的现金收入关系不显著，那么根据局部可分的农业决策性质，纯农户的生产效率可能更多受到消费相关因素的影响。类似家庭农业劳动的过度投入，物质资本的过度投入也可能进一步影响农户的要素产出弹性和生产效率等；或者纯农户因为生产领域的局限性，他们可能通过资本和劳动密集型的要素投入以获取相对高的产出。所以非农活动对农户的资本投入和生产效率的影响不能通过简单的描述信息给出，而要结合实证背景进行探讨。

根据前沿生产函数估计的投入要素产出弹性值，我们集中考察资本的产出弹性。关于投入要素弹性值的实证结果表明（见表 7－7），所有区间的非农参与农户的资本产出弹性平均值都高于总样本。随着农户的非农劳动供给水平的上升，资本的产出弹性值也从 0.1 左右增加到0.18～0.20的水平。土地的产出弹性与资本产出弹性类似，但劳动的产出弹性只在40^{th}及之前显著。

表7－7　基于前沿生产函数的投入要素产出弹性值

非农劳动供给区间（$L_n > j^{th}$）

	0	10th	20th	30th	40th
资本	0.0862***	0.0871***	0.1020***	0.1197***	0.1304***
土地	0.2671***	0.2009***	0.2072***	0.2233***	0.2420***
劳动	0.1204***	0.1145***	0.1194***	0.1111**	0.1020**
常数	6.7547***	7.0857***	6.9447***	6.8303***	6.7369***
N	422	378	325	287	252
lnsig2v	-1.4404***	-1.3576***	-1.3213***	-1.1883***	-1.1334***
lnsig2u	0.0219	0.1745	0.1401	0.0644	-0.0497
LL.	-1177.1780	-511.2966	-457.1837	-396.2803	-345.8573
Chi2	167.2776	51.6578	51.7489	49.5563	50.3538
LR	23.0000***	19.3800***	12.8200***	8.0000***	6.2700***
		50th	60th	70th	80th
资本		0.1644***	0.1798***	0.1880***	0.2031***
土地		0.2349***	0.3418***	0.2849***	0.3100***
劳动		0.1325**	0.1077	0.1079	0.0909
常数		6.4094***	5.8683***	6.0082***	5.5205***
N		186	170	127	76
lnsig2v		-1.0654***	-0.6935*	-0.7109**	-0.5093***
lnsig2u		-0.0671	-1.1150	-1.0328	-6.2050
LL.		-307.1491	-219.2058	-200.5376	-147.9387
Chi2		52.8676	56.5747	53.9549	55.3129
LR		0.2100	0.2800	0.0000	0.0000

注：***，**，*分别表示在1%，5%和10%水平上显著。LR：检验非效率值u为0的统计量。

另外，与资本产出弹性相反，相对于总样本的要素产出弹性，非农参与农户的劳动（此处为家庭劳动）产出弹性较低。同时，LR 值也逐渐减少变得不显著，表明农户的农业效率水平随着非农供给水平值的上升而提高。

此外，山区农户的资本投入与其交通状况关系很大，如化肥的使用离不开一定的交通工具和农用车[①]。表 7－8 根据农户是否拥有交通工具和农用车，区分其资本投入密度。结果显示，拥有交通工具的农户，其资本投入密度显著大于没有交通工具的农户。但是，交通工具和农用车对农户生计策略的影响，还受农户的农业产出效率的影响。

表 7－8　根据是否拥有交通工具和农用车的资本－土地比值的比较

	N	均值	标准误		N	均值	标准误
$N'_f=0$	712	32.85432	1.126593	$N'_t=0$	911	35.2099	1.2258
$N'_f=1$	312	40.61438	2.67864	$N'_t=1$	113	35.2899	2.8954
总体	1024	35.21871	1.135972		1024	35.2187	1.13597
差别		-7.760065^{***}	2.457276			-.07800	3.6273

注：***，**，*分别表示在 1%，5% 和 10% 水平上显著。

第四节　集约化农业生产策略的决定

农户的集约化农业生产策略是根据农业效率和资本投入状况定义的，根据公式（7－12）和策略 D 可以得到基于均值的集约化策略；根据公式（7－12）和策略 C 则可以得到基于中位数的集约化策略。

① 此处的交通工具主要指拖拉机、卡车等大型交通运输工具；而农用车主要指三轮、四轮等小型交通运输工具，一般多用于农用生产。

首先比较分析两类生产策略采用者在生计资本等变量上的差异。

表 7－9 的结果是基于策略 D，即根据变量均值划分两类生计策略的。采用集约化策略的农户拥有较高的最高人力资本水平（a_H），较多拥有农用车（N'_f），而其家庭中的男孩比重、女孩比重和老人比重都较低。但采用粗放化策略的农户拥有较高的社会资本和金融可及性。值得注意的是，采用不同策略的农户其非农参与率（L'_n）并没有大的差异，均为 40% 左右。

表 7－9　采用不同农业生产策略（基于均值）农户的各变量描述性统计结果

	全样本		粗放化策略		集约化策略	
	均值	标准差	均值	标准差	均值	标准差
$\bar{a}$	7.8196	3.7035	7.8086	3.8377	7.8525	3.2767
a_H	8.7483	3.1283	8.6315	3.1388	9.0973	3.0762
z	0.5659	1.1370	0.6133	1.2063	0.4241	0.8856
N'_f	0.1102	0.3133	0.0977	0.2970	0.1479	0.3557
N'_t	0.3044	0.4604	0.2852	0.4518	0.3619	0.4815
L	3.0351	1.1729	2.9805	1.1648	3.1984	1.1840
F_b	0.0852	0.1327	0.0903	0.1369	0.0699	0.1183
F_g	0.0648	0.1137	0.0670	0.1172	0.0584	0.1024
F_e	0.0746	0.1510	0.0762	0.1527	0.0698	0.1462
C	0.1434	0.3507	0.1576	0.3646	0.1012	0.3021
N_r	3.7707	1.5415	3.6992	1.5266	3.9844	1.5687
V_h	1.9580	0.9433	1.9258	0.9324	2.0545	0.9707
L_n'	0.4127	0.4926	0.4180	0.4935	0.3969	0.4902

注：***，**，* 分别表示在 1%，5% 和 10% 水平上显著。

利用公式（7－12）基于中位数和均值的估计，可以分别侧重从分布和水平两个角度考察农户利用集约化策略的决定因素。两类估计都显示，农户的平均人力资本水平有利于提高农户采用集约化策略的概率，而最高人力资本水平的作用则不显著。根据第五章关于外地非农多样化策略的分析结论，最高人力资本水平越高，越有利于农户参与非农多样化活动，而从事农业生产的家庭成员一般并不是家庭中受教育水平最高的成员。因而家庭劳动力的平均人力资本水平可能对农业生产的作用更大。

同时，两类估计都显示（见表 7 - 10 和表 7 - 11），农户的社会资本越大，其越倾向于使用粗放式的农业生产策略。根据第五章关于本地非农多样化策略的分析结论，社会资本是决定农户从事本地非农经营的关键。同时，较高的社会资本也与较多的社会活动相关，这些可能会影响农户在农业生产中的物质资本投入力度、数量和密度等，从而阻碍他们采用集约化农业生产策略。人力资本和社会资本对农业生产策略的决定，与它们对农业生产效率的作用并不矛盾，后者的作用可能主要体现在决策的可分性质以及农业的低投入上。综合而言，参与非农活动的农户可能倾向于投入较少的物质资本；但其农业生产效率仍然可能维持在一定水平上，因为相对于其较低的投入，其农业产出不一定较低（见表 7 - 10）。

表 7 - 10 农户采用集约化生产策略（基于中位数）的估计结果

	模型(1)	模型(2)	模型(3)	模型(4)
$\bar{a}$	0.0354**	0.0418**		
a_H			0.0214	0.0248
z	-0.1975***	-0.1373	-0.1978***	-0.1434
N'_f	0.2615	0.2597	0.2609	0.2614
N'_t	0.1140	0.1140	0.1213	0.1249
L	0.0125	0.0107	-0.0056	-0.0082
F_b	-0.4854	-0.5218	-0.1500	-0.1582
F_g	-0.9061*	-0.9318*	-0.5534	-0.5534

续表

	模型(1)	模型(2)	模型(3)	模型(4)
F_e	-0.7473 *	-0.7543 *	-0.6073	-0.6110
C	-0.1830	0.0923	-0.1826	-0.0890
N_r	-0.0731 **	-0.0755 **	-0.0731 *	-0.0736 *
V_h	0.0229	0.0275	0.0286	0.0308
L_n'	-0.2399 ***	-0.2424 ***	-0.2244 ***	-0.2253 ***
$C*\bar{a}$		-0.0283		
$C*a_H$				-0.0064
$C*z$		-0.0922		-0.0873
$\bar{a}*z$		-0.0067		
a_H*z				-0.0049
常数	-0.3607	-0.4028	-0.2943	-0.3218
LogLik.	-583.7545	-583.1129	-586.3446	-586.0644
Wald Chi - squared	231.7718	271.8171	140.6826	293.7540

注：***，**，*分别表示在1%，5%和10%水平上显著。

就家庭结构变量而言，两类回归都显示高的家庭负担比会阻碍农户采用集约化农业生产策略。孩子和老年人的比例较高，农户缺乏足够的劳动力合理使用化肥等物质资本，即使老年人经常参与农业劳动，他们也更倾向于投入农业劳动力，而不是利用现代农业要素。而孩子较少参与日常性的农业劳动，一些孩子需要成年人较多的照顾。在物质资本的投入密度和农业生产效率两个角度，仍可能存在更多能够解释家庭结构因素可以影响农业生产策略的原因（见表7-10和表7-11）。

基于均值的集约化策略估计结果显示（见表7-11），农用车的作用显著为正，而交通工具的作用则不显著。可以推测，虽然交通工具可能提高农户的资本投入密度，但并不一定能提高农户的生产效率，以实现集约化的生产经营；而农用车虽然没有增加农户的资本投入密度，但提高了农户的生产效率，有利于实现集约化的生产经营方式。

表 7-11　农户采用集约化生产策略（基于均值）的估计结果

	模型(1)	模型(2)	模型(3)	模型(4)
$\bar{a}$	0.0343**	0.0379**		
a_H			0.0165	0.0147
z	-0.2027***	-0.2561**	-0.2011***	-0.2920**
N_f	0.3787***	0.3797***	0.3789***	0.3796***
N_t	0.1389	0.1329	0.1481	0.1417
L	-0.0073	-0.0091	-0.0216	-0.0238
F_b	-1.3067***	-1.3316***	-0.9682**	-0.9444**
F_g	-0.3739	-0.3902	-0.0507	-0.0255
F_e	-0.8745**	-0.8861**	-0.7172*	-0.7054*
C	-0.1903	0.2603	-0.1931	0.0589
N_r	0.0449	0.0415	0.0440	0.0422
V_h	0.0395	0.0412	0.0472	0.0468
L_n'	-0.0885	-0.0882	-0.0727	-0.0717
$C^*\bar{a}$		-0.0589***		
C^*a_H				-0.0336*
C^*z		0.0368		0.0241
$\bar{a}^*z$		0.0064		
$a_H{}^*z$				0.0092
常数	-1.2085***	-1.2174***	-1.1195***	-1.0929***
Log lik.	-443.5582	-442.7025	-445.5921	-445.1795
Wald Chi-squared	219.0634	2768.9889	159.4997	370.7879

注：***，**，*分别表示在1%，5%和10%水平上显著。

农用车主要包括各类电动车，相对机动灵活，成本较低，不仅可以帮助农户运输农业资料，也有利于农户进行日常性的林间和田间作业，提升农业效率。

第五节　小结

以往关于农业集约化的研究多集中在地区或国家的宏观层面，作为微观农户的生产策略，本章以农户的两类生产活动及后果作为基础，研究了农户的集约化农业生产策略。同时，与第五章和第六章关于多样化和家庭劳动供给的策略相区别，本章的研究局限于农户普遍参与的主要生产领域：种植业和林业。

根据集约化的定义和落后农村的背景，本章中农户层面的集约化生产策略主要包含特定土地中的资本投入密度和农业生产效率两项内容，在实证中分别使用资本－土地比和农业技术效率两个指标来解释。研究主要关注非农活动、家庭结构与集约化的关系，其结论与局部可分性质的决策假定和关于非农多样化的实证结论相一致。一方面，非农活动可以将农户的农业生产行为区分为两类，其中劳动供给不受非农市场限制的农户，生产效率相对稳定。但对于受限制与不受限制的两类农户而言，过多参与工资性劳动市场，并不一定能够提升农业生产效率。另一方面，基于新迁移经济学的解释，虽然农村地区多为贫困地区，但我们的调查显示，农户的农业投资并没有受非农现金收入的显著影响。这可能与林产品收入也是现金收入有关，也可能农业投资的流动性约束并没有设想的严重。

绝大多数关于生计资本、非农活动和家庭结构对集约化农业生产策略的假设都得到了验证（见表 7－12）。但物质资本对农户是否采用集约化农业生产策略的作用存在讨论的空间，部分指标如房子数量的系数显著为负（见表7－10），部分指标如农用车的系数显著为正（见表 7－11）。农户的物质资本存量和农业的物质资本投入是两个概念，前者是生计资本的一类，后者是农业要素的投入。因为生计资本指标的多元化，物质资本既包括生活资料，也包括生产资料，在研究中这两类资本应当分开解释。假设 H18 部分得到验证，属于生活资料的物质资本可能会对农业投入产生替代作用，而生产资料范畴的物质资本可能与农业物质资本投入是互补关系，如农业车的拥有情况和化肥的使用量等。

集约化和扩张化生产策略结合了资本投入状况和产出效率两方面的内容，故而这两方面的指标也会对农户采取何种农业生产策略产生影响。这里仍然需要注意两个要点：一是农业生产的风险性以及自然资本对产出的作用——非资本密集型的投入方式也可能有高产出，而技术投入和使用又是很难测量的；二是非农活动对两个指标分别有两类作用，提供资本和技术扩散的促进作用以及分化劳动力和消费投资的阻碍作用。故而非农对农业集约化生产策略的作用虽然在实证中有显著性，但对这种显著性的解释需要非常谨慎。本章对此确定性的结论主要集中在生产效率的可分性机制，以及其他关于投入密度的相关结论。对此策略更明确的结论仍然有待于农业风险、土地质量等详细数据的获得。

表 7－12　关于集约化农业生产策略的假设验证情况

		假设	验证情况
物质资本的投入	非农活动	假设 H12：农户的农业物质－土地比受到非农活动的双重影响。这两种相反的机制可能导致非农活动对物质资本的投入密度没有显著的影响。	通过
农业技术效率	物质资本	假设 H13：物质资本水平越高，农业物质－土地比越高。	通过
	非农活动	假设 H14－1：非农兼业户的农业技术效率高于纯农户的农业技术效率。	通过
		假设 H14－2：非农参与改变了农业技术效率的作用机制，非农兼业户的农业技术效率只受生产相关因素的显著影响，纯农户的农业技术效率则受消费相关因素如家庭结构因素的影响。	通过

续表

		假设	验证情况
农户的集约化农业生产策略	非农活动	假设 H15:非农活动可能不会对农户采取集约化农业生产策略产生显著影响。	通过
	人力资本	假设 H17:人力资本水平越高,农户越可能采取集约化农业生产策略。	通过
	物质资本	假设 H18:物质资本水平越高,农户越可能采取集约化农业生产策略。	部分通过
	家庭结构	假设 H16 - 1:老年人比重越高,农户越不可能采取集约化农业生产策略。	通过
	家庭结构	假设 H16 - 2:孩子比重越高,农户越不可能采取集约化农业生产策略。	通过

第八章　区域合作机制下的可持续生计的政策分析

第一节　政策分析背景与计量设计

继 Daily 等（1997）发展“自然资本”理论之后，学者和实践者越来越重视生态系统服务功能和人类活动的互动，生态系统产品、生态调节功能、生命支持功能与社会文化功能等也得到了普遍认可（欧阳志云、王如松等，1999）。近 10 年来，对生态服务的认识和评估已经得到了质的提高，生态学家呼吁将生态服务的理念主流化（mainstreaming），并利用经济政策等手段推动理论转变为行动（Daily and Matson，2008）。与这些理论研究和呼吁相对应，生态补偿政策在全世界范围内得到广泛应用，以期达到减贫和保护环境的双赢目标。中国的以退耕还林等项目为代表的生态补偿实践在国际上已经产生了巨大影响。中国的生态补偿政策在很大程度上达到了保护环境的目标，并同时在一些地区减少了贫困，促进了当地经济的发展。

设计良好的生态补偿机制通过经济手段，同时提高了生态服务的提供者（Provider）和受益者（Beneficiary）的利益，使生态保护有利可图，在一定程度上解决了“公共池塘”和外部性等难题，有利于生态的可持续发展（Shrivastava，1995）。在中国，这种机制往往以政府为主导，生态补偿政策的实施多依靠项目的运行。这些项目由不同层级的政府部门主导，在初期强调生态保护的目标，在一定程度上忽略了生计可持续发展的长效机制，同时，对农户的政策反应和生计后果的研究仍然有待深化。

区域合作模式是对依托工程和项目的生态补偿机制的拓展，在中国区域发展不均衡的背景下，政策制定者利用多种手段协调各方在生态服务和经济发展等方面的利益，期望形成可持续发展的长效机制。因为生态重要区域往往是经济发展滞后的区域，人与自然的矛盾也较为突出，所以针对生态保护和经济发展的区域合作机制的关键，在于推动和促进生态保护区域可持续生计模式的形成。

现阶段，学术界对于中国生态政策的评估仍然落后于生态政策的实践。其原因，既在于我国各级政府生态保护政策的出台与实施较为密集和丰富，又在于学术研究缺乏较为主流和统一的理论框架和分析工具。以京冀两地的“稻改旱”项目为例，自 2006 年《北京市人民政府、河北省人民政府关于加强经济与社会发展合作备忘录》形成之后，项目实施至今已有近 10 年时间，只有非常少见的研究涉及当地农户的生计分析。本章以可持续生计分析框架作为研究设计的基础，通过访谈和问卷调查获取农户生计的微观数据，较为全面地分析农户的生计资本、行为和生计后果，为现阶段区域合作机制中的可持续生计的形成提供政策评估建议。

2006 年 10 月，北京市政府和河北省政府正式签订《北京市人民政府、河北省人民政府关于加强经济与社会发展合作备忘录》，在产业调整、农业、旅游、劳务、卫生事业等共 9 个方面进行全面协作。其中，水资源是重要内容之一。密云水库承担着北京市全市 20% 及市区 50% 以上的供水量，密云水库的上游涵盖北京和河北的赤城、丰宁、滦平县等地区。北京市为河北省提供水资源环境治理合作资金，支持水库上游地区治理水环境污染，推动节水灌溉和防渗等产业的发展。此外，经过三年试点，北京市分别和赤城县和承德市的丰宁县等地区签订了“稻改旱”协议，根据协议，水库上游的水稻种植改为节水型农作物，根据退稻前后的土地使用情况，给予农户每亩 450 元的补贴，补贴标准在随后几年根据实际情况进行了调整。两地为“稻改旱”工程的实施投入了大量的人力和财力，2007 年较为顺利地完成了 10.3 万亩的工程面积。农户在参加“稻改旱”项目后，在原有土地上主要种植玉米等旱作物。

一 计量方法与模型

1. 数据说明

区域合作机制中可持续生计的评估数据包括统计数据及调研数据两方面，本章暂只涉及一手的农户调研数据。在可持续生计分析框架的基础上，借鉴《可持续生计指南》，形成了《农户家庭生计与生态服务功能调查问卷》。除此之外，调研者对各级政府（市、县、乡镇和村级）工作人员和当地农户进行了访谈。根据研究设计，在调查区域对是否参加“稻改旱”的两类农户进行农户生计问卷调查。获得农户问卷调查数据 723 份；其中参加“稻改旱”农户的问卷共 394 份，非“稻改旱”农户的问卷共 329 份。

2. 数据分析方法

本章主要利用描述性统计方法，展示参与户和非参与户在“稻改旱”前后，生计资本和生计活动等方面的差异，利用 T 检验等考察这些差异的显著性。另外，基于可持续生计分析方法构造农户的收入函数，并利用多元回归方法估计收入函数以及“稻改旱”对收入的作用系数。

假设农户的收入是其五类资本的科普道格拉斯函数

$$Y = \prod_{1}^{n} E_i^{\alpha_i} \cdot e^A \qquad (8-1)$$

其中，Y 为农户的总收入，E_i 为农户的第 i 种生计资本，α_i 为第 i 种生计资本的弹性系数。A 为其他影响农户收入的因素，如技术和政策变化等，在此特指农户是否参加“稻改旱”项目。在计量估计收入时，计量方程为：

$$\ln Y_i = Z_i \Psi + A_i + u_i \qquad (8-2)$$

Ψ 为农户的资本向量，在本书中进一步细化，包括 N_1，N_2，F，L，H，K_1，K_2，S_1，S_2 等变量，Z_i 为各变量的估计系数，包括 $\alpha_1 - \alpha_9$。当农户参加稻改旱时，$A_i = 1$，否则 $A_i = 0$。u_i 为误差项。故而有：

$$\ln Y = \alpha_1 N_{1i} + \alpha_2 N_{2i} + \alpha_3 F_i + \alpha_4 L_i + \alpha_5 H_i + \alpha_6 K_{1i} + \alpha_7 K_{2i} + \alpha_8 S_{1i} L_i + \alpha_9 S_{2i} + A_i + u_i \qquad (8-3)$$

考虑到农户的一些生计资本与消费相关，如 S_1，S_2 为礼金支出和通信支出，F 为存款状况等，这样在估计的过程中可能出现内生性等问题，使估计有偏差。故而使用了以往（2006 年）的资本来代替这些可能影响估计结果的当期（2010 年）资本；保留 N_1，N_2 等当期的资本变量，因为这些变量不太可能受当期收入的影响。故计量方程（3）设定为：

$$\ln Y = \alpha_1 N_{1i} + \alpha_2 N_{2i} + \alpha_3 F_i^{t-1} + \alpha_4 L_i + \alpha_5 H_i + \alpha_6 K_{1i}^{t-1} + \alpha_7 K_{2i}^{t-1} + \alpha_8 S_{1i}^{t-1} L_i + \alpha_9 S_{2i}^{t-1} + A_i + u_i$$

其中，$t-1$ 表示“稻改旱”前（2006 年）的生计资本状况。

二　变量选取与说明

本研究选取了代表五类资本的若干指标，从静态和动态两方面进行对比分析，其中静态指标利用了 2010 年的数据，动态指标利用了“稻改旱”以前（2006 年）和“稻改旱”以后（2010 年）的数据（见表 8－1）。

表 8－1　本章生计资本的指标

生计资本	静态指标及其变量名		动态指标
自然资本	耕地数量（分）	N_1	
	林地数量（分）	N_2	
金融资本	是否有存款（是＝1）	F	存款变化[1]
人力资本	劳动力数量（人）	L	家庭教育支出增值
	最高受教育水平（文盲－大学）[2]	H	
物质资本	房屋价值（万元）	K_1	房屋增值
	大型生产工具数量（个）	K_2	工具增加数量
社会资本	礼金支出（元）	S_1	礼金支出增值
	通信费用支出（元）	S_2	通信费用增加

注：1. 存款从有到无＝－1，一直没有存款＝0，一直有存款＝1，存款从无到有＝1；
2. 文盲＝1，小学＝2，初中＝3，高中＝4，中专技校＝5，大学＝6。

第二节　实证分析结果

基于可持续生计分析框架的逻辑和内容，实证结果包括生计资本、生计活动和生计后果等方面。主要展示“稻改旱”政策的实施可能带来的生计资本的变化，农户对自然资本的利用方式（或土地利用方式）的变化，其他生计行为和策略的变化，以及收入等生计后果的变化。

一 农户生计资本

统计结果表明，平均而言，参与“稻改旱”项目的农户（参与户）比没有参与的农户（非参与户）拥有较多的耕地面积（2.73亩），较多的劳动力数量（0.38），以及较多的大型生产工具（0.37个），其通信费用和礼金支出也显著较多（分别多22.61和106.85元）；但参与户的房屋价值和存款比例都显著得低于非参与户（差值分别为4.22万元、0.37个）。两类农户的其他生计资本指标在0.01水平上没有统计上的显著差别。

动态地来看，自2006年来，非参与户增加了较多的住房投入，用于旧房改造和新房建设；而参与户在大型生产性工具和通信上的支出较多。总体而言，无论从静态还是动态上来看，“稻改旱”参与户的生产性物质资本和社会资本多于非参与户（见图8－1）。

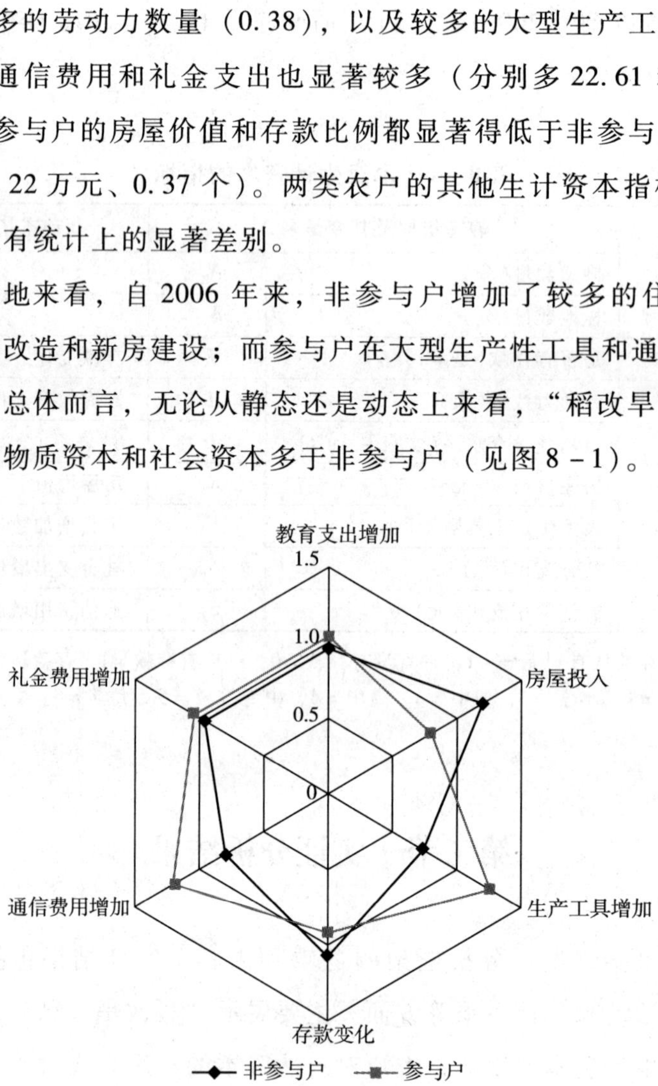

图8－1 生计资本变化

二　农户的生计活动与生计策略

1. 农业多样化

总体而言，比较“稻改旱”项目实施前后可以看出，参与户和非参与户同时减少了养殖和种植种类，区域整体的农业多样化水平有所下降。区分来看，参与户的养殖种类和种植种类的下降水平更为显著（见图 8－2，图 8－3）。

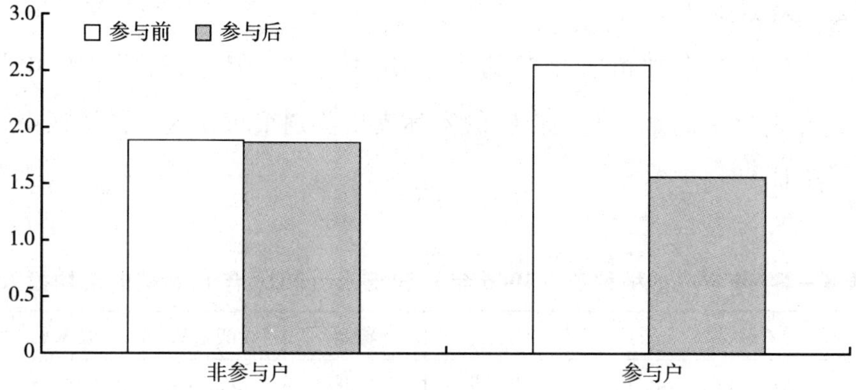

图 8－2　养殖种类的变化

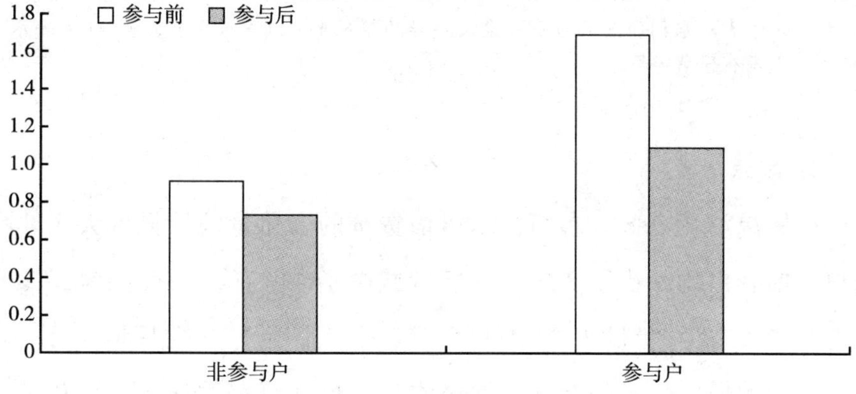

图 8－3　种植种类的变化

政策可能不仅限制了“水稻”的种植，也限制了相关养殖业的发展，“稻改旱”前，麸皮是牲畜的主要饲料来源。

2. 农户的种植投入

2006 年，当地农户在种植水稻时使用了大量的碳酸氢铵和磷肥；改种植玉米后，尿素和二胺的使用量较多，碳酸氢铵使用量显著下降（见表 8－2）。在种植水稻时，家庭用工相对较多（每亩 15.56 个），用工在时间上也分散，对家庭劳动力的约束较大。改种玉米后，家庭用工相对减少。

虽然在玉米种植时化肥的支出相对较多，但考虑到 2010 年与 2006 年的价格因素，两类作物的实际支出差别很小，这也在访谈中得到了验证。

表 8－2　参与户水稻种植（2006 年）和玉米（2010 年）种植的亩均投入

要素（斤/亩）	尿素	二铵	磷肥	碳酸氢铵	农家肥
水稻	46.09	20.79	1.88	56.09	898.53
玉米	74.37	28.67	1.25	0.86	502.86
差异显著性	***	***	NA	***	***

注：*** 表示水稻和玉米的要素投入差异的 T 检验在 1% 水平上显著。NA 表示在 10% 水平上没有显著差异。

3. 能源消费

在能源消费方面，参与户木材消费量的变化量统计显著大于非参与户，前者户均减少了 823 斤，后者减少了 430 斤。与此同时，参与户的户均煤炭消费量大幅增加了 881 斤，非参与户则只增加了 642 斤。考虑到煤气价格的变化，两类农户在煤气消费数量上的变化差别不大（见图 8－4）。

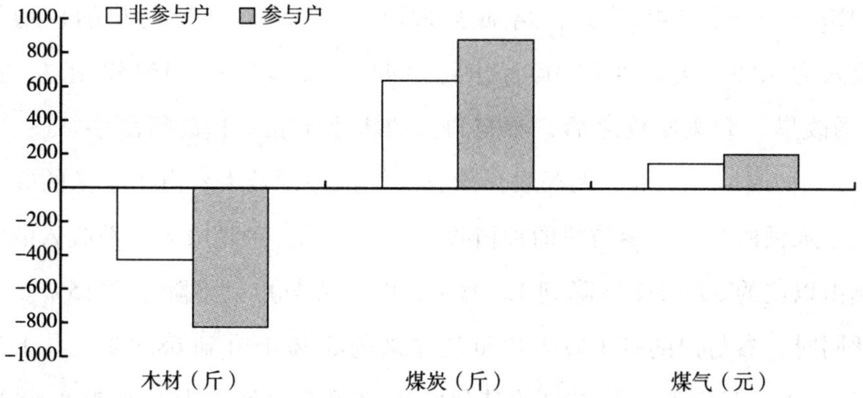

图 8－4　能源消费变化

4. 非农活动

当地的非农活动主要包括非农经营和打工，前者指住宿餐饮、小商业、交通运输等常见的农村非农活动，需要一定的物质资本；后者指赚取工资性劳动收入的行为。

两类农户的非农经营参与比例在“稻改旱”政策实施后都增加了6%左右；两类农户的人均打工人数变化差异显著，参与户的户均打工人数增加了0.34，比非参与户多0.1（见表8－3）。

表 8－3　两类农户非农活动变化的比较

	非农经营活动比例			户均打工人数		
	2006	2010	变化	2006	2010	变化
非参与户	0.14	0.21	0.06	0.72	0.96	0.24
参与户	0.10	0.16	0.06	0.72	1.06	0.34**

注：*** 表示差异的 T 检验在5%水平上显著。

三　农户的收入构成和收入水平

从收入水平上来看，2006 年非参与户的户均年收入为 11887 元，

2010 年上升到 24865 元，增加了 12978 元；2006 年参与户的户均年收入为 12267 元，2010 年上升到 28419 元，增加了 16152 元左右。“稻改旱”政策实施之后，参与户的收入水平相对提高得更多。

“稻改旱”之后，两类农户的收入结构差别较大。由于玉米的收入低于水稻的收入，参与户的种植收入水平下降，种植收入占总收入的比例由以往的 35.13% 下降到 13.98%，而非参与户只下降了 2.15%。与此同时，参与户的打工收入比重从原来的 52% 上升到 68.9%，共上升了 16.9 个百分点；参与户的其他收入比重变化均不大（见表 8－4）。参与户的收入更多依赖于打工以及“稻改旱”的补贴。对两类农户的打工收入增加值进行 T 检验，结果也显示在 0.05 水平上差别显著。

表 8－4　两类农户主要收入百分比的变化比较

单位：%

	打工		“稻改旱”补贴		种植		养殖		非农经营	
	2006	2010	2006	2010	2006	2010	2006	2010	2006	2010
非参与户 NP(%)	65.62	70.90	0.00	0.00	9.89	7.74	5.85	3.21	14.21	13.28
前后变化 P(百分点)	5.28		0.00		-2.15		-2.64		-0.93	
参与户 NP(%)	52.02	68.90	0.00	6.22	35.13	13.98	2.81	0.85	7.69	8.76
前后变化 P(百分点)	16.88		6.22		-21.15		-1.96		1.07	

回归结果显示，农户的各类资本都对其收入水平有着显著影响（N_1，F_i^{t-1} 等的 P 值均至少小于 0.1）。人力资本的作用较为明显，其中，变量 L 和 H 代表人力资本的数量和质量两方面的内容，两个变量的估计系数都较大，且均在 0.01 水平上显著。另外，“稻改旱”政策变量的系数也在 0.1 水平上显著，说明在控制了其他因素后，政策对收入水平的影响仍然存在（见表 8－5）。

表 8-5　农户总收入水平的估计及“稻改旱”项目的作用

因变量：$\ln Y$				
自变量	变量名	系数	T	P
自然资本	N_1	0.004	0.002	0.002
	N_2	-0.000	0.326	0.326
金融资本	F_i^{t-1}	0.184	0.063	0.063
人力资本	L	0.399	0.000	0.000
	H	0.122	0.002	0.002
物质资本	K_1^{t-1}	0.015	0.004	0.004
	K_2^{t-1}	0.056	0.305	0.305
社会资本	S_1^{t-1}	0.000	0.026	0.026
	S_2^{t-1}	0.001	0.414	0.414
“稻改旱”	A	0.166	0.088	0.088

第三节　小结

本章利用可持续生计分析框架，考察了区域合作背景下“稻改旱”工程对农户生计的影响。参与户和非参与户在“稻改旱”工程实施几年后，从生计资本到生计活动及生计后果上都有所区别。“稻改旱”工程直接改变了农户的土地利用方式，农户的种植业活动和种植业收入水平，也减少了相关的畜牧业养殖，当地的农业多样化水平有所下降。参与户的木材使用量和某些化肥的使用量显著减少。与此同时，“稻改旱”客观上增加了农户的打工活动及其收入。这些结论也得到了一些主观问题调查的验证。

有 41% 的农户觉得参加“稻改旱”后家庭出现了剩余劳动力，其中有 26% 的农户表示，因为出现了剩余劳动力而增加了外出打工，但增加农业和非农经营的农户比例都不到 10%。近 90% 的农户支持继续实施此项政策，这种积极的态度与以往的研究类似；如果停止政策补贴，近90%的农户希望复耕。

随着区域合作的深化，上游地区生态服务功能服务的重要性越发凸显，在当地构建可持续生计成为长期合作机制的基础。从结论和访谈的过程可以看出，这项政策的实施总体上对当地农村生计的影响较为有利，这种利益既来自下游地区的补贴，也依赖于更长期的综合支持。在“稻改旱”的一些区域提倡节水灌溉，另一些地区则与北京的农产品市场进行了对接。随着项目的实施和延续，当地农户对当地未来的发展空间和政策支持的期望很大，区域合作在保护生态的同时，应当倾向于缩小地区差距。虽然90%的农户总体希望政策能够延续，但许多被访者表示，这种延续应当建立在对项目进行调整和提高的基础上。农户的主要意见集中在因物价上涨而显得偏低的补偿标准上，某些缺乏其他就业途径的农户也希望继续从事自己熟悉的水稻生产。未来的研究应当对“稻改旱”异质性作用做进一步的考察。

针对当地的可持续生计发展目标，我们建议短期内可以通过“稻改旱”项目的调整和延续满足当地农户的要求。随着水稻价格的提高，参与户的机会成本也提高了，退稻补贴相对减少。虽然政府曾经提高了补偿标准，但对一些农户而言仍然不合算。一些农户也改变了饮食结构，不再以传统的米饭为主食，这种影响在以后的政策实施和研究中都应当加以考虑。另外，现在的补偿标准既是单一的，也不具有可预测性，可以考虑补偿标准与物价水平挂钩，并且对“稻改旱”的长期性做进一步明确。农户在参加“稻改旱”后从生计资本到生计行为的反映都具有差异性。一些老年人家庭更趋向于以往种水稻的生计方式，一方面是生活和饮食习惯，另一方面他们没有更多的生计选择，“稻改旱”工程在设置补偿标准时，应当更加考虑脆弱性群体的生计，避免未来遇到更多的政策阻力。一些地区也曾经组织外出务工等活动，但由于技能培训的缺乏和对市场了解不足，这类活动很难有效果。发展本地非农产业对于转变当地生计很重要，但现阶段这些产业主要是矿产采集等，并不具有普适性。短期内可以考虑拓展北京及河北地区的农产品对接，降低交易成本，提升农业产业化水平。这需要地方政府更多的努力。

区域合作的效益已经在世界范围内得到认可。就北京和周边地区而言，这种区域合作尝试，在合作地点的选择、区域的示范作用，特别是对生态服务功能的重视都具有一定的典型意义。长期而言，这类政策的成功仍然取决于很多条件，比如，中国的区域合作在很大程度上依赖于政府部门的推动和实施，政策的延续性和一贯性至关重要。政府需要从以工程为主过渡到以区域合作为主的长效机制，在治理污染、生态恢复、基础设施投资和产业升级等多方面促进上游地区的可持续发展，这将长期地、根本地促进区域的可持续发展。

第九章　结论与展望

第一节　主要结论

本书在相关理论分析的基础上，构建了分析中国农村生计策略形成机制的可持续生计分析框架，然后利用此框架，使用农户模型具体分析了生计资本、家庭结构和不完全市场对农户生计策略的作用途径和方式，并得出可供检验的研究假设。利用农户调查数据对研究假设做了实证分析。最后基于“稻改旱”项目做了区域合作方面的政策分析。

本研究的主要结论如下。

第一，在可持续生计分析框架中引入家庭结构视角，加强和深化了已有分析框架中关于微观决策主体的关注和研究。在发展后的框架中，家庭结构对可持续生计的作用是通过家庭效用函数、生计资本和生计活动形成的。农户能否实现包括经济收入等因素在内的跨期效用，并保持生态环境的可持续性，取决于与家庭结构密切相关的效用和资源约束以及家庭成员的分工合作状况等因素。

在可持续生计分析框架中引入家庭结构因素，在中国农村地区是必要的，也具有一定的适用性，因为家庭结构相对于家庭规模等指标，更能反映农户在生计资本、生计活动上的异质性；同时，在农村地区相对落后的经济制度条件下，家庭仍然承担着许多社会功能。根据发展后的可持续生计分析框架和农村地区的生计特征，农户的生计策略大致可以分为两大类：自然资源依赖型和非自然资源依赖型。

第二，基于可持续生计分析框架，本研究利用农户模型具体分析了农户生计策略的形成机制，主要包括三大内容，分别是农户的非农兼业选择，农户的家庭劳动时间供给以及农业集约化生产策略的形成机制。构建的农户模型为研究农户生计策略及其相关决策提供了具体的路径和数量方法，理论分析为本书提供了可供检验的假设。同时，理论分析显示农业兼业选择在生计策略中的基础性地位，它既是农户市场参与的关键，又在很大程度上体现了不完善市场对农户的约束状况，并影响了农户在农业生产上的决策行为。本书发展的农户模型揭示了农户决策局部可分性质的形成机理，认为农户受市场约束的状况具有差异性，并与特定的非农市场参与相关。

第三，关于多样化生计策略的实证分析表明，农户的多样化决策是多种活动权衡的结果，是一种基于农户生计资本以及市场约束的决策。生计资本既是农户能否从事非农多样化活动的决定因素，又是其选择何种类型非农多样化活动的决定因素。较多的劳动力数量、较高的人力资本水平、较高的社会资本水平和金融可及性等是农户能够从事非农多样化生计活动的关键。人力资本水平是外地多样化生计活动的重要决定因素，社会资本和金融可及性等因素则是本地多样化生计活动的重要决定因素。同时，家庭结构因素中过高的孩子比重等，会妨碍农户从事非农多样化特别是外地非农多样化活动。

第四，关于家庭劳动时间配置的实证分析表明，农业劳动时间供给与非农劳动时间供给属于两类性质的生产决策，前者可以用局部可分性的农户模型来解释，后者则部分由非农劳动力市场因素决定，但其供给水平建立在非农参与的基础之上。农户的农业时间供给策略与其非农市场参与及其受限制条件相关。受非农市场限制较少的农户选择了不可分性质的农业劳动时间供给策略，其供给水平受以家庭结构为代表的消费相关因素的影响；受非农市场限制较多的农户则选择了可分性质的农业劳动时间供给策略，其供给水平更多地受生产相关因素的影响，家庭结构等消费相关因素没有显著改变其供给水平。外地工资性质的非农劳动供给决策并没有受工资水平的显著影响，而只与农户的人力资本状况相关。

第五，关于农业集约化生产策略的实证分析主要包含特定土地中的资本投入密度和农业生产效率两项内容。结论显示，非农活动可以将农户的农业生产行为区分为两类，其中劳动供给不受非农市场限制的农户，生产效率相对稳定。但对于受限制与不受限制的两类农户而言，过多参与到工资性劳动市场，并不一定能够提升农户的农业生产效率。属于生活资料的物质资本会对农业投入形成替代作用，而生产资料范畴的物质资本与农业物质资本投入是互补关系。较高的孩子比重等会阻碍农户选择集约化农业生产策略。

第二节　政策建议

在广大农村地区，多样化生计策略、利润最大化的劳动供给策略和集约化农业生产策略相对较少依赖自然资源，这些生计策略体现了农户能否克服市场约束、参与非农市场、优化农业资源配置、形成可持续生计的“可行能力”。其中，非农活动在决策占有关键地位，它直接决定了农户能否选择多样化生计策略，并且影响着农户的家庭劳动时间配置和农业投入状况等。本书建议，围绕农户的非农参与及其他决策，应当在生计资本、家庭结构和市场约束等方面对农户进行支持，以提升其参与非农市场的可能性，并最终促进农户选择非自然资源依赖性的生计策略。

（1）农户在市场经济发展过程中，面临农业劳动力过剩问题，在国家生态保护政策的大背景下应当做到两个转变。一是及时将农业资源从耕地转移到林业生产中，尤其是从事经济林生产的农户，需要优化其劳动时间供给和其他要素的投入，保证林产品的产出效率和稳定性。二是转变自给自足式的生产方式。农户需要积极捕捉信息，参与林产品市场的交易，以提高林产品的销售收入；有剩余劳动力的家庭，应当根据家庭结构等状况选择不同类型的非农活动。没有家庭负担的农户，可以增加职业和技能培训的投资，积极参与外地打工市场；有小孩和老人的农户，可以积极主动地寻求金融机构、国际组织等的政策支持，开展本地非农活动。

（2）基层组织应当转变服务机制，帮助农户摆脱自给自足的农业生产状态。应将工作的服务重点放在集约化生产和产品的市场销售上，识别农户在种植和经营上的不利因素，组织协助农户在生产、金融等方面进行协作，统一组织和帮助农户改善生产技术，寻找稳定的销售渠道及合理的销售价格。帮助农村劳动力进行非农转化，在当地组织职业培训，推荐劳动力在城市中实现就业，并提供权益维护上的帮助。同时，农村基层组织还应当为农户的子女照料提供帮助，为农业剩余劳动力的转移免除后顾之忧。

（3）地方政府应当帮助农户合理利用和开发农村生态资源，发展生态旅游产业，为农户提供金融支持，并营造良好的市场环境，支持农户在本地开展非农经营活动。与农业和迁移活动相比，本地非农经营活动作为另一种主要的非农生计，其收益率相对较高，农户进行本地非农经营，除了能够规避外地打工风险，还能兼顾子女教育和老人养老，在可持续生计中具有重要含义。地方政府应当更加重视教育等基础设施的建立，一方面增加教育投资力度，吸引优秀师资为本地教育服务，另一方面为孩子在外地受教育提供交通和生活上的便利，解决陪读父母在外地生活和工作上的困难，以促进农户从事非农生产。

此外，旨在提高农业效率的政策，要考虑非农兼业户和纯农户的差异性，特别要关注纯农户的农业过度投入问题，在两个层面帮助其提高农业技术效率。一是为纯农户提供必要的资金资助及技术支持；二是为他们提供就业机会与现金收入来源，避免因为劳动力的过度投入产生低技术效率。纯农户的家庭结构会制约其技术效率的提升，所以，政策应当特别为家庭负担重的农户提供生活和生产上的便利，使其农业决策更加合理，减少技术效率的波动性。同时，注意到农户的资本禀赋是其非农就业的关键，当地政府应当帮助贫困农户积累生计资本，参与非农活动，使其摆脱“资本贫困”和“收入贫困”的恶性循环。

（4）中央政府各部门应当加强在农村地区的政策协调，保障农户既增加农业产出，又增加非农就业。需在扶贫和环保政策中体现人口学视角，考虑增加高抚养比家庭特别是独生子女户和缺少劳动力的老年人家庭的补助金额。制定配套措施为劳动力过剩家庭提供就业机会，如增加对当地林场和相关基础设施的投入以解决本地就业问题。对缺乏政策支持和资金投入的贫困地区，适当延长政策的补助年限和标准。

应当侧重扶持低生计资本水平和高家庭负担的农户，帮助其构建可持续生计。农村地区劳动力的外流，不仅体现在劳动力数量上，也体现在劳动力的质量上，受教育水平较高的劳动者往往最先选择外地就业。本地非农兼业往往受到金融可及性和社会资本的约束。多重的市场约束导致农户决策偏离最优化，使传统的农业生产倾向于过度投入，这可能阻止一些农户摆脱慢性贫困。特别在宏观经济发生向下波动的时期，非农就业机会的减少将迫使农户进行更多的农业生产，生产要素的过度投入可能变得普遍，人与自然的矛盾可能会显得更加突出，导致不利于环境发展的恶性循环。在经济紧张时期，中央政府应当加大财政投入力度，协调扶贫和人口等各部门对这部分农户进行支助和扶持，避免经济周期造成这部分农户重新掉入贫困陷阱，并造成生态保护政策失效。

（5）国际组织如世界自然基金等，在提供资金贷款和技术指导等帮助时，一方面应当加强信息透明度和监督力度，避免资源分配上的不公，营造公平竞争的环境，针对不同生计偏好的农户，提供生计资本和多样化生计活动上的帮助。另一方面，应该考虑农户因家庭结构差异而产生的具体需求，支持有孩子和老人的农户从事本地非农经营。除了普及推广“节能灶”等与消费相关的生态技术，也可以考虑为农户提供林业生产上的相关技术，以实现可持续的生计方式。

（6）在协调生态保护和经济发展的过程中，常常面临着制度和治理问题，区域合作机制为解决这些难题提供了长效思路。农户生计的提升是此机制成功构建的关键。中国的区域合作在很大程度上依赖于政府部门的推动和实施，政策的延续性和一贯性至关重要。政府需要从以工程为主过渡到以区域合作为主的长效机制，在治理污染、生态恢复、基础设施投资和产业升级等多方面促进上游地区的可持续发展，这将长期地、根本地促进区域的可持续发展。

第三节　进一步研究的展望

进一步的研究方向包括以下几个方面：

第一，本书中的生计策略主要集中在生产领域，部分涉及农户的消费相关因素。作为生计的重要组成部分，家庭的消费行为和再生产行为可能影响农户的生产行为，它们本身也构成了一个重要的研究领域。下一步的研究可以考虑这些不同决策内容的相互作用，从而更全面地加深对农户生计形成机制的理解。

第二，本书中的理论分析主要基于单一的农户模型，而农户成员间的关系已经得到了学者们的关注。如果在农户模型中融入社会性别视角和经济博弈的分析方法，可能会获得更多的理论发现。

第三，受资料限制，本书的实证研究仅使用了横截面的农户调查数据，不能更为充分地反映农户生计策略动态形成的过程，在分析因果关系时需要较强的假定。进一步的研究应当考虑获取时间序列的数据。另外，如果有不同省市地区的数据，可以做地区间的比较研究，有利于进一步验证整体框架和理论分析结果。

第四，本书在理论和实证上均侧重于农户本地的生计状况，如农户调查在农户所在地进行，限制了对迁移成员资料信息的获取，也缺少对外地市场中风险因素的测量。同时，由于广大农村地区的市场落后性，不能很好地实证研究市场风险因素对农户生计的影响。下一步的研究可以考虑加强市场因素的考察，包括获取本地和外地要素市场和产品市场的风险数据，加强对农户市场参与行为和市场反应的理论研究等。

第五，未来的研究可以将本书的概念框架、研究方法在不同地区进行运用，并做比较分析，进一步完善和丰富本书的研究方法和相关结论。

参考文献

[1] Abdulai, A. and R. Eberlin, 2001, "Technical Efficiency during Economic Reform in Nicaragua: Evidence from Farm Household Survey Data", *Economic Systems* 25 (2): 113 - 125.

[2] Adams, R. H., Jr., 1994, "Non-farm Income and Inequality in Rural Pakistan: A Decomposition Analysis", *The Journal of Development Studies* 31 (1): 110.

[3] Agree, E. M., A. E. Biddlecom, et al., 2005, "Intergenerational Transfers of Resources between Older Persons and Extended kin in Taiwan and the Philippines", *Population Studies* 59: 181 - 195.

[4] Alauddin, M. and J. Quiggin, 2008, "Agricultural Intensification, Irrigation and the Environment in South Asia: Issues and Policy Options", *Ecological Economics* 65 (1): 111 - 124.

[5] Allison, E. H. and F. Ellis, 2001, "The Livelihoods Approach and Management of Small-scale Fisheries", *Marine Policy* 25 (5): 377 - 388.

[6] Allison, E. H. and B. Horemans, 2006, "Putting the Principles of the Sus-tainable Livelihoods Approach into Fisheries Development Policy and Practice", *Marine Policy* 30 (6): 757 - 766.

[7] Ansoms, A. and A. McKay, 2010, "A Quantitative Analysis of Poverty and Livelihood Profiles: The Case of Rural Rwanda", *Food Policy* 35 (6): 584 – 598.

[8] Ashley, C. and D. Carney (1999). Sustainable Livelihoods: Lessons from Early Experience. London, Department for International Development.

[9] Assuncao, J. J. and M. Ghatak, 2003, "Can Unobserved Heterogeneity in Farmer Ability Explain the Inverse Relationship between Farm Size and Productivity", *Economics Letters* 80 (2): 189 – 194.

[10] Aune, J. B. and A. Bationo, 2008, "Agricultural Intensification in the Sahel-The Ladder Approach", *Agricultural Systems* 98 (2): 119 – 125.

[11] Babulo, B., B. Muys, et al., 2008, "Household Livelihood Strategies and Forest Dependence in the Highlands of Tigray, Northern Ethiopia", *Agricultural Systems* 98 (2): 147 – 155.

[12] Bardhan, P. and C. Udry (1999). *Development Microeconomics*. Oxford, University Press.

[13] Barrett, C. B., M. R. Carter, et al., 2006, "Understanding and Reducing Persistent Poverty in Africa: Introduction to a Special Issue", *Journal of Development Studies* 42 (2): 167 – 177.

[14] Barrett, C. B., T. Reardon, et al., 2001, "Nonfarm Income Diversification and Household Livelihood Strategies in Rural Africa: Concepts, Dynamics, and Policy Implications", *Food Policy* 26 (4): 315 – 331.

[15] Bebbington, A., 1999, "Capitals and Capabilities: A Framework for Analyzing Peasant Viability, Rural Livelihoods and Poverty", *World Development* 27 (12): 2021 – 2044.

[16] Becker, G. S., 1965, "A Theory of the Allocation of Time", *The Economic Journal* 75 (299): 493 - 517

[17] Benjamin, D., 1992, "Household Composition, Labor-Markets, and Labor Demand-Testing for Separation in Agricultural Household Models", *Econometrica* 60 (2): 287 - 322.

[18] Binam, J. N., J. Tony, et al., 2004, "Factors Affecting the Technical Efficiency among Smallholder Farmers in the Slash and Burn Agriculture Zone of Cameroon", *Food Policy* 29 (5): 531 - 545.

[19] Bontemps, C., J. M. Robin, et al., 1999, "An Empirical Equilibrium Job Search Model with Search on the Job and Heterogeneous Workers and Firms", *International Economic Review* 40 (4): 1039 - 1074.

[20] Bowlus, A. J. and T. Sicular, 2003, "Moving Toward Markets? Labor Allocation in Rural China", *Journal of Development Economics* 71 (2): 561 - 583.

[21] Bozoglu, M. and V. Ceyhan, 2007, "Measuring the Technical Efficiency and Exploring the Inefficiency Determinants of Vegetable Farms in Samsun Province, Turkey", *Agricultural Systems* 94 (3): 649 - 656.

[22] Cain, M. T., 1991, "Widows, Sons, and Old-Age Security in Rural Maharashtra: A Comment on Vlassoff", *Population Studies* 45 (3): 519 - 528.

[23] Carter, M. R., 1997, "Environment, Technology, and the Social Articulation of Risk in West African Agriculture", *Economic Development and Cultural Change* 45 (3): 557 - 590.

[24] Carter, M. R. and P. Olinto, 2003, "Getting Institutions "Right"

for Whom Credit Constraints and the Impact of Property Rights on the Quantity and Composition of Investment", *American Journal of Agricultural Economics* 85 (1): 173 - 186.

[25] Carter, M. R. and Y. Yao, 2002, "Local Versus Global Separability in Agricultural Household Models: The Factor Price Equalization Effect of Land Transfer Rights", *American Journal of Agricultural Economics* 84 (3): 702 - 715.

[26] Chambers, R. and G. R. Conway., 1992, Sustainable Rural Livelihoods: Practical Concepts for the 21st Century. IDS Discussion Paper 296.

[27] Chavas, J., R. Petrie, et al., 2005, Farm Household Production Efficiency: Evidence from the Gambia. 87: 160 - 179.

[28] Chen, Z. and S. Song, 2008, "Efficiency and Technology Gap in China's Agriculture: A Regional Meta-frontier Analysis", *China Economic Review* 19 (2): 287 - 296.

[29] Cherni, J. A., I. Dyner, et al., 2007, "Energy Supply for Sustainable Rural Livelihoods - A Multi-criteria Decision-support System", *Energy Policy* 35 (3): 1493 - 1504.

[30] Cherni, J. A. and Y. Hill, 2009, "Energy and Policy Providing for Sustainable Rural Livelihoods in Remote Locations-The Case of Cuba", *Geoforum* 40 (4): 645 - 654.

[31] Clay, D. C. and J. E. V. Haar, 1993, "Patterns of Intergenerational Support and Childbearing in the Third World", *Population Studies* 47 (1): 67 - 83

[32] Coomes, O. T., B. L. Barham, et al., 2004, "Targeting Conservation-development Initiatives in Tropical Forests: Insights

from Analyses of Rain Forest Use and Economic Reliance among Amazonian peasants", *Ecological Economics* 51 (1-2): 47-64.

[33] Daily, G. C. and P. A. Matson, 2008, "Ecosystem Services: From Theory to Implementation", *Proceedings of the National Academy of Sciences* 105 (28): 9455-9456.

[34] Datta, S. K. and J. B. Nugent, 1984, "Are Old-Age Security and the Utility of Children in Rural India Really Unimportant?", *Population Studies* 38 (3): 507-509.

[35] Davies, S., 1996, *Adaptale Livelihoods Coping with Food Insecurity in the Malian Sahel.* London, Macmillan Press.

[36] De Brauw, A., J. K. Huang, et al., 2002, "The Evolution of China's Rural Labor Markets during the Reforms", *Journal of Comparative Economics* 30 (2): 329-353.

[37] De Sherbinin, A., L. K. VanWey, et al., 2008, "Rural Household Demographics, Livelihoods and the Environment", *Global Environmental Change* 18 (1): 38-53.

[38] DFID (1999). Sustainable Livelihoods Guidance Sheets. Department for International Development, UK..

[39] Dutilly-Diane, C., E. Sadoulet, et al., 2003, Household Behavior Under Market Failures: How Natural Resource Management in Agriculture Promotes Livestock Production in the Sahel. CUDARE Working Papers. Berkeley, University of California: 1-20.

[40] Ellis, F., 1993, *Peasant Economics: Farm households and agrarian development.* Cambridge, Cambridge University Press.

[41] Ellis, F., 1997, "Intrahousehold Resource Allocation in

Developing Countries: Methods, Models, and Policy: Edited by Lawrence, Haddad. John Hoddinott, and Harold Alderman, Baltimore, Maryland: The Johns Hopkins University Press, 1997", *Food Policy* 22 (6): 562 – 564.

[42] Ellis, F., 1998, "Household Strategies and Rural Livelihood Diversification", *Journal of Development Studies* 35 (1): 1 – 38.

[43] Ellis, F., 2000, *Rural Livelihoods and Diversity in Developing Countries*. New York, Oxford University Press.

[44] Ellis, F. and H. A. Freeman, 2004, "Rural Livelihoods and Poverty Reduction Strategies in Four African Countries", *Journal of Development Studies* 40 (4): 1 – 30.

[45] Erenstein, O., J. Hellin, et al., 2010, "Poverty Mapping Based on Livelihood Assets: A Meso-level Application in the Indo-Gangetic Plains, India", *Applied Geography* 30 (1): 112 – 125.

[46] Espenshade, T. J., 1972, "The Price of Children and Socio – Economic Theories of Fertility", *Population Studies* 26 (2): 207 – 221.

[47] Eswaran, M. and A. Kotwal, 1986, "Access to Capital and Agrarian Production Organization", *Economic Journal* 96 (382): 482 – 498.

[48] Evans and Ngau, 1991, "Rural-urban Relations, Household Income Diversification and Agricultural Productivity", *Development and Change* 22: 519 – 545.

[49] Fan, C. S. and O. Stark, 2008, "Rural-to-urban Migration, Human Capital, and Agglomeration", *Journal of Economic Behavior & Organization* 68 (1): 234 – 247.

[50] Feng, S., 2008, "Land Rental, Off-farm Employment and Technical

Efficiency of Farm Households in Jiangxi Province, China", *NJAS-Wageningen Journal of Life Sciences* 55 (4): 363 -378.

[51] Filson, G. C. ,2004, *Intensive Agriculture and Sustainability: A Farming Systems Analysis.* Vancouver, UBC Press.

[52] Giles, J. , 2006, "Is Life More Risky in the Open? Household Risk - coping and the Opening of China's Labor Markets", *Journal of Development Economics* 81 (1): 25 -60.

[53] Greene, W. H. (2003) . *Econometric Analysis.* Upper Saddle River, NJ, Prentice Hall.

[54] Grepperud, S. , 1997, "Poverty, Land Degradation and Climatic Uncertainty", *Oxford Economic Papers-New Series* 49 (4): 586 - 608.

[55] Griliches, Z. , 1964, "Research Expenditures, Education, and the Aggregate Agricultural Production Function", *The American Economic Review* 54 (6): 961 -974.

[56] Haggblade, S. , P. Hazell, et al. , 2010, "The Rural Non-farm Economy: Prospects for Growth and Poverty Reduction", *World Development* 38 (10): 1429 -1441.

[57] Haggblade, S. , P. B. R. Hazell, et al. (2007) . *Transforming the Rural Non-farm Economy: Opportunities and Threats in the Developing World.* Baltimore, Johns Hopkins University Press.

[58] Haji, J. and H. Andersson, 2006, "Determinants of Efficiency of Vegetable Production in Smallholder Farms: The Case of Ethiopia", *Acta Agriculturae Scandinavica: Section C - Food Economics* 3 (3/4): 125 -137.

[59] Hart, G. (1995) . Gender and Household Dynamics: Recent

Theories and Their Implications. Critical Issues in Asian Development: Theories and Policies. M. Quirbir. Oxford University Press.

[60] Hayami, Y. and V. W. Ruttan, 1970, "Agricultural Productivity Differences among Countries", *The American Economic Review* 60 (5): 895 -911.

[61] Henning, C. H. C. A. and A. Henningsen, 2007, "Modeling Farm Households' Price Responses in the Presence of Transaction Costs and Heterogeneity in Labor Markets", *American Journal of Agricultural Economics* 89 (3): 665 -681.

[62] Hernandez-Trillo, F., J. A. Pagan, et al., 2005, "Start-up Capital, Microenterprises and Technical Efficiency in Mexico", *Review of Development Economics* 9 (3): 434 -447.

[63] Hilson, G., 2010, "'Once a Miner, always a Miner': Poverty and Livelihood Diversification in Akwatia, Ghana", *Journal of Rural Studies* 26 (3): 296 -307.

[64] Huang, J. K., Y. H. Wu, et al., 2009, "Moving off the Farm and Intensifying Agricultural Production in Shandong: A Case Study of Rural Labor Market Linkages in China", *Agricultural Economics* 40 (2): 203 -218.

[65] Huffman, W. E., 1980, "Farm and Off-Farm Work Decisions: The Role of Human Capital", *The Review of Economics and Statistics* 62 (1): 14 -23.

[66] J., D. (1991). *Public Action for Social Security: Foundations and Strategy.* Social Security in Developing Countries. A. K. Sen. Oxford, Clarendon Press.

[67] Jacoby, H. G. , 1993, "Shadow Wages and Peasant Family Labour Supply: An Econometric Application to the Peruvian Sierra", *The Review of Economic Studies* 60 (4): 903 - 921.

[68] Janvry, A. d. and E. Sadoulet (2006). Progress in the Modeling of Rural Households' Behavior Under Market Failures. Poverty, Inequality and Development: Essay in Honor of Erik Thorbecks. A. D. Janvry and R. Kanbur. New York, Springer. 1: 158 - 181.

[69] Kamanga, P. , P. Vedeld, et al. , 2009, "Forest Incomes and Rural Livelihoods in Chiradzulu District, Malawi", *Ecological Economics* 68 (3): 613 - 624.

[70] Ke - rong, S. , 2006, "Sustainable Rural Livelihood and Ecological Shelter Construction in Upper Reaches of Changjiang River-Case Study of Zhaotong of Yunnan Province", *Chinese Geographical Science* (1).

[71] Kelman, I. and T. A. Mather, 2008, "Living with Volcanoes: The Sustainable Livelihoods Approach for Volcano-related Opportunities", *Journal of Volcanology and Geothermal Research* 172 (3 - 4): 189 - 198.

[72] Kevane, M. , 1996, "Agrarian Structure and Agricultural Practice: Typology and Application to Western Sudan", *American Journal of Agricultural Economics* 78 (1): 236 - 245.

[73] Key, N. , E. Sadoulet, et al. , 2000, "Transactions Costs and Agricultural Household Supply Response", *American Journal of Agricultural Economics* 82 (2): 245 - 259.

[74] Knutsson, P. and M. Ostwald, 2006, "A Process-Oriented Sustainable Livelihoods Approach - A Tool For Increased

Understanding of Vulnerability, Adaptation and Resilience ", *Mitigation and Adaptation Strategies for Global Change.*

[75] Li, S., M. W. Feldman, et al., 2004, " Children, Marriage Form, and Family Support for the Elderly in Contemporary Rural China: The Case of Songzi", *Research on Aging* 26 (3): 352 - 384.

[76] Liang, Y., Li, S., et al., 2012, "Does Household Composition Matter? The Impact of the Grain for Green Program on Roral Livelihoods in China", *Ecological Economics* 75: 152 - 160.

[77] Liang, Y., M. W. Feldman, et al., 2013, "Asset endowments, Non - farm Participation and Local Separability in Remote Rural China", *China Agricultural Economic Review* 5 (1): 66 - 88.

[78] Liu, Z. and J. Zhuang, 2000, " Determinants of Technical Efficiency in Post-Collective Chinese Agriculture: Evidence from Farm-Level Data", *Journal of Comparative Economics* 28 (3): 545 - 564.

[79] Lokshin, M., 2004, " Maximum Likelihood Estimation of Endogenous Switching Regression Models", *Stata Journal* 4 (3): 282 - 289.

[80] Low (1986). *Agricultural Development in Southern Africa: Farm Household Theory and the Food Crisis.* London, James Currey.

[81] Maddala, G. S. (1986). *Limited-Dependent and Qualitative Variables in Econometrics.* New York, Cambridge University Press.

[82] Maron, M. and J. A. Fitzsimons, 2007, " Agricultural Intensification and Loss of Matrix Habitat over 23 Years in the West Wimmera, South-eastern Australia", *Biological Conservation* 135 (4): 587 - 593.

[83] Masanjala, W., 2007, "The Poverty-HIV/AIDS Nexus in Africa: A Livelihood Approach", *Social Science & Medicine* 64 (5): 1032 - 1041.

[84] Meert, H., G. Van Huylenbroeck, et al., 2005, "Farm Household Survival Strategies and Diversification on Marginal Farms", *Journal of Rural Studies* 21 (1): 81 - 97.

[85] Mochebelele, M. T. and A. Winter-Nelson, 2000, "Migrant Labor and Farm Technical Efficiency in Lesotho", *World Development* 28 (1): 143 - 153.

[86] Omer, A., U. Pascual, et al., 2010, "A Theoretical Model of Agrobiodiversity as a Supporting Service for Sustainable Agricultural Intensification", *Ecological Economics* 69 (10): 1926 - 1933.

[87] Oni, O. A., A. A. Akinseinde, et al. (2009). Non-Farm Activity and Production Efficiency of Farm Households in Egbeda Local Government Area, Oyo State, Taylor & Francis. 10: 1 - 13.

[88] Online, E. B. (2010). Intensive Agriculture. Encyclop? dia Britannica.

[89] Orr, A. and B. Mwale, 2001, "Adapting to Adjustment: Smallholder Livelihood Strategies in Southern Malawi", *World Development* 29 (8): 1325 - 1343.

[90] Pang, L., A. de Brauw, et al. (2004). Working Until Dropping: Employment Behavior of the Elderly in Rural China. Working Papers-University of Michigan Department of Economics: 1 - 36.

[91] Pender, J., P. Jagger, et al., 2004, "Development Pathways and Land Management in Uganda", *World Development* 32 (5).

[92] Perz, S., 2005, "The Effects of Household Asset Endowments on Agricultural Diversity among Frontier Colonists in the Amazon", *Agroforestry Systems* 63 (3): 263 - 279.

[93] Reardon, T., J. Berdegué, et al., 2001, "Rural Nonfarm Employment and Incomes in Latin America: Overview and Policy Implications", *World Development* 29 (3): 395 - 409.

[94] Reardon, T., V. Kelly, et al., 1997, "Promoting Sustainable Intensification and Productivity Growth in Sahel Agriculture after Macroeconomic Policy Reform", *Food Policy* 22 (4): 317 - 327.

[95] Reardon, T. and S. A. Vosti, 1995, "Links between Rural Poverty and the Environment in Developing Countries: Asset Categories and Investment Poverty", *World Development* 23 (9): 1495 - 1506.

[96] Rigg, J. and S. Nattapoolwat, 2001, "Embracing the Global in Thailand: Activism and Pragmatism in an Era of Deagrarianization", *World Development* 29 (6): 945 - 960.

[97] Sadoulet, E., A. de Janvry, et al., 1998, "Household Behavior with Imperfect Labor Markets", *Industrial Relations* 37 (1): 85 - 108.

[98] Savadogo, K., T. Reardon, et al., 1998, "Adoption of Improved Land Use Technologies to Increase Food Security in Burkina Faso: Relating Animal Traction, Productivity, and Non-farm income", *Agricultural Systems* 58 (3): 441 - 464.

[99] Scoones, I. (1998). Sustainable Rural Livelihoods: A Framework for Analysis.

[100] IDS Working Paper.

[101] Sen, A. K. (1984). *Resources, Value and Development.* Oxford,

Basil Blackwell.

[102] Sen, A. K. (1987). *The Standard of Living, the Tanner Lectures. The Living Standard.* H. G. Cambridge, Cambridge University Press: 1 - 18.

[103] Shi, X. P., N. Heerink, et al., 2007, "Choices between Different Off-farm Employment Sub-categories: An Empirical Analysis for Jiangxi Province, China", *China Economic Review* 18 (4): 438 - 455.

[104] Shrivastava, P., 1995, "The Role of Corporations in Achieving Ecological Sustainability", *The Academy of Management Review* 20 (4): 936 - 960.

[105] Singh, I., l. Squire, et al. (1986). *Agricultural Household Model - Extensions, Applications, and Policy.* Baltmore and London, The Johns Hopkins University Press.

[106] Stark, O. (1991). *The Migration of Labor.* Cambridge, Basil Blackwell.

[107] Stark, O., M. Micevska, et al., 2009, "Relative Poverty as a Determinant of Migration: Evidence from Poland", *Economics Letters* 103 (3): 119 - 122.

[108] Swift, J., 1989, "Why are Rural People Vulnerable to Famine", *IDS Bulletin* 20 (2): 8 - 15.

[109] Tachibana, T., T. M. Nguyen, et al., 2001, "Agricultural Intensification versus Extensification: A Case Study of Deforestation in the Northern-Hill Region of Vietnam", *Journal of Environmental Economics and Management* 41 (1): 44 - 69.

[110] Tschakert, P., O. T. Coomes, et al., 2007, "Indigenous

Livelihoods, Slash-and-burn Agriculture, and Carbon Stocks in Eastern Panama", *Ecological Economics* 60 (4): 807 - 820.

[111] Urdy, C., 1996, "Gender, Agricultural Production, and the Theory of the Household", *Journal of Political Economy* 104 (5): 1010 - 1046.

[112] Vakis, R. and E. Sadoulet (2004). Testing for Separabillity in Household Models with Heterogeneous Behavior: A Mixture Model Approach. CUDARE Working Papers. Berkeley, University of Califonia: 1 - 18.

[113] Vlassoff, C., 1990, "The Value of Sons in an Indian Village: How Widows see it", *Population Studies* 44 (1): 5 - 20.

[114] Vlassoff, M., 1979, "Labour Demand and Economic Utility of Children: A Case Study in Rural India", *Population Studies* 33 (3): 415 - 428.

[115] Vlassoff, M., 1982, "Economic Utility of Children and Fertility in Rural India", *Population Studies* 36 (1): 45 - 59.

[116] Vlassoff, M. and C. Vlassoff, 1980, "Old Age Security and the Utility of Children in Rural India", *Population Studies* 34 (3): 487 - 499.

[117] Wang, X., T. Herzfeld, et al., 2007, "Labor Allocation in transition: Evidence from Chinese Rural Households", *China Economic Review* 18 (3): 287 - 308.

[118] Wardle, D. A., K. S. Nicholson, et al., 1999, "Effects of Agricultural Intensification on Soil-associated Arthropod Population Dynamics, Community Structure, Diversity and Temporal Variability over a Seven-year Period", *Soil Biology and Biochemistry*

31 (12): 1691 - 1706.

[119] Wouterse, F. and J. E. Taylor, 2008, "Migration and Income Diversification: Evidence from Burkina Faso", *World Development* 36 (4): 625 - 640.

[120] Xia, Q. J. and C. Simmons, 2004, "Diversify and prosper: Peasant Households Participating in Emerging Markets in Northeast Rural China", *China Economic Review* 15 (4): 375 - 397.

[121] Zhang, J., L. X. Zhang, et al., 2006, "Self-employment with Chinese Characteristics: The Forgotten Engine of Rural China's Growth", *Contemporary Economic Policy* 24 (3): 446 - 458.

[122] Zhang, W. and S. Li, 2004, "The Intergenerational Support of the Elderly in Rural China.", *Statistical Research* (*in Chinese*) (5): 33 - 37.

[123]《辞海》，上海辞书出版社，1989，第1152页。

[124] C. Monchuk:《中国农业生产非效率的影响因素分析》，《世界经济文汇》2009年第47~56页。

[125] Headyand Dillon:《农业生产函数》，农业出版社，1991。

[126] 安迪:《利用可持续生计框架来理解滇西北的半农半牧生计方式》，云南省生物多样性与传统知识研究会社区生计部研究报告，云南省生物多样性与传统知识研究会，昆明云南，2003。

[127] 贝克尔:《家庭论》，商务印书馆，1998。

[128] 蔡基宏:《基于农户模型的农民耕作行为分析》，福建师范大学硕士学位论文，2005。

[129] 曹阳、李庆华:《我国农户劳动力配置决策模型及其应用》，《华中师范大学学报》(人文社会科学版) 2005年第1期，第48~53页。

[130] 陈和午：《农户模型的发展与应用：文献综述》，《农业技术经济》2004年第3期，第2~10页。

[131] 陈娆、江占民：《我国农户投资行为研究》，《北京农学院学报》2001年第3期，第66~70页。

[132] 陈勇勤：《评黄宗智中国小农经济分析框架》，《天府新论》2006年第5期，第40~44页。

[133] 陈勇勤：《黄宗智中国小农“三幅面孔”统一体说的误区》，《安徽史学》2007年第1期，第110~115页。

[134] 陈勇勤：《小农经济》，郑州，河南人民出版社，2008。

[135] 都阳：《贫困地区农户参与非农工作的决定因素研究》，《农业技术经济》1999年第4期。

[136] 都阳：《风险分散与非农劳动供给——来自贫困地区农村的经验证据》，《数量经济技术经济研究》2001年第1期，第46~50页。

[137] 都阳：《中国贫困地区农户劳动供给研究》，北京，华文出版社，2001。

[138] 方松海：《劳动负效应、要素收益与生存发展适应：农户生产经营行为分析》，经济科学出版社，2009。

[139] 冯小红：《中国小农经济的评判尺度——评黄宗智的“过密化”理论》，《中国农史》2004年第2期，第79~85页。

[140] 龚为纲：《农村人口变动与土地制度实践的区域差异》，《学习与实践》2009年第6期，第107~115页。

[141] 顾焕章、周曙东：《农业经济分析模型的理论与方法》，《农业技术经济》2000年第2期，第1~5页。

[142] 韩冰华：《我国农村土地调整及其影响因素的实证研究》，《生态经济》2005年第8期，第24~27页。

[143] 韩喜平:《中国农户经营系统分析》,北京,中国经济出版社,2004。

[144] 何国俊、徐冲等,《人力资本、社会资本与农村迁移劳动力的工资决定》,《农业技术经济》2008 年第 1 期,第 57 ~ 66 页。

[145] 贺振华:《农户外出、土地流转与土地配置效率》,《复旦学报》2006 年第 4 期,第 95 ~ 103 页。

[146] 胡豹、黄莉莉:《谁是农业结构调整的主体》,北京,中国农业出版社,2005。

[147] 胡继连:《时间紧凑型高效农业初探》,《农业现代化研究》1992 年第 3 期,第 147 ~ 150 页。

[148] 黄明东:《农业投资困境:政府与农民的博弈分析》,《农业经济问题》2000 年第 4 期,第 36 ~ 40 页。

[149] 黄宗智:《华北的小农经济与社会变迁》,北京,中华书局,1986。

[150] 黄宗智:《长江三角洲小农家庭与乡村发展》,北京,中华书局,1992。

[151] 黄祖辉、胡豹等:《谁是农业结构调整的主体·农户行为及决策分析》,北京,中国农业出版社,2005。

[152] 句芳、高明华等:《中原地区农户非农劳动时间影响因素分析——基于河南省 298 个农户的调查》,《中国农村经济》2008 年第 3 期,第 57 ~ 64 页。

[153] 孔祥智:《现阶段中国农户经济行为的目标研究》,《农业技术经济》1998 年第 2 期。

[154] 孔祥智、钟真:《观光农业对农民收入的影响机制研究——以京郊观光农业为例》,《生态经济》2009 年第 4 期,第 121 ~ 125 页。

[155] 孔祥智、钟真等:《乡村旅游业对农户生计的影响分析——以

山西三个景区为例》，《经济问题》2008年第1期，第115～119页。

[156] 黎洁、李树茁等：《山区农户林业相关生计活动类型及影响因素》，中国人口，《资源与环境》2010年第8期，第8～16页。

[157] 黎洁、李亚莉等：《可持续生计分析框架下西部贫困退耕山区农户生计状况分析》，《中国农村观察》2009年第5期，第29-38+96页。

[158] 李斌：《生态家园富民工程“三位一体”项目对宁夏盐池县农户生计影响的研究》，2005。

[159] 李斌、李小云等：《农村发展中的生计途径研究与实践》，《农业技术经济》2004年第4期，第10～16页。

[160] 李琳一：《农户生计与资本配置的发展学研究——以宁夏盐池县青山乡研究为例》，中国农业大学硕士学位论文，2004。

[161] 李树茁、梁义成等：《退耕还林政策对农户生计的影响研究——基于家庭结构视角的可持续生计分析》，《公共管理学报》2010年第2期。

[162] 李小云、董强等：《农户脆弱性分析方法及其本土化应用》，《中国农村经济》2007年第4期，第32～39页。

[163] 李小云、张雪梅等：《当前中国农村的贫困问题》，《中国农业大学学报》2005年第4期，第67～74页。

[164] 梁世夫：《九十年代农户投资行为的经济分析》，《河北师范大学学报（哲学社会科学版）》1998年第4期。

[165] 梁义成、李树茁等：《农户的非农参与和农业劳动供给研究——来自中国西部山区的证据》，《统计与信息论坛》2010年第5期，第91～96页。

[166] 梁义成、刘纲等：《区域生态合作机制下的可持续农户生计研

究——以“稻改旱”项目为例》,《生态学报》2013 年第 3 期。
[167] 林毅夫:《制度、技术与中国农业发展》,上海,上海三联出版社,2008。
[168] 刘惠英、顾焕章:《江苏农民消费结构分析》,《中国农村观察》2000 年第 5 期。
[169] 刘建进:《一个农户劳动力模型及有关农业剩余劳动力的实证研究》,《中国农村经济》,1997 年第 6 期。
[170] 陆一香:《论兼业化农业的历史命运》,《中国农村经济》1988 年第 2 期,第 36~40 页。
[171] 吕红平:《论传统文化对中国人口转变的影响》,《中国人口科学》1996 年第 4 期,第 34~39 页。
[172] 马草原:《非农收入、农业效率与农业投资——对我国农村劳动力转移格局的反思》,《经济问题》2009 年第 7 期,第 66~73 页。
[173] 梅长林、范金城:《数据分析方法》,北京,高等教育出版社,2006。
[174] 穆光宗、陈俊杰:《中国农村生育需求的层次结构》,《人口研究》1996 年第 2 期,第 25~33 页。
[175] 欧阳志云、王如松等,《生态系统服务功能及其生态经济价值评价》,《应用生态学报》1999 年第 5 期,第 635~640 页。
[176] 彭代彦:《农业生产要素配置和农产品供给的计量分析》,武汉,华中科技大学出版社,2003。
[177] 彭松建:《西方人口经济学概论》,北京,北京大学出版社,1987。
[178] 彭文平:《发展经济学的新发展》,《外国经济与管理》2002 年第 2 期,第 2~6 页。
[179] 彭涌:《破解农村地区贫困——生态脆弱格局的对策》,《经济

研究导刊》2007年第1期，第34~36页。

[180] 任常青：《自给自足和风险状态下的农户生产决策模型——中国贫困地区的实证研究》，《农业技术经济》1995年第5期。

[181] 森：《以自由看待发展》，中国人民大学出版社，2002。

[182] 史清华、万广华等：《沿海与内地农户家庭储蓄借贷行为比较研究——以晋浙两省1986~2000年固定跟踪观察的农户为例》，《中国农村观察》2004年第2期。

[183] 宋圭武：《农户行为研究若干问题述评》，《农业技术经济》2002年第4期，第59~64页。

[184] 宋洪远：《经济体制与农户行为——一个理论分析框架及其对中国农户问题的应用研究》，《经济研究》1994年第8期，第22~45页。

[185] 苏芳、蒲欣冬等：《生计资本与生计策略关系研究——以张掖市甘州区为例》，《中国人口，资源与环境》2009年第6期，第119~125页。

[186] 孙丽燕：《20世纪末中国家庭结构及其社会功能的变迁》，《西北人口》2004年第5期，第13~16页。

[187] 王德文、黄季焜：《双轨制度对中国粮食市场稳定性的影响》，《管理世界》2001年第3期。

[188] 王文举：《二元劳动力市场资源优化配置模型与仿真研究》，《数量经济技术经济研究》2006年第2期，第61~67页。

[189] 吴桂英：《家庭内部决策理论的发展和应用：文献综述》，《世界经济文汇》2002年第2期，第70~80页。

[190] 熊吉峰、丁士军：《“新农合”对农户生计策略影响的无效性检验》，《经济问题》2010年第1期，第87~90页。

[191] 徐安琪、张亮：《孩子效用：转型期的特征与结构变化》，《青

年研究》2005 年第 12 期，第 9 ~ 15 页。
[192] 徐鹏、傅民等：《绵阳市农户可持续生计策略初探——基于游仙镇长明村可持续生计资本整合与应用的案例研究》，《绵阳师范学院学报》2008 年第 3 期，第 9 ~ 12 页。
[193] 杨培涛：《牧民生计资本与生计策略的关系研究》，西北师范大学硕士学位论文，2009。
[194] 杨善华：《中国农村现代化进程中的家庭生产功能的变迁——对中国农村的一个跨（亚）文化此较研究》，《北京大学学报（哲学社会科学版）》1991 年第 3 期。
[195] 杨云：《种植业要素投入及其配置效率：基于固定观察点不同收入水平农户的分析》，浙江大学硕士学位论文，2005。
[196] 姚洋：《追求人的全面自由》，《中国图书商报》2002 年 11 月 15 日。
[197] 姚洋：《土地、制度和农业发展》，北京，北京大学出版社，2004。
[198] 叶敬忠：《国际发展项目中妇联组织的无赋权参与》，《妇女研究论丛》2004 年第 6 期，第 32 ~ 36 页。
[199] 叶文振：《论孩子效用和人口控制——来自厦门近千户家庭问卷调查的启示》，《人口研究》1998 年，第 1 ~ 22 页。
[200] 袁辕：《在市场经济条件下我国家庭结构及教育职能的转变》，《西北人口》1996 年第 2 期。
[201] 张丙乾、靳乐山等：《少数民族现代化与赫哲族农户生计转型：一个分析框架》，《山东农业大学学报》（社会科学版）2008 年第 4 期。
[202] 张丙乾、汪力斌等：《多元生计途径：一个赫哲族社区发展的路径选择》，《农业经济问题》2007 年第 8 期，第 31 ~ 36 页。
[203] 张林秀：《农户经济学基本理论概述》，《农业技术经济》1996

年第 3 期。

[204] 张林秀、刘承芳：《从性别视角看中国农村土地调整中的公平问题——对全国 1199 个农户和 2459 个村的实证调查》，《现代经济探讨》2005 年第 10 期。

[205] 张林秀、徐晓明：《农户生产在不同政策环境下行为研究——农户系统模型的应用》，《农业技术经济》1996 年第 4 期。

[206] 张宁、陆文聪：《中国农村劳动力素质对农业效率影响的实证分析》，《农业技术经济》2006 年第 2 期，第 74～80 页。

[207] 张文娟、李树茁：《农村老年人家庭代际支持研究——运用指数混合模型验证合作群体理论》，《统计研究》2009 年第 5 期，第 29～38 页。

[208] 赵冈：《过密型生产模式的提法错了吗》，中国社会经济史研究，2004 年第 2 期，第 1～3 页。

[209] 赵冈：《生产函数与农史研究——评彭、黄大辩论》，《中国社会经济史研究》2005 年第 1 期，第 34～37 页。

[210] 赵海、彭代彦：《农村劳动力非农劳动参与的影响因素分析——基于 231 户的调查》，《中南财经政法大学学报》2009 年第 2 期，第 133～137 页。

[211] 赵耀辉：《中国农村劳动力流动及教育在其中的作用——以四川省为基础的研究》，《经济研究》1997 年第 2 期。

[212] 郑丽霞：《香格里拉县托木南村农户生计分析》，《云南省生物多样性与传统知识研究会社区生计部研究报告》，云南省生物多样性和传统知识研究会：云南昆明，2004。

[213] 朱静辉：《家庭结构、代际关系与老年人赡养——以安徽薛村为个案的考察》，《西北人口》2010 年第 3 期，第 51～57 页。

[214] 朱农：《离土还是离乡？——中国农村劳动力地域流动和职业

流动的关系分析》,《世界经济文汇》2004 年第 1 期,第 53 ~ 63 页。

[215] 朱喜、李子奈:《我国农村正式金融机构对农户的信贷配给——一个联立离散选择模型的实证分析》,《数量经济技术经济研究》2006 年第 3 期,第 37 ~ 49 页。

附录　人口动态、生计与环境调查问卷

被访人编码　□□□□□□□□□□□

被访人姓名　__________

本家庭户属于：（1）本地户（2）外来户（迁入年份__________年）

被访人住址　______县（区）______乡（镇）______村______村民小组

	月	日	时	分	如果调查未完成，原因是：
第一次访问	从□□	□□	□□	□□	________________________
	到□□	□□	□□	□□	________________________
第二次访问	从□□	□□	□□	□□	________________________
	到□□	□□	□□	□□	________________________

访问员姓名　______________

核对人姓名　______________

核对人的检查结果　合格（　）　不合格（　）

第一部分　101. 家庭基本情况（家庭成员信息表）

户主姓名__________　　被访对象与户主关系__________

序号	成员情况（与户主关系见表下代码）	性别 1. 男 2. 女	年龄	文化程度 1. 文盲 2. 小学 3. 初中 4. 高中 5. 中专技校 6. 大专及以上	健康状况 1. 很好 2. 好 3. 一般 4. 不好	15岁以下和65岁以上的家庭成员不填写以下信息						
						政治面貌 1. 中共党员（含预备） 2. 民主党派 3. 共青团员 4. 群众	婚姻状况 1. 未婚 2. 初婚 3. 再婚 4. 离婚 5. 丧偶	曾有以下哪种经历(多选) 1. 乡、村干部 2. 农村智力劳动者(技术员、教师、医生等) 3. 企事业职工 4. 军人 5. 无以上经历	目前职业 (单选,按收入来源) 1. 学生 2. 农民 3. 工人 4. 专业技术人员 5. 私营企业主 6. 企事业办事员 7. 商业服务业人员 8. 个体户 9. 退休 10. 其他	目前从事的主要行业 （单选） 1. 农林牧渔 2. 采掘业 3. 建筑业 4. 农业服务业 5. 交通运输业 6. 批发零售业 7. 行政事业 8. 制造加工业 9. 其他	是否掌握了某项手艺和技术（如厨艺、兽医术、养蜂技能、编织技能等） 1. 是 2. 否	接受过以下何种培训(多选) 1. 农业培训 2. 非农培训（包括非正式的如学徒） 3. 都没有
1	□□	□	□□	□	□	□	□	□□□□	□	□	□	□□
2	□□	□	□□	□	□	□	□	□□□□	□	□	□	□□
3	□□	□	□□	□	□	□	□	□□□□	□	□	□	□□
4	□□	□	□□	□	□	□	□	□□□□	□	□	□	□□
5	□□	□	□□	□	□	□	□	□□□□	□	□	□	□□
6	□□	□	□□	□	□	□	□	□□□□	□	□	□	□□
7	□□	□	□□	□	□	□	□	□□□□	□	□	□	□□
8	□□	□	□□	□	□	□	□	□□□□	□	□	□	□□
9	□□	□	□□	□	□	□	□	□□□□	□	□	□	□□
	A	B	C	D	E	F	G	H	I	J	K	L

成员代码：户主 - 10；配偶 - 20；长子女 - 31；长子女配偶 - 32；次子女 - 33；次子女配偶 - 34；三子女 - 35；三子女配偶 - 36；……
父母 - 50；兄弟姐妹 - 60；长孙子女 - 71；次孙子女 - 72；……；长曾孙子女 - 81，……

第二部分　家庭的资本情况

201. 家庭经营土地情况（没有填0）

1. 耕地共有□块 2. 耕地总面积：□□亩□分 3. 其中:水浇地面积　□□□亩□分 4. 坡地面积：□□□亩□分
5. 林地面积(包括自留山、承包林等)：　□□□亩□分 6. 其中,退耕还林面积：　□□□亩□分
7. 果园面积：　□□□亩□分

202. 您家人是否参加了购销协会、种植协会等组织？　1. 是　2. 否 □

203. 您家有几间房？ □

204. 您家现在居住的房屋主要结构是 □

1. 土木结构　　2. 砖木结构

3. 砖混结构　　4. 其他（请注明＿＿＿＿＿）

205. 您家的房子是否靠近公路？　1. 是　2. 否 □

206. 您家房屋的估价（现价）？ □

1.1 万元以下　　2.1 万～3 万　　3.3 万～5 万

4.5 万～10 万　　5.10 万元以上

207. 您家以下生产性工具、交通工具或耐用品的数量（有则填数字，无则填0）？

电动自行车	机动四轮	机动三轮	拖拉机	摩托车	汽车	水泵	电视	冰箱/柜	洗衣机
□	□	□	□	□	□	□	□	□	□
A	B	C	D	E	F	G	H	I	J

208. 最近三年内，有没有从亲朋好友处借钱？ □

　　1. 有　　　　　2. 没有（跳到第210题）

209. 最近三年内，从亲朋好友处共借了多少钱？ □□□□□□元

210. 当您家急需大笔开支时（如婚嫁，生病及经营），您估计丈夫可向多少户家庭求助？ □□

211. 当您家急需大笔开支时（如婚嫁，生病及经营），您估计妻子可向多少户家庭求助？ □□

212. 如果您家人需要寻找（非农）工作，有多少户家庭可以为您家提供帮助？ □□

213. 您家上个月的通信费用（包括手机、固话）是多少元？（没有填0） □□□□□元

214. 您家目前是否有人担任乡、村干部？　1. 是　2. 否 □

215. 您亲戚中有几个是村干部、乡镇干部及其他国家公职人员？ □□

216. 您家人是否有宗教信仰（如佛教、基督教、天主教）？ □

　　1. 是　　　　　2. 否

217. 您家是否借过高利贷？　1. 有　2. 没有 □

218. 是否在银行有存款？　1. 有　2. 没有（跳到第220题） □

219. 钱存在谁的名下？ □

　　1. 全是丈夫　　　　2. 全是妻子

　　3. 两人都有　　　　4. 其他（请注明__________）

220. 您家是否从银行或WWF（世界野生动物保护基金会）等处贷过款或被其资助过？ □

　　1. 有　　　　　2. 没有（跳到第225题）

221. 贷款人或被资助人是谁？ □

　　1. 全是丈夫　　　　2. 全是妻子

　　3. 两人都有　　　　4. 其他（请注明__________）

获得的贷款和资助的总金额是多少？ □□□□□□□元

222. 是否有抵押品？ □

1. 有　　　　　　　2. 没有（跳到第225题）

223. 所用的的抵押品种类是什么（多选）？ □□□□□

1. 存折等金融物品　2. 房屋　　　　3. 土地

4. 生产性物资　　　5. 其他（请注明＿＿＿＿＿＿）

224. 是否有申请过贷款或资助却没有成功的经历？ □

1. 是　　　　　　　2. 否（跳到第三部分）

225. 您认为申请不到贷款或资助的原因是什么？ □

1. 手续烦琐　　　　2. 对方不信任自己　　3. 无抵押品

4. 无担保人或关系　5. 其他（请注明＿＿＿＿＿＿）

第三部分　家庭生计

一　家庭的生产行为

（一）农业生产

301. 去年您家都种了些什么作物（多选）？

301.1 农作物 □□□□□□□

1. 小麦　　　2. 玉米　　　　　　　3. 大豆

4. 土豆　　　5. 油料（如花生，油菜）　6. 果树

7. 其他（请注明＿＿＿＿＿＿）

301.2 林作物 □□□□□□□

1. 山茱萸　　2. 核桃　　　　　　　3. 板栗

4. 花椒　　　5. 香菇　　　　　　　6. 木耳

7. 其他（请注明＿＿＿＿＿＿）

302. 主要农、林产品产量及出售数量（按种植面积和收入的多少各填最多的三种；没有填0）

	农作物(见301.1题选项)			林产品(见301.2题选项)		
1. 代码(见301题选项)	□ A	□ B	□ C	□ D	□ E	□ F
2. 种植面积(亩/分)	□□/□	□□/□	□□/□	□□/□	□□/□	□□/□
3. 总产量(斤)	□□□□	□□□□	□□□□	□□□□	□□□□	□□□□
4. 出售(斤)	□□□	□□□□	□□□	□□□□	□□□	□□□
5. 售价(元/斤)	□□	□□	□□	□□	□□	□□
6. 挂果的树占比	□□□%	□□□%	□□□%	□□□%	□□□%	□□□%
7. 挂果的树平均树龄	□□年	□□年	□□年	□□年	□□年	□□年

303. 去年一年使用的生产资料及雇工情况。

化肥	农药	种子	雇工	农家肥
□□□□元	□□□□元	□□□□元	□□□□元	□□□□斤
1	2	3	4	5

304. 去年您家主要农产品的出售地点在哪？ □

1. 本村（如卖给了过来收购的商贩）

2. 本乡镇（比如在集市上出售）

3. 其他（请注明__________）

305. 去年您感觉您家是否有因自然灾害或其他原因使农林业收入受到损失？ □

1. 是　　2. 否（跳到第307题）

306. 您估计去年农林业收入的总损失大致在多少元？ □

1. 500元以下　　2. 500～1000元

3. 1000～1500元　　4. 1500元以上

307. 去年您家是否养殖了牲畜、家禽或其他小动物（包括蜜蜂）？

1. 是　　2. 否（跳到第310题）

308. 去年您家养殖了哪些牲畜、禽类或其他小动物（多选）？

□□□□□□

1. 牛　　2. 猪　　3. 羊

4. 鸡、鸭　　5. 蜂　　6. 其他（请注明＿＿＿＿＿）

309. 畜产品信息（2007 年）

	牛	猪	养蜂
1. 全年出栏数量	□□头/只	□□头/只	（不填）
2. 年底存栏数量	□□头/只	□□头/只	□□箱
3. 出售数量	□□头/只	□□头/只	（蜂蜜）□□□斤
4. 出售收入(元)	□□□□□	□□□□□	□□□□□
	A	B	C

（二）非农经营

310. 您家里从事了以下哪些非农经营活动？（多选，如没有则填 0 并跳问到第 315 题）　□□□□□□□□□

1. 住宿餐饮（农家乐）
2. 商业（小商店，购销等）
3. 交通运输（货运、客运等）
4. 农产品加工（如碾米、榨油、轧花、药材加工等）
5. （汽车、农机具等）修理服务
6. 农业服务（如灌溉、机器收割等）
7. 工业品加工及手工业
8. 文教卫生（如行医、理发、托儿所等）
9. 其他（请注明＿＿＿＿＿）

311. 请从第 310 题的选项中选择最重要的两种非农经营活动，按下表填入信息（没有填 0）：

项　　目	A	B
1. 经营类型(见第310题的选项)	□	□
2. 开始时间(年份)	□□□□	□□□□
3. 是否有营业证:1. 有　2. 没有	□	□
4. 总固定资产(如房屋机器)	□□万元	□□万元
5. 初始投资(如房屋改造,工具购置等)	□□万元	□□万元
6. 去年总固定资产投资	□□□□□□□元	□□□□□□□元
7. 去年总经营支出	□□□□□□□元	□□□□□□□元
8. 其中,雇工支出	□□□□□□元	□□□□□□元
9. 去年税费支出	□□□□□□元	□□□□□□元
10. 年营业额	□□□□□□□元	□□□□□□□元
11. 年纯收入(亏损加"-"号)	□□□□□□□元	□□□□□□□元

312. 您家从事非农经营活动的初始资本的来源包括（按重要性高低排序前三位）　□□

1. 家庭积累　2. 银行贷款　3. 亲友借贷　4. WWF资助

5. 打工　6. 高利贷　7. 其他（请注明__________）

家中经营农家乐的请填写第313题、第314题，否则跳到第315题。

313. 您家经营的农家乐现有多少床位（没有填0）？　□□张

314. 去年农家乐接待的游客数大约为多少人（没有填0）？　□□□□人

315. 如果家庭成员中有人做向导背工，去年向导背工年收入大约是多少钱？　□□□□

316. 您未来最希望发展的生产或经营意愿是（单选）　□

1. 从事和扩大做生意，如商店、农家乐等

2. 扩大农业林业生产

3. 增加养蜂量

4. 增加外出打工

5. 其他（请注明__________）

317. 家庭成员劳动时间表（没有填0）

此表询问您家里各个劳动力在各种经营活动（农业和非农）中的劳动时间。请您大致估算：（1）农忙农闲时间合起来，去年一年此家庭成员分别在田地里和林地上，一共干了几个月的活？平均多少天/月？（2）此家庭成员在非农经营上（见310题）上的劳动时。

经营活动	(1)成员序号(指家庭第几个成员,见问卷第一部分)				
	劳动力□(A)	劳动力□(B)	劳动力□(C)	劳动力□(D)	劳动力□(E)
农作物	□□月□□天	□□月□□天	□□月□□天	□□月□□天	□□月□□天
林产品	□□月□□天	□□月□□天	□□月□□天	□□月□□天	□□月□□天
非农经营	□□月□□天	□□月□□天	□□月□□天	□□月□□天	□□月□□天

农作物主要指田地里种植的作物：如小麦、玉米、大豆、土豆等；林作物主要指林地里种植的作物，如山茱萸、核桃、板栗、香菇、木耳等。

（三）打工行为

您家中如果有成员正在打工或有过打工的经历，请填下表；如果没有打工行为，请跳过此表。如果目前或最近一次是在外地打工（外乡镇），请将信息填入前三列；如果一直在本地打工（本乡镇），请将信息填入后三列。如果打工成员大于3人，则取最重要的前3个填写。

家庭成员代码* \ 问题	A□（外地）	B□（外地）	C□（外地）	D□（本地）	E□（本地）	F□（本地）
319. 您家中打工成员目前是什么状态？ 1. 正在打工（含正在外的）（跳到第321题） 2. 有打工经历（曾经打过工，但目前在家）	□	□	□	（不填）	（不填）	（不填）
320. 您家中外出者最后一次回家到现在有多久了？ 1. 0~6个月　2. 6个月~1年 3. 1~3年　4. 3年以上	□	□	□	（不填）	（不填）	（不填）

续表

问题 \ 家庭成员代码*	A□（外地）	B□（外地）	C□（外地）	D□（本地）	E□（本地）	F□（本地）
321. 您家中打工成员从开始打工到现在有多少年了(不足一年按一年算)?	□□	□□	□□	□□	□□	□□
322. 您家庭中打工者目前或最近一次打工的地点是在: 1. 本县 2. 本省 3. 外省(市)	□	□	□	(不填)	(不填)	(不填)
323. 您家庭中外出务工者目前或最近一次打工的地区类型: 1. 农村 2. 乡镇或县城 3. 地级市 4. 省会或直辖市 5 其他(注明)______	□	□	□	(不填)	(不填)	(不填)
324. 目前或最近一次打工所从事的职业是: 325. 您家的打工成员初次打工的职业是: 1. 农业帮工 2. 矿工 3. 建筑工 4. 工厂工人 5. 销售员 6. 娱乐业服务员 7. 餐饮服务员 8. 美容美发 9. 废品收购 10. 保洁 11. 家政 12. 司机 13 其他(注明______)	□□ □□	□□ □□	□□ □□	□□ □□	□□ □□	□□ □□
(打工一年以下者不答此题) 326. 您家的打工成员刚开始打工的时候一个月挣多少元钱?	□□□□	□□□□	□□□□	□□□□	□□□□	□□□□
327. 您家的打工成员现在一个月挣多少钱?	□□□□	□□□□	□□□□	□□□□	□□□□	□□□□
328. 您家的打工成员打工前是做什么的? 1. 务农 2. 学生 3. 学徒 4. 非农经营 5. 其他(注明)______	□	□	□	□	□	□
329. 您家的打工成员是否接受过与目前从事的工作相关的技能培训? 1. 是 2. 否	□	□	□	□	□	□
330. 去年您家庭中打工成员的年工作时间:平均一年打几个月的工?	□□	□□	□□	□□	□□	□□

续表

问题 家庭成员代码*	A□ （外地）	B□ （外地）	C□ （外地）	D□ （本地）	E□ （本地）	F□ （本地）
331. 去年您家庭中打工成员的周工作时间：平均一周打几天的工？	□□	□□	□□	□□	□□	□□
332. 去年您家庭中打工成员一共给了家里几次钱？（没有给的填0）	□□	□□	□□	（不填）	（不填）	（不填）
333. 去年您家庭中打工成员一共给了家里多少元钱？（没有给的填0）	□□□ □□	□□□ □□	□□□ □□	□□□ □□	□□□ □□	□□□ □□
334. 去年您家庭中外出务工者多久能同家里联系一次（电话或其他方式）？ 1. 每天 2. 每周 3. 半个月 4. 一个月 5. 三个月 6. 半年以上	□	□	□	（不填）	（不填）	（不填）
335. 您家庭中外出务工者在外打工时是否签订了用工合同？ 1. 是 2. 否 3. 不了解	□	□	□	（不填）	（不填）	（不填）
336. 您家庭中的打工者所在地的亲友数量？（没有的填0）	□	□	□	（不填）	（不填）	（不填）
337. 您家庭中打工成员去年一年换了几次工作？（没有的填0；不了解填叉）	□	□	□	□	□	□

* 指家庭第几个成员，见问卷第一部分。

（四）财产性收入与财产性损失

338. 去年您家获得政府补助（如退耕补助、农业补助等）大约为多少钱？ □□□□元

339. 去年您家来自资产出租收入（如租出房屋等），亲友馈赠等大约多少钱 □□□□元

340. 您的家庭是否是低保户？ □

1. 是 2. 否（跳到342题）

341. 政府去年给您的家庭每月的低保补贴是多少元？ □□□元/月

去年您家是否有卖牲畜，出售存粮，卖林木？ 1. 是 2. 否 □

与前年相比，您家去年总收入有没有变化？ 1. 增加 2. 减少

3. 无变化 □

342. 与前年相比，您家去年的总收入大概有多大变化？ □□□□元

二　家庭的生活行为

（一）消费行为

343. 去年用于做饭、取暖的薪柴使用量 □□□□斤

344. 去年薪柴使用量比前年增加还是减少了？ □

1. 增加　2. 无变化　3. 减少

345. 去年上山采草药的数量（没有的填0） □□□□斤

346. 去年上山采草药的收入（没有的填0） □□□□□元

347. 去年采药的数量比前年增加还是减少了？ □

1. 增加　2. 无变化　3. 减少

348. 您家里遭受风险或者经济困难之后，您是否会增加上山采集草药的数量？ □

1. 很大可能　2. 可能

3. 不太可能　4. 非常不可能

349. 您家里是否使用了煤气？ □

1. 是　2. 否（跳到第353题）

350. 如果是，您家去年使用煤气的数量是多少罐？ □□

351. 您家去年所有的现金消费加起来共花了多少钱？ □□□□□元

352. 您家前年所有的现金消费加起来共花了多少钱？ □□□□□元

353. 您估计您家今年和去年相比，现金消费会不会有较大的变化？ □

1. 增加　2. 减少　3. 无变化（跳到第357题）

354. 您估计大概会有多少钱的变化？ □□□□□元

355. 您家上个月的米、面、油、肉、菜这些花了多少钱？ □□□□元

356. 您家中子女有几个在外（本县城或外县）读书？（没有的填0） □

357. 请您填写您家去年或前年的消费明细，若无此类消费，请填“0”。

消费明细 / 时间	A. 盖房、家具、电器等耐用品消费	B. 子女上学支出	C. 因大病而住院的所有相关费用	D. 用于慢性病的保健与医疗费	E. 婚丧嫁娶、礼金费用(红、白事)
1. 去年(元)	□□□□	□□□	□□□□	□□□□	□□□□
2. 前年(元)	□□□□	□□□	□□□□	□□□□	□□□□

358. 您认为满足您家最低生活水平大概每月需要多少钱？ □□□□元

359. 您觉得遭受经济上的困难之后，您家里的最主要的处理策略是（单选） □

1. 外出打工
2. 卖存粮、牲畜等资产
3. 减少消费，如孩子退学、减少开支
4. 借钱
5. 动用家里的储蓄
6. 其他（请注明__________）

（二）家务和分工

（适用于家庭户中夫妻双方都存活的样本，且调查对象必须是夫妻双方中的一人，否则跳问第四部分）

360. 与您爱人相比，您的收入比他（她） □

1. 多得多 2. 多 3. 基本差不多
4. 少 5. 少得多

361. 您平均每天家务劳动是几小时（照料小孩、做饭洗衣、饲养家畜）？ □

362. 您爱人平均每天的家务劳动时间有几小时？ □□

363. 家中照料孩子和老人以及做家务，您认为应该主要是谁的事情？ □

1. 自己 2. 大多是自己，但配偶帮忙
3. 双方共同做 4. 大多是配偶，但自己帮忙
5. 配偶

364. 与您爱人比，家庭中的现金您能自由支配的程度。 □

1. 全部
2. 大部分，但要和配偶商量
3. 双方差不多
4. 大多是配偶，但和自己商量
5. 配偶

问题 367 ~ 369 的选项相同，见表格最后一行

365. 您家庭主要事情（如盖房、购买大件物品、经营买卖）的决策是由谁决定的？	□
366. 您家庭中关于孩子的教育、健康等问题（如孩子上学、生病了去哪儿看病等）主要是由谁决定的？（如果家庭中不存在这个问题，请问假如您有了小孩，这种情况由谁决策？）	□
367. 如果您有机会出外打工，您出外打工的决策权主要由谁决定？	□
选项：1. 自己　2. 大多是自己，但与配偶商量　3. 双方共同商量决定 4. 大多是配偶，但与自己商量　5. 配偶	

第四部分　参与式森林资源管理

您对于参与式森林资源管理的意愿情况如何？

选项：1. 非常愿意　2. 愿意　3. 无所谓　4. 不愿意　5. 非常不愿意	
401. 如果国家允许农户承包集体林，您愿意承包本村的集体林吗？	□
402. 如果您家未来承包了集体林，您愿意发展林业经营吗？（如种植山茱萸、中草药、林下经济作物等）	□
403. 如果您家未来承包了集体林，您对于所承包的集体林地流转的意愿如何？	□
404. 您愿意参加有偿性的村上组织的森林管护吗？（如山林防火、山林巡护等）	□
405. 您愿意参加无偿性的村上组织的森林管护吗？（如山林防火、山林巡护等）	□
406. 您愿意参加和开展环境保护宣传吗？	□
407. 您愿意主动举报偷盗林木、偷猎现象吗？	□
408. 您愿意参加森林资源保护、森林资源管理计划等方面的培训吗？	□
409. 您对于发展本村的集体合作组织，如发展本村的农林产品信息协会、购销合作组织的意愿如何？	□

您对于以下管理制度的了解情况如何？

选项：1. 非常了解　2. 有一些了解　3. 了解得较少　4. 几乎不了解	
410. 您了解目前国家正在进行的集体林权制度改革的情况吗？	□
411. 您了解林业部门和本村的森林资源管理的相关规定吗？（如木材砍伐、薪柴收集、林产品利用等各项管理制度）	□
412. 您了解本村的村规民约吗？	□

您对于集体林权制度改革、本地森林资源管理制度等的满意情况如何？

选项：1. 非常满意　2. 满意　3. 无所谓　4. 不满意　5. 非常不满意	
413. 如果政府在本地区实行集体林进行林权制度改革，如允许承包集体林、允许林地流转、给予农户更多林地和林木自由处置权利等，您对于该项国家政策满意吗？	□
414. 您对于林业部门和本村的各项森林资源管理与利用的相关规定满意吗？（如木材砍伐制度、薪柴收集制度、林产品利用制度等）	□

您家庭中林产品收入变化以及您所感知的周边环境质量变化情况如何？

选项：1. 很大增加　2. 有一些增加　3. 无变化　4. 有一些减少　5. 很大减少	
415. 您家近两三年来各种林业收入（如所种植的林产品、养蜂及蜂产品、采草药）的变化情况如何？	□
416. 与以往相比，您认为自己的承包土地/林地的水土流失情况如何？	□
417. 与以往相比，您认为自己承包土地/林地的肥力情况如何？	□
418. 您认为本村周围的森林覆盖率的变化情况如何？	□

您参与集体事务或者您认为村里的一些事情的发生情况如何？

选项：1. 非常多　2. 经常　3. 有时　4. 很少　5. 几乎从不	
您以往给村干部或村委会提出有关村里的公共事务、村发展建议等的情况如何？	□
您家以往参加村集体事务，如村上的集体劳动兴修水利设施、村上修公路等情况如何？	□
村里遇到重大事件需要决策时，您认为村干部与村民们商量吗？	□
您认为本村或附近偷罚林木、砍香菇棒等活动的发生情况如何？	□

您认为本村森林资源管理制度的实施和执行情况如何？

选项：1. 非常好　2. 好　3. 一般　4. 不好　5. 非常不好	
419. 您及您的家庭成员对于林业部门和本村森林资源的各项管理规定或制度，如木材砍伐、薪柴收集、林产品利用等制度的遵守情况如何？	□
420. 您认为，您村上的其他农户对于林业部门和本村森林资源的各项管理规定或制度，如木材砍伐、薪柴收集、林产品利用等制度的遵守情况如何？	□
421. 如果本村发生了村民偷伐林木、砍香菇棒的事件，或者村民违反森林资源管理的一些规定或制度时，您认为村上对这些事件的处理及其公平合理情况如何？	□
422. 您认为总体上，本地区由林业部门制定和监管、村上负责配合的森林资源管理制度贯彻的实施和执行情况如何？	□

请您对于以下本地区林业政策给出您的观点

选项:1. 非常同意　2. 同意　3. 无所谓　4. 不同意　5. 非常不同意	
本地区建立自然保护区和实施天然林工程对您家生产和经营活动产生限制。	□
林业部门应该给予本村庄更多的林地使用和林木经营的自主权。	□
本村划入的生态公益林，或者划入天然林工程的集体林、自留山等，政府应该给予农户一定的经济补偿。	□

以下询问您对于本村庄和邻里关系的一些看法，请您给出您的观点

选项:1. 非常同意　2. 同意　3. 无所谓　4. 不同意　5. 非常不同意	
上一次与村里签订责任田或者退耕地的承包合同时，您觉得您有一定的发言权并且您的意见得到了尊重。	□
本村上次所开展的土地承包过程是公平合理的。	□
总体上，您很喜欢居住在本村子。	□
您经常到邻居家串门。	□
与本村其他村民搞好关系对您很重要。	□
如果有机会，您想搬家离开此村庄。	□
和您关系很好的朋友都是本村的。	□
在思想和观念方面，您和本村其他村民都差不多。	□
当您需要帮助，如需要修理房屋、地里农活需帮忙时，您想其他村民们会来帮忙。	□
您估计您未来若干年还会居住在本村庄。	□
您家很少有邻居来串门。	□
路上碰到村里的人，您很少停下来与他们聊天。	□

423. 您本人或者家庭成员曾经参加竞选过村委会成员或者村干部吗？

1. 是　2. 否　□

424. 您过去一年中参加村民集体大会/或者集体事务讨论会的次数 □次

425. 您或您的家人是否和本村的农户一起共同参与过集体林的管护活动？□

1. 是　2. 否　3. 本题不适用

426. 您或您的家人是否对周围的人宣传过有关森林资源管护或者环保方面的知识？□

1. 是　2. 否

427. 您或您的家人是否参加过森林资源管护或者环保方面的相关培训？□

1. 是　2. 否

428. 您或您的家人是否参与过林业部门或其他组织所举办的森林资源管理方面的座谈会？

1. 是　2. 否　□

429. 您或您的家人是否给本村提过森林资源管护或者环保方面的建议？□

1. 是　2. 否

430. 您或您的家人是否向有关部门举报或者阻止过偷伐林木、偷猎野生动物的现象？□

1. 是　2. 否

第五部分　自然生态政策及生态补偿情况

501. 您家里的退耕地的转换情况　□

1. 转成果树等经济林　　2. 转成生态林

3. 本问题不适用（跳到第 507 题）

502. 退耕后您家里来自退耕地的收入与之前相比，年总收入的增加或者减少情况？ □

1. 增加　　2. 减少

3. 无变化（跳到第 504 题）

503. 退耕后您家去年来自退耕地的年收入与退耕前该土地收入相比变化多少？ □□□□元

504. 如果国家停止了退耕还林的补助，您家是否可能会复耕庄稼？

1. 是　　2. 否 □

505. 实施退耕还林以后，本家庭因为农业劳动力的需求减少而出现了闲置的劳动力？ □

1. 是　　2. 否

506. 本家庭因为退耕后农业劳动力的需求减少而外出打工吗？

1. 是　　2. 否 □

507. 本地建立自然保护区和天然林工程之后，您家里年收入的增加或者减少情况如何？ □

1. 增加　　2. 减少　　3. 无变化（跳到 509 题）

508. 本地建立自然保护区和天然林工程之后，您家里年收入变化多少？ □□元

509. 如果国家实施对划入生态公益林、天然林工程的集体林、自留山等给予一定的补偿，您认为什么样的补偿水平比较合理？ □□□元/亩

510. 对于生态公益林或划入天然林工程的集体林，您认为对您家庭补偿的方式，哪一种更好些？ □

1. 粮食补偿　　2. 现金补偿　　3. 两者结合起来

511. 总体上，您对于本地区的自然生态保护政策（如退耕还林、天然林工程、建立自然保护区）的态度是什么样的？ □

1. 非常支持　　2. 支持　　3. 无所谓

4. 不支持　　5. 非常不支持

后　　记

在当代，促进中国农村可持续发展是一个重大的学术课题和实践任务，国内相关的成果汗牛充栋，但多数缺乏系统的微观经济学视角和基础；从另一个角度看，这种缺失也造成了中国微观经济理论及其应用研究领域的一个空白，不利于农村可持续发展的理论知识积累和实践创新。

蒋正华先生是中国可持续发展领域的重要学者和实践者，其开创和领导的西安交通大学与美国斯坦福大学的合作团队，多年来一直从事有关人口与经济、资源与环境等课题的研究和实践。2006 年以来，本书作者之一，美国斯坦福大学的 Gretchen Daily 教授领导的“The Nature Capital Project”与西安交通大学开始了具有前瞻性和战略性的合作关系，将双方的合作推向了新的领域和高度。这本书部分反映了这些前期合作的研究成果。一些章节是在本书作者已经发表的中英文论文的基础上撰写的。值得一提的是，在这些成果发表后的最近一两年时间，这种合作研究又取得了长足的发展，作者们的研究更关注人类福利和生态服务等跨学科和跨地区问题，在工具开发、实践应用和政策推动等方面也取得了不少成果。

感谢西安交通大学李聪、郜秀君、畅红琴、靳小怡、杜海峰、姜全宝、杨雪燕、韦艳、李艳、左冬梅、宋璐、李亮、王萍、高建新、杜巍、任义科、张烨霞、悦中山、任峰、白萌；感谢中科院生态所的欧阳志云和郑华等学者和朋友所做出的贡献及帮助。笔者还要特别感谢杨晶玉、李智、崔凯、刘辉、康博纬、林建衡、资亮，斯坦福的宋志远、魏星、朱铁源、罗言、谷安佳、Qi Yi、Chase 和 Half Moon Bay 的 Karin 女士等在研究过程中提供的物质和精神支持。感谢石建、梁雨林、梁文根和谷明玉。感谢湖南高新创投的黄明、刘少君、潘四平、林旭、沈翔、文杰锋和余颖的支持和帮助。

本研究得到教育部“长江学者和创新团队发展计划”（IRT0855）、美国 MOORE 基金会项目“Linking Ecosystem Service Policies and Human Wellbeing”（3453）、国家自然科学基金项目“生态补偿政策对贫困山区农户可持续生计的作用机制及评估的理论与实证研究”（71273204）和美国 TNC、WWF、the University of Minnesota 以及 Stanford University“The Natural Capital Project”的资助。

由于笔者水平有限，书中不妥之处在所难免，恳请读者批评指正。

作　者

2014 年 3 月

图书在版编目（CIP）数据

中国农村可持续生计和发展研究：基于微观经济学的视角/梁义成等著．—北京：社会科学文献出版社，2014.9
（西安交通大学人口与发展研究所·学术文库）
ISBN 978－7－5097－6327－8

Ⅰ.①中… Ⅱ.①梁… Ⅲ.①农村经济发展－研究－中国 Ⅳ.①F323

中国版本图书馆 CIP 数据核字（2014）第 178697 号

西安交通大学人口与发展研究所·学术文库
中国农村可持续生计和发展研究
——基于微观经济学的视角

著　　者／梁义成　李树茁 等

出 版 人／谢寿光
项目统筹／周　丽　高　雁
责任编辑／高　雁　梁　雁

出　　版／社会科学文献出版社·经济与管理出版中心（010）59367226
地址：北京市北三环中路甲 29 号院华龙大厦　邮编：100029
网址：www.ssap.com.cn
发　　行／市场营销中心（010）59367081　59367090
读者服务中心（010）59367028
印　　装／三河市尚艺印装有限公司

规　　格／开　本：787mm×1092mm　1/16
印　张：16.75　字　数：215 千字
版　　次／2014 年 9 月第 1 版　2014 年 9 月第 1 次印刷
书　　号／ISBN 978－7－5097－6327－8
定　　价／65.00 元